严复与道家思想

◆孙文礼 著

湖北长江出版集团
湖北人民出版社

鄂新登字 01 号

图书在版编目（CIP）数据

严复与道家思想/孙文礼著.
武汉:湖北人民出版社,2009.4

ISBN 978 - 7 -216-05923 -7

Ⅰ. 严…

Ⅱ. 孙…

Ⅲ. 严复(1853～1921)—道家—哲学思想—研究

Ⅳ. B256.5

中国版本图书馆 CIP 数据核字(2009)第 018290 号

武汉科技学院·人文社科文库

严复与道家思想   孙文礼 著

出版发行:	湖北长江出版集团 湖北人民出版社	地址:武汉市雄楚大街 268 号 邮编:430070
印刷:武汉市洪林印务有限公司		印张:16.75
开本:787 毫米×1092 毫米 1/16		插页:1
版次:2009 年 4 月第 1 版		印次:2009 年 4 月第 1 次印刷
字数:221 千字		定价:35.00 元
书号:ISBN 978 - 7 -216-05923 -7		

本社网址:http://www.hbpp.com.cn

总　序

　　在高等学校的学科建设中,人文社会学科的建设具有十分重要的意义。对于一所以工科为主的高校来说,人文社会学科的建设则具有特殊的意义。人文社会科学具有积累知识、传承文明、创新理论、服务社会的功能,能为科技、经济和社会的发展提供指导,调节各种社会关系和社会生产要素的优化组合以及根据社会生产、社会生活的运行机制提供程序系统。自然科学技术只有与人文社会科学结合起来,才能在现代社会发挥整体的强大功能。因此,人文社会学科的发展是高校特别是以工科为主的高校不断提升办学水平的一个重要条件。

　　武汉科技学院是一所以工科为主,多学科协调发展,特色鲜明、优势突出的普通高等学校。在过去五十年的办学历程中,形成了鲜明的纺织服装特色与优势。在新的历史时期,围绕现有特色与优势,促进学科交叉,形成多学科相互支撑、协调发展的学科建设格局,是进一步壮大特色与优势,促进特色的高水平发展的必然选择。我校人文社会学科的发展虽然起步较晚,但是经过近十年的发展,已拥有了一支具有较强实力的学科队伍,承担了一批高层次的科研项目,产出了一批具有较高水平的科研成果。人文社会学科建设突出了学科交叉,围绕学校的特色形成自身优势,取得了良好的效果,为彰显学校的办学特色发挥了重要的作用。

　　以丛书形式出版“人文社科文库”,旨在展示我校青年学者的研究成果,进一步促进人文社会科学的发展。文库的选题涉及哲学、政治学、文学、教育学、管理学、法学等多个学科领域。关注社会现实,跟踪学术前沿,追求学术创新,是这套文库的一个重要特点。文库的作者都是我校人文社科学院近年来引进和培养的博士。他们朝气蓬勃,思想活跃,潜心于学术,敢于迎接挑战,在各自的研究领域敢于创新,既有理论上的突破,又有方法上的创新,如引进数学模型阐述理论、运用经济学分析论证哲学问题等,显示出扎实的学术功底,学术成果具有较高的理论价值和现实意义,反映了我校人文社科学院的研究实力。必须指出的是,文库大多是在作者博士论文的基础上进一步研究、修改而成的,虽有名师指导,历经反复推敲修改,达到了一定的学术水平,但其中也难免学术视野、学术方法、学术经验等方面的局限性。因此,这套文库的出版重在为进行人文社会科学研究的青年学者提供一个交流和展示研究成果的平台。

学校高度重视文库的出版,并提供了政策支持和全额资助。但文库的出版只是一个出发点,希望这套文库的出版能够在学校人文社会学科建设中发挥积极的作用,促进人文社会科学研究水平的不断提高,使人文社会科学在学校的发展中发挥更大的作用。

武汉科技学院院长　张建钢
2009 年 3 月

目　录

序 ……………………………………………………………………… 1

摘　要 ………………………………………………………………… 1

Abstract …………………………………………………………… 1

引　言 ………………………………………………………………… 1

　一、问题的提出 …………………………………………………… 1

　二、相关研究现状 ………………………………………………… 3

　三、研究方法 ……………………………………………………… 4

第一章　中外文化交流史上的道家意蕴 ………………………… 6

　一、中外文化交流的三种态势 …………………………………… 9

　二、佛教流行中国之初 …………………………………………… 11

　三、基督教的早期传播 …………………………………………… 17

　四、近代西学东渐和道家的发展 ………………………………… 21

第二章　严复的道家情结 ………………………………………… 30

　第一节　人生际遇及对道家的亲近 ……………………………… 30

　　一、幼年生活的冷暖和留学英伦的得意 ……………………… 31

　　二、官场仕途的挫折与教习生涯的平淡 ……………………… 34

　　三、政治进退的无奈与译述事业的坚定 ……………………… 37

　第二节　中西互诠的道家观 ……………………………………… 42

　　一、论老子 ……………………………………………………… 43

　　二、论庄子 ……………………………………………………… 48

第三章　"道通为一"的中西会通观 …………………………… 62

　第一节　"自他之耀，回照故林" ……………………………… 63

　　一、统新故，苞中外 …………………………………………… 64

　　二、既通西学，归求反观 ……………………………………… 67

第二节　"富强之基，本诸格致" ……………………………………… 69

　　一、"即物实测"与"每下愈况" ………………………………… 70

　　二、"道"与"公例" …………………………………………… 73

第四章　"道法自然"与天演学说 …………………………………… 81

　第一节　天演公例"犹黄老之明自然" …………………………… 81

　第二节　合群进化，皆有自然 …………………………………… 88

　第三节　"有渐无顿"与"飘风骤雨" …………………………… 94

第五章　"无为而治"与民主政治 …………………………………… 103

　第一节　"黄老为民主治道" ……………………………………… 103

　第二节　"小国寡民"与"民主之真相" ………………………… 111

第六章　逍遥游与自由论 …………………………………………… 119

　第一节　"自主无罣碍"的自由本义 …………………………… 119

　第二节　"自脱于拘虚、囿时、笃教"与言论自由 …………… 123

　第三节　"顺物自然"与"行己自由" …………………………… 132

第七章　章、王、冯对道家思想资源的运用 …………………… 148

　第一节　章太炎与道家思想 ……………………………………… 149

　　一、"一字千金"的《齐物论释》 ……………………………… 149

　　二、"一往平等"的齐物之用 …………………………………… 151

　　三、"会于一心"的名相排遣 …………………………………… 154

　第二节　王国维与道家思想 ……………………………………… 163

　　一、哲学学科的"无用之用" …………………………………… 165

　　二、解脱与意境的道家根基 …………………………………… 168

　第三节　冯友兰与道家思想 ……………………………………… 173

　　一、概念范畴与方法论中的道家痕迹 ………………………… 174

　　二、新理学儒家哲学体系中的道家境界 ……………………… 179

结　语 ………………………………………………………………… 189

参考文献 ……………………………………………………………… 216

附　录：严复与道家思想相关研究综述 ………………………… 226

后　记 ………………………………………………………………… 243

序

严复是众所周知的中国近代重要的启蒙思想家、翻译家，"中国第一个真正了解西方文化的思想家"[1]。人们一提到他，就自然想起了为当时的中国人提供了崭新思想武器的以《天演论》为代表的"严译名著"，就想起了著名的"信、达、雅"翻译三标准。

但是，严复在中国近代思想史上的贡献还有一点值得注意，即他在继承、改造、扬弃中国古代哲学思想方面也进行了辛勤的耕耘并留下了珍贵的遗产。严复在译介西学的同时，著有两部评论道家经典的著作，即《〈老子〉评语》和《〈庄子〉评语》。他曾说："平生于《庄子》累读不厌，因其说理，语语打破后壁，往往至今不能出其范围。"[2]因而，在创建中国近代新文化的过程中，相对儒学，严复更注重发掘道家的思想资源。目前，学术界对此研究远远不够。

针对学术界中的不足，孙文礼的博士论文依据第一手文献，采用中西文化对比的方法，系统地研究了严复与道家思想的关系。作者指出：严复用老子的"日益"、"日损"观点形象地表达了西学逻辑方法论中归纳法和演绎法的特征；以道家"道法自然"思想来介绍和会通西方天演学说；以老子"无为而治"观点来传播和会通西方近代民主政治；以庄子的"逍遥游"思想来会通和调适西方的自由论。经过逐层分析和详细论述之后，作者总结性地指出：道家思想是严复的重要精神支柱之一；道家思想是严复接受西学的民族文化基础；道家思想是严复译介西学的重要媒介。总之，严复与道家思想的紧密联系这一文化现象，既是道家思想自身的丰富意蕴决定的，也是中国近代哲学的内在逻辑发展。为了更广阔地展示这一"内在逻辑发展",作者还论述了章太炎、王国维、冯友兰等人在创建中国近代哲学过程中对道家思想资源的运用。当然,严复的思想体系博大精深、中西贯通,限于作者的知识积累和研究时间,博士论文中还存在着一些有待深化之处。

2004年秋,文礼君自华中师范大学历史学院考入武汉大学哲学学院中国哲学专业攻读博士学位。在具有悠久历史和众多名师的珞珈哲学学科群的学术熏陶之下,他发奋努力,好学深思,很快步入哲学轨道,取得长足进步,终于在2007年夏顺利通过答辩并获哲学博士学位。今日得见经过认真补充和修订的书稿,甚感欣慰,乐为之序。

徐水生
2009年1月5日于珞珈山麓

注　释

[1] 冯友兰:《中国哲学史新编》第六册,第151页,人民出版社1989年版。

[2]《严复集》(3),第648页,中华书局1986年版。

摘　　要

　　研究道家思想在中国近代思想转型与发展中的资源作用,严复是一个不可绕过的人物。严复(1853－1921),是中国近代著名的启蒙思想家、翻译家、教育家、诗人和政论家,被誉为"近代中西会通之第一人"。本文着眼于考察严复运用道家思想资源传播和会通西方思想,探究他试图站在超越中学西学的理性立场和"道通为一"的学理高度来思考人类普遍问题的解决方式。文中认为传播西方思想只是严复思想中的一个重要方面,是其"归求反观"论的重要前提,道家思想并不简单地是传播西方思想的载体,评点老庄是其"归求反观"论的重要体现,他通过会通道家思想和西方思想之间的"不期然而合",重新把握"圣人之精意微言",呼吁和引导近代中国的社会变革,最终试图找到适合中国自身的追求富强的发展道路。

　　全文共分八个部分,即一至七章和结语。第一章概述了在中外文化交流史上道家思想所起到过的思想资源作用,首先讨论了中外文化交流史上几种主要的思想会通态势,然后概述了在佛教流行中国之初、基督教早期传播和近代西学东渐几个不同的时期道家思想所承担的思想资源作用。

　　第二章探讨作为"中国西学第一人"的严复的道家情结。第一节探讨严复的人生际遇及对其亲近道家的影响,以揭示严复与道家思想之间的情感联系。文中简要地介绍了严复的生平,着重其幼年生活的冷暖、留学英伦的得意、官场仕途的挫折、教习生涯的平淡、政治进退的无奈、译述事业的坚定等方面,试图凸显严复一生际遇的起落坎坷。其生活条件上的宽裕或窘迫、政治仕途上的进取及成毁、理想的期望与幻灭及长期以来心态上的得意或颓废,都使得严复对人生有着特别的感悟,这为严复亲近道家提供了相当的心理铺垫,而道家思想除了给严复提供精神慰藉和心灵安宁外,也为其理路提供了丰富的思想资源。第二节探讨严复"中西互诠"的道家观,以揭示严复与道家思想之间的学术联系,其中区分了他的对老子和庄子的看法。针对近代以来对于老子的负面评价,严复从正面极高地肯定了老子,认为他是"圣智者"和"得道"之人,认为其学说相当"精妙",并借助庄子的正面影响来对老子予以维护和支持。同时,严复明确认为老庄思想中有诸多与西方思想相通之处,这在其著述中得到了充分体现。此外,对于老庄思想中的某些方面,譬如历史倒退论,严复从西方思想譬如进化论的立场和角度,提出了批评。

第三章至第六章具体展开严复如何运用道家思想资源来传播和会通西方思想。第三章探讨了严复"道通为一"的中西会通观。第一节阐述了严复对中西会通可能性的探讨,阐述了他的两条主要依据,即中学西学,均为人事;天下事理,归于一源。接着探讨了严复传播西学和进行中西会通的目的,即通过传播和会通西方思想,"归求反观"中国传统思想发展中所存在之不足,然后推动其发展。第二节阐述严复在介绍西方逻辑方法论过程中对于道家思想资源的运用。严复用道家思想的"日益"、"日损"形象地表达了西学逻辑方法论中归纳法和演绎法的特征。他认为西方科学昌明的主要根源在"即物实测"的归纳法,可以会通同异而得普遍性的公例,并将公例之功用通过道的"每下愈况"形象地表达出来。严复认为公例就相当于道家的"道",他对道的传统意蕴作了一番改造,使得道成为知识性的道,虽是不可思议的,却是可知的,这样道家的"道"实际上就具备了西方思想的属性。

第四章阐述严复以道家"道法自然"来介绍和会通西方天演学说。通过道→自然→天演的逻辑推衍,严复在道家自然哲学与西方进化论之间建立起关联,并以此将道家之自然无为诠释为"依乎天理(天演)"。严复对于进化论的宣扬有着明确的目的,即激扬国人挽救民族危机的奋发精神。他一方面鼓吹物竞天择、适者生存,另一方面充分注意到道家思想中鸟兽虫鼠草木"求自存以厚生"的本能,试图唤醒国人的主体性精神,即不但要意识到民族危机的严重,还要积极地参与到民族救亡中去。不过,从进化论的立场出发,严复坚持"万化有渐无顿",虽然迫切渴望社会变革的展开,却强烈反对"飘风骤雨"的暴力革命。在意识到暴力革命的"不得已"后,严复呼吁人们只要达成社会变革的成果,尽量削弱暴力革命的破坏作用。

第五章阐述严复以道家"无为而治"来传播和会通西方近代民主政治。法国思想家的社会契约论是严复民主政治的重要思想来源,而繁荣富强的英国则无疑提供了民主政治的现实案例,作为其思想背景存在的自由主义显然方便了严复利用道家的"无为而治"来介绍西方近代民主政治。严复将道家思想的多处阐述直接评点"民主主义",与西方民主政治侧重于民众参与国家治理不同,道家"无为而治"侧重于削弱政府对民众事务的干扰,而在保障民众拥有更多的自由权利方面两者确实是一致的。在此基础上,严复以道家的"虚""无"来描述理想的中央集权形式,并对政党政治表达了他的质疑。严复认为道家的理想社会如"小国寡民"与孟德斯鸠的"民主之真相"之间是一致的,将道家的"安、平、太"分别诠释为自由、平等和合群。不过,从进化论出发,他否定了卢梭的自然状态说,也就是说"小国寡民"虽然体现了"民主之真相",却不能以此认为人类的理想社会存在于过去。

第六章阐述严复在道家逍遥游与西方自由论之间的会通和调适。自由思想可以说是严复思想的核心,西方自由主义和道家自由思想在他那里达到了惊人的一致。严复认为中西之间的最大不同即"自由不自由异耳"。他认为自由是"天之所界",而为中国传统之纲常礼教所禁忌。他专门厘清了自由之本义,剥离了对自由的种种误解并回应了传统思想中对自由的批评,他明确指出自由的本义应当是"不为外物拘牵"、"自主无畏碍"。严复认为言论自由主要包括两点,即"不为古人所欺"和"不为权势所屈"。他特别突出了前者,并详细阐述了这方面的两种非自由状态,借助于道家思想资源,他将之表述为"拘虚、笃时、束教"和"随其成心以为之说",而庄子的自由逍遥更是得到了充分体现,严复呼吁国人"扩其心于至大之域",积极了解和接受西方思想来突破传统思想的樊篱。在阐述行己自由时,严复极大地借助了道家"顺物自然"思想,要求政府应当"听民自为、自化",而民众则可以"各尽其天职"、"各自奋于义务",推动整个社会臻于郅治。为了鼓吹其"小己自由",严复试图为杨朱"为我"之学提供辩护,不但主张杨朱与庄周思想上的一致性,甚至提出杨朱即庄周的观点,以宣扬个人主义的合理性。

第七章探讨了与严复同时代的其他几位著名近代思想家对于道家思想资源的运用。第七章试图将视野从严复身上扩充到整个近代时期,通过以章太炎、王国维、冯友兰为例阐述他们在近代对道家思想资源的运用,以便了解严复运用道家思想资源来进行中西思想会通时的时代思想状况,进而把握在中国近代思想转型中道家思想的资源作用。

结语部分。首先,从总体上把握了严复与道家思想之间的关系,并指出道家思想在中国近代思想转型与发展中的思想资源作用具有历史必然性。严复与道家思想之间的关系主要包括:其一道家思想是严复的重要精神支柱之一。道家思想为严复在外在经验世界中的失意提供精神慰藉和心灵安宁,还为严复传播和会通西方思想提供了丰富的思想资源,对道家思想的亲近和喜爱伴随了严复的大半生。其二道家思想是严复接受西学的民族文化基础。严复试图站在超越中学西学的理性立场上来对中西思想予以整体性的会通把握,可以说与道家思想的自由逍遥和齐物平等之精神有密切关系;通过"归求反观"借助西方思想的观照回到中国传统思想的"圣人之精意微言",本身也带有浓厚的道家特色。其三道家思想是严复译介西学的重要媒介。严复在其传播和会通西方思想的过程中,从概念、命题到思想等各个方面,都极大地运用了道家思想资源。其四严复的中西会通存在着难以超越的历史局限性,一是其思考缺乏足够的深入。严复的按语和评点往往仅了了数语,对西方思想的思考和调适隐藏在其译文的背后难以被人把握。一是有简单比附的倾向。严复的传播和会通西方思想有着很强烈的现实关注,使得严复的传播西方思想和翻译西方典籍有所选择;严复传播西学重在会通其意,故刻意用词,具有简单比附的倾向。其次,从严复与道家的思想关联扩展,讨论了严复思想中的敏锐与遗憾,而这些显然与道家思想是十分密切的。本文认为严复思想中的敏锐主要表现在三个方面,即学之为言,道通为一;以自由为体,以民主为用;有果而已,勿以取强。而其遗憾则表现在:对中西会通的思考缺乏足够的深入;对于民众力量的期望与不信任。最后,阐述道家思想在中国近代思想转型与发展中的思想资源作用具有历史的必然性,包括三个方面:一是近代启蒙思想家所处的共同历史境域。鸦片战争后社会形势的急剧变化,是整个近代启蒙思想家所遭遇到的共同历史境域。人生际遇的坎坷起落和近代中国的艰难处境都能推动他们对道家思想的亲近。一是中国近代哲学的内在逻辑发展。明清时期资本主义萌芽的出现就已经开始促成中国传统学术的内在嬗变,西学东渐的逐步深化,中国传统思想文化逐渐加速其近代转型,为道家、墨家等子学的复兴铺平了道路。一是道家思想自身的丰富意蕴。面对西学的冲击道家思想也在进行着自身的调整和改变,从传统流派向维新流派转变,同时道家思想有着极其丰富的意蕴,从而能够为中国近代思想转型提供丰富的思想资源。

关键词:严复;道家;中西会通;天演;自由

Abstract

Yan Fu is not a bypass figures for researching the role of Taoism resources in the transformation and development of Modern China. Yan Fu (1853－1921), has been thought of in Modern China as famous thinker of the enlightenment, translator, educator, poet and political commentator, known as the pioneer in Modern China blending Chinese－Western thought. This paper focused on studying how Yan Fu made use of Taoism thought resource to blend Chinese－Western thought, found that Yan Fu tried to overlook the difference between the East and the West, based on the standpoint of human being generally and from the learned point of view protesting all the schools having the exclusive origin, and pondered the solution of general human question. The author thought that publicizing the western thought just became an important phase and the important precondition reflecting on Traditional thought, Taoism thought being not the medium publicizing the Western thought but the important means reflecting on Traditional thought. The author thought that Yan tried to find the identity of Chinese － Western thought, re－grasped the saint idea, called on and guided the social reform in Modern China, ultimately found the suitable way to pursue the wealth and power of China.

The full text is divided into eight parts. In Chapter I, it mainly discussed the role of Taoist ideas as the thought resource in the history of cultural exchange. Firstly, it discussed about several of the main ideological types. Then it elaborated specifically the role of Taoist ideas as the thought resource in the early days of Buddhism, Christianity, and the modern Western Learning into China.

In Chapter II, it mainly discussed the relations emotionally and academically between Yan Fu, as the pioneer publicizing the western thought, and Taoism. Firstly it mainly discussed Yan Fu's life experience and its impact on Yan Fu closing to Taoism, tried to reveal the emotional relations between Yan Fu and Taoism. The discussion is mainly highlighted through the following aspects, including sweets and bitters of childhood life, proud experience while studying in England, setbacks in his officialdom career, insipid life while teaching, the frustrations of a political act, unwavering translation project. It attempted to highlight the difficult vicissitudes of life. It had given Yan the extraordinary experience with the affluent or distressed living conditions, the up—and—down political career, the anticipant and dashed ideal, and the complacent or decadent mentality, so as to make the psychological groundwork closing to Taoism. Taoism provided not only the spiritual solace but also rich thought resources. Secondly it mainly discussed the commentary of Yan Fu on Taoist doctrines, to find the academic links between Yan Fu and Taoist ideas. Against the negative comments on Lao—Tzu since Modern times Yan Fu gave the very positive affirmation of Lao—Tzu, thought of him as the Saint and his doctrine as being profound, and stuck up for Lao—Tzu with the well—thought—of Zhang—Tzu. Meanwhile, he thought that there could be much comparability between Lao—Zhang thought and the Western thought, which embodied in his works. In addition, at the standpoint of the Western thought such as the theory of evolution, Yan criticized some aspects of Lao－Tzu thinking such as the reversal of history theory.

From Chapter Ⅲ to Chapter Ⅵ, it mainly discussed how Taoist thought resources would be deployed in Yan Fu publicizing and blending Chinese－Western thought. Thirdly it mainly discussed the study of Yan Fu on the possibility blending the Chinese－Western thought, expounded the two main basis, one affirmation that both Chinese thought and Western thought should be involved in human beings themselves, neither East or West, whatever wisdom or foolish, the other affirmation that the thought evolution can follow a logic process, through reverse back its originality, it can be found that there should be unified summum genus. Then it mainly discussed the purpose of Yan Fu publicizing and blending the Western thought, which it could be reflected the limitation of the traditional thought through the dissemination and adoption of Western ideas, then promoted the renaissance of Chinese thought. In Chapter Ⅲ, it mainly how Yan Fu deployed the Taoist thought resources in publicizing the Western logic methodology. With the help of Ri－Yi and Ri－Sun, Yan Fu expressed the image of Western logic methodology such as induction and deduction. He particularly emphasized the importance of induction, promoting the development of the Western science. The universal general law, the axiom, could be acquired by the induction, which function could be vividly expressed through the image of Tao being clearer with more hairlike. Yan Fu thought that the axiom could be identical to the Tao as the knowledge, which had been amended to be incomprehensible and be transcendent. Through a series of transformation and relevance, Tao could be known by employing the induction, which implied that the traditional Chinese thought could be brought into

严
复
与
道
家
思
想

the application scope of Western methodology.

In Chapter Ⅳ, it mainly discussed how Yan Fu blended Taoist nature philosophy into modern Western evolutionism. Through applying the logic process from Tao to Zi—ran, to evolution, Yan linked Taoist nature philosophy to modern Western evolutionism, and interpreted Taoist laissez—faire into obeying the evolution. There had been a clear purpose for Yan publicizing the evolutionism to inspire the people saving the nation. While advocating competitive world, the survival of the fittest, he paid well attention to the life instinct of the creature, striving for the survival and optimizing himself, tried to waken people's subjectivity not only aware of the serious national crisis but also necessary to actively participate in saving the nation. Based on the standpoint of evolutionism, Yan insisted that the law of the nature should evolve gradually more than drastically. Although he urged social reform Yan strongly oppose the violent revolution. While being aware of violent revolution in the "last resort", Yan called for minimizing the destructive effects of violent revolution and insuring the fruit of social reform.

In Chapter V, it mainly discussed how Yan Fu blended Taoist laissez—faire politics into modern western democratic concepts. Social contract theory protested by French enlightenment thinkers can be regarded as the important resource of Yan's democracy thought. The prosperity, wealth and power of the U. K. can be thought of undoubtedly providing a real case of democracy, which ideological background of liberalism should be obviously convenient to Yan blending Huang—Tzu laissez—faire politics into modern western democratic concepts. Yan commented directly certain content as democracy. It should be emphasized In Taoist laissez—faire politics that the government interference in individual affairs should be weakened other than in modern western democracy that the people can participate in governing the country, however, both of them should protest protecting the right of individual freedom. Therefore Yan described Xu or Wu, the concepts of Taoism, as the ideal form of centralization, and expressed his doubts about Political parties. Yan interpreted respectively An, Ping, Tai as freedom, equality and teamwork, namely his ideal of a democratic society, which can be achieved only that the most optimal intelligence and savoir—vivre come into being. Yan thought that it should be key for the realization of democratic society to remove the dependence on the rulers and to awaken the public independence consciousness.

In Chapter Ⅶ, it mainly discussed how Yan Fu blended Taoist freeness thought into western liberalism. Freedom can be said to be the core of Yan's thought, there Western liberalism being amazing consistent with Taoist thought. The biggest difference between the East and the West is the freedom given or not. He believed that the freedom is the nature property, which had been tabooed by the traditional Chinese thought. Yan specializes in clarifying the meaning of Freedom, stripping the misunderstanding of freedom and responding the criticism to freedom of traditional thinking. He made it clear that the original meaning of freedom should be not arrested by the nonego, or self—determination without any obstacle. The freedom of expression could consist of two parts, one being not fetishizing the ancients and the other not bending to the authority. He particularly highlighted the former, paid adequately attention to two sorts of non—free state, namely Ju—Xu, Du—Shi, Su—jiao, and the conjecture, he had repeatedly stated both the harm, and advocated a scientific methodology to correct the conjecture, called for Chinese people to open their minds and expand our horizons, positively to understand and accept the Western thinking so as to break through the barriers of traditional thinking. While expatiating individuality, Yan particularly stressed that the government should "listen to the people's own self", and the public can "do their duty", and promoted the achievement of the Utopia. While protesting the individual liberty, Yan Fu's attempted to defend Yang−Zhu's individualism. Not only disillusioning with the ideological consistency, Yan Fu also regarded Yang−Zhu as Zhang−Zhou for promote the reasonability of individualism.

In Chapter Ⅶ, it mainly discussed how the contemporaneous well −known thinkers with Yan Fu utilized Taoism resources in modern times. Through the case of Chang Tai−yan, Wang Guo−wei, Feng You −lan, it mainly discussed the role of Taoism resources in modern times, in order to understand the situation of the times, and grasp the role of the Taoism resources in the transformation of Modern Chinese.

The last part is the conclusion. In the first instance, it mainly discussed generally the relation between Yan Fu and the Taoism as well as the historical inevitability that the Taoism being as the thought resources in the transformation and development of Modern Chinese thought. The relation between Yan Fu and the Taoism mainly includes three aspects: Firstly the Taoism thought was one of his important spiritual faiths. The Taoism provided the spirit consolation and inner serenity to Yan Fu for his frustration in the external experience world, and the rich thought resources for his publicizing and blending the Western thought. That being intimate with the Taoism followed his great half lifetime. Secondly the Taoism thought was the national culture foundation for his taking in the West. There could be the close relation between the Free and equal spirit and blending the Chinese — Western thought at the rational standpoint transcending the West and the East. There could be the strong Taoism feature for both grasping and regressing the spirit of the Saint through reflecting the tradition referring to the West. Thirdly the Taoism thought was the important medium translating and introducing the West. The Taoism thought resources had been utilized enormously in translating and introducing the concept, the proposition, and the ideas of the Western thought. Then the disadvantages which existed in Yan's blending the Chinese and the West had been pointed out. One was his halfway consideration. Yan's commentary often just garbled and was lack of the thorough analysis, and his idea was grasped difficulty through his translation. The other was his strong eisegesis and utilitarian. The Western works translated had been elaborately picked out and the words had been elaborately picked out for the purpose of blending the West and the East. In the next place, based on the relation between Yan Fu and Taoist ideas, it mainly discussed the sensitivity and the deficiency of Yan Fu's thought. This article hold that the sensitivity of Yan Fu's thought is in three main aspects: The ultimate knowledge is not national boundaries, but be universal; freedom is the foundation, democracy is the function; more importantly the final result, rather than blind faith in force. The deficiency is in: being a lack of sufficient depth on China — West's thought blending; looking forward to the forces of the people but lack of confidence. Then it mainly discussed the historical inevitability that the Taoism being as the thought resources in the transformation and development of Modern Chinese thought, consisting of three aspects. Firstly there was common historical background for the Modern enlightenment thinker. The social

situation rapidly changing after the Opium War was the common histori-
cal background of the whole Modern enlightenment thinker. Both the
frustration of the life and the hardship of the nation could impel them
being intimate with the Taoism. Secondly it could be coincident with the
inner logical development tendency of Modern Chinese philosophy. The
capitalism germination since the Ming and Qing Dynasties time impelled
the inner evolution of the traditional academic, the Western learning
penetrating eastward more deeply quickened up the evolution which
blazed a way in the revival of school learning such as the Taoism, the
Mohism. Thirdly it was the own development tendency of the Taoism.
The Taoism carried on the own adjustment according to the impact of
the West. There is rich meaning in the Taoism, which could provided
the rich thought resources for the transformation of Modern Chinese
thought.

Key Words: Yan Fu; Taoism; Blending Chinese－Western Thought; E-
volution; Freedom

引　言

一、问题的提出

道家思想在中国文明发展过程中的重要历史地位是不言而喻的。儒家之外的先秦诸子之中,道家思想对士大夫的影响最大,这一点也是毋庸置疑的。近代以来,随着西方列强强势侵入中国,西方资本主义给中国封建社会带来了政治、经济、文化等方面全方位冲击,社会危机、民族危机逐渐加剧。本来,明清时期资本主义萌芽的出现就已经开始促成中国传统学术的内在嬗变,不过这种内在嬗变的速度和规模十分缓慢势微。随着近代学者对中国所处历史时代"千年变局"认识的敏锐发现及逐步深入,面对西方武力和文化的不断冲击,国人的态度由消极反应转向积极适应,对西学也就经历了认同、吸收、移植、融会的发展进程。随着西学东渐的逐步深化,中国传统思想文化逐渐加速了其近代化转型,在这一近代化转型过程中,道家思想显然不会置身其外。那么,道家思想在中国近代哲学的发展和转型中起到何种作用? 充当何种角色? 这实在是一个非常值得研究和探讨的问题。

研究道家思想在中国近代思想转型与发展中的资源作用,严复是一个不可绕过的人物。严复(1853－1921),是中国近代著名的启蒙思想家、翻译家、教育家、诗人和政论家,被誉为"学贯中西"的第一人[1]。作为近代中国向西方寻找真理的先行人物,严复在中国近代史上有着十分重要的地位。他翻译《天演论》,宣扬"物竞天择,适者生存"等进化论观点,号召国人救亡图存,对当时思想界有很大影响。他翻译《原富》、《群学肄言》、《群己权界论》、《社会通诠》、《法意》、《穆勒名学》、《名学浅说》等书,较有系统地介绍和传播了近代西方思想。而道家思想在严复传播和会通西方思想的过程中充当了重要的思想资源。严复一生手批四部书籍,其中的两部《〈老子〉评语》、《〈庄子〉评语》是道家重要经典。除此之外,在严复的其他译、著、述、评诸文中,道家思想的旨意、语词、典故和文风都得到了较为突出的呈现。严复曾多次提到,其"平生喜读《庄子》"、"平生于《庄子》累读不厌",可以说道家思想对严复的思想有着重要的影响。不过,长期以来,对严复的研究始终侧重于其西学传播方面,当然这很可能与当前学界西方学术占优的大气候密切相关。过分侧重其西方思想传播,很可能会使得严复的"学贯中西"、"中西会通"只能是他作为受过传统思想影响的中国人背景与熟练掌握英语、亲历西方社会并对西方思想有较深了解之间的关联。严复作为受过传统思想影响的中国人是不言而喻的,因而所谓"学贯中西"、"中西会通"便实际上成为传播西方思想的代名词,不过是增加其传播西方思想的力度而已。同时,严复思想中的传统成分在很多时候又成为其保守的根源所在,故而承担着促使严复由早年激进到晚年保守转变的责任,而这一传统思想成分又往往不是道家思想,而是儒家思想,后者确实在严复著述中有所体现,而严复也确实主张过尊孔读经。故而,许多学者将严复纳入中西文化比较视野的研究时,往往多注意到严复思想中的儒学成分,从而使之跟上当下中西文化比较在基督教文明与儒家文明之间展开的潮流。道家思想在严复思想研究中,往往只是其传播西方思想的重要工具,而在人们关注严复所传播的西方思想时,这一工具又往往被予以忽视。其实不论是作为严复传播西方思想的重要工具,还是作为其传统思想的重要组成部分,道家思想在严复思想研究中都不应该被忽视,相反地说,应该被给予以相当的重视,否则就很难真正理解严复"平生喜读《庄子》"、"平生于《庄子》累读不厌"。综上所述,切实地研究严复与道家之间的联系可以说十分必要。

二、相关研究现状

大体上说来,严复与道家思想涉及两个不同的领域,其一即是作为严复整体思想的一部分来展开,其二即是作为道家思想在近代中国的影响来提及。虽然道家思想在近代的发展尚没有得到学界足够的重视,但严复的评点老庄因其大异传统注解且对后世道家思想的诠释有过重大影响而成为不可回避的内容,如高峰《大道希夷——近现代的先秦道家思想研究》(1997年)、罗检秋《近代诸子学与文化思潮》(1998年)、熊铁基《二十世纪中国老学》(2002年)都专门辟出一节来讨论严复的老庄评点给道家思想带来的新意蕴。不过,在严复思想研究中,对其道家思想方面,或是一笔带过,或是散诸对其传播西方思想的阐述中,长期以来并没有形成相对独立的主题。关于严复与道家思想的研究,尚只是断断续续地发表过一些论文,取得了一些成果,其数量非常有限。

本杰明·史华兹《寻求富强:严复与西方》可能是目前所看到的在现代学界中对严复与道家思想最早予以专门关注的作品,该书中专列一章来探讨严复“对道家学说的深思”,虽然篇幅不算很长,却对以后的关于严复与道家思想的研究产生了重大影响,基本上说来此后诸多对严复与道家思想研究的结论并没有超越本杰明·史华兹所主张的“中国传统”与“近代西方”相互关联的论点,以及他对于严复与道家思想理解的三个层次。

史华兹《寻求富强:严复与西方》对大陆学界的影响真正形成应当在其1990年叶凤美中文译本出版以后,前面虽有1977年的台湾学者沈文隆中文译本,不过其影响显然有限。而在史华兹观点真正影响到大陆对严复与道家思想的研究之前,可以看到的较早的对严复与道家思想研究的几篇论文,都实际上是直接将道家思想作为严复思想的一部分,以唯心唯物的二分法和民族资产阶级的立场,分析和论证严复老庄评点中的唯物主义特色,指出严复作为新兴资产阶级在当时所具有的进步性,同时又指出了近代中国资产阶级所具有的先天软弱性。

此后关于严复与道家思想的研究基本上都受到了史华兹的影响,或者对史氏持赞同,或者有所异议。有学者对严复及近代启蒙思想家的历史境域特征进行了较具体的分析,强调了严复的老庄评点思想在于传播西学,其观点未能突破历史领域的研究框架,且忽视了关于严复的道家情结对其译介西学的影响。有学者以严复晚年对道家思想与自由主义的会通为例,挑战了对严复晚年思想的一些诠释,并突出了严复对于西方自由主义的误读,但对严复作为启蒙思想家所处"启蒙与救亡的双重变奏"的近代特殊历史境域则有所忽视。有学者认为严复将道家"无为而治"与西方近代民主政治的会通时,仍然停留在对于老子无为思想的传统理解上,此观点忽视了严复对道家"无为而治"的改造层面。有学者关注了严复的老子评点,并将之纳入严复的宪政思想中,最后指出对日俄战争的反思是严复诠释老子的另一现实动力。也有学者考察了严复以西方的进化论和民主、自由等观念对道家的某些思想所作的阐发,最终则认定严复所做的这项工作其社会影响是十分微弱的。2001年后出现两篇关于严复与道家思想研究的学位论文,都将严复的老庄评点作为相对独立的主题予以论述,不过基本上都没有超出史华兹的观点。

三、研究方法

本文以严复与道家思想为主题,对道家思想资源在中国近代思想转型和发展过程中的思想资源作用予以个案式的系统分析。在分析过程中运用历史和逻辑相统一的方法,既将严复对道家思想资源的运用放在历史条件下分析,又注意他以道家思想传播和会通西方思想中内在的逻辑发展。同时运用中西比较的方法,注意严复将先秦道家思想运用来传播西方思想时其中所存在的古今和中西之间的异同。此外,文中还注意运用了史料考证的方法,对一些内容进行了相关考证。总的说来,在宏观把握"启蒙与救亡的双重变奏"的历史境域和中国近代思想转型与发展的大趋势背景下,以严复对道家思想资源的运用为个案,围绕其《〈老子〉评语》和《〈庄子〉评语》两本著述,极力搜检其散见于其他译、著、述中相关道家思想资源,试图关联这些道家思想资源背后的西方思想,探讨严复运用道家思想资源来传播西方思想及其具有创见性的中西会通范式,探寻严复在西方思想与道家思想之间进行关联和转换的理路。最后从总体上把握严复与道家思想资源之间的关系,并探讨了道家思想在中国近代思想转型与发展过程中发挥思想资源作用所具有的历史必然性。

第一章　中外文化交流史上的道家意蕴

我们居住在一个多元文化并存的星球上，这是一个任何人都不能回避的事实。不同文化之间的碰撞和融合伴随着人类文明不断的发展进程，也同时推动着人类文明的不断发展。应该说，不同文化的存在提供了人类文明多样化的可能性。虽然人们通常也会意识到，在其发展之初，不同文明彼此之间呈现着很清晰的相似性，这或许当与人类这一物种的本性共通相关联。但是，受限于周遭生存环境的压迫所导致的条件毕竟不同，人们的体质形态、生活方式及心理意识等等必然存在种种差异，而文化最初的发展便在不同的区域之间呈现着不同的形态。随着社会生产的不断继续发展，一方面，不同文化之间的差异逐渐扩大和深化，最终形成当今世界上风格迥异且各具特色的多样性文化形态；另一方面，随着人类活动范围的不断扩大，不同文化之间不断遭遇，通过平和或暴力等方式，不同文化之间又经历着不断的碰撞和融合，或消亡或凸显，迄今为止，仍未终结。

公元1500年前后，随着西欧资本主义全球大探险运动的广泛展开，人类文明开始突破海洋的限制而朝向全球化的趋势迅速发展，那些相对与世隔绝的、孤立的甚至脆弱的文化突然被置身于一个崭新的新世界之前，不同文化形态之间的遭遇所带来的碰撞和融合极其深刻地影响着和推动着人类文明未来的发展，一场空前的、彻底的变革正在每一个经历着不同文化碰撞和融合的文明所在地全面和深刻地展开。凭借着全球大探险运动所带来的庞大资本原始积累，一个生气勃勃的新兴西方迅速崛起，颠倒了长久以来一直保持的古老的欧亚格局，并引导着世界局势朝向极端有利于西欧的趋势发展。当深受经济利益驱使和宗教狂热信仰鼓噪的西欧资本主义全球扩张在东方面对着闭关自守、傲慢自满的清王朝却不得不接受沮丧的挫折时,在世界其他地区无往不利的冒险经历促使他们暂时放下了对神秘的天朝上国的敬畏心情,进而决定铤而走险地采用他们惯用的海盗手法来扭转局面。事实上,他们又一次获得了成功,那个历史悠久的、怡然自得的、绚丽多彩的天朝上国,如同那和它有着相同名称的瓷器一样,在经历几次猛烈打击之后轰然碎地。鸦片战争对于西欧海盗们此后变本加厉的经济掠夺和政治干预以及宗教传播和文化入侵显然有着不可估量的影响,而对于中国民众此后漫长的经济损失和政治灾难同样具有不可估量的影响,尤为严重的是那经过漫长历史积累而逐渐形成的、自成体系的、悲天悯人的、温文尔雅的文化传统所赋予的民族自信心深受从未有的打击,挫败的阴影迄今为止仍未从中国民众的脑海中完全清除出去。

中国文明的发展本身并非没有经历过不同文化之间的碰撞和融合,事实上,中国文明正是由孕育于长江流域和黄河流域之间的中原文化同周边区域的各种不同文化之间不断碰撞和融合经过长期不断积累而形成的。极富人性色彩的和高度发达繁荣的中原文化,如同巨大的磁石一样具有极强的吸引力,如同巨大的熔炉一样具有超然的同化力,对进入其领域的各种外来文化所采取的温和的兼蓄并包政策无疑对周边区域的各种文化具有强烈的诱惑力;与此同时,这些进入中原地区的各种文化也为中原文化的发展提供了有益的助力,又进一步强化了其极强的吸引力和超然的同化力。不过,中国文化在面对外来文化时所独具的强烈的优越心理意识经过悠长历史时期的酝酿、发酵而不断地膨胀,以至于到大清王朝时表现为一种无以复加的傲慢自满和闭关自守。甚至当那群在大洋上到处肆意掠夺冒险的西欧海盗们突然出现在中国沿海,并凭借其新兴的船坚炮利给这个垂朽不堪的封建帝国予以一顿痛击并签下令人屈辱的不平等条约之后,中国封建士大夫们仍然沉浸在昔日的荣耀之中,仍然在比照以往的长期历史经验教训试图来解决这些"未开化的夷人"所带来的麻烦。他们尚没有意识到整个世界已经发生了翻天覆地的变化，原有的古老格局已经被彻底打破，一个新兴的富有侵略性的资本主义西欧已经崛起。直到甲午中日战争彻底颠覆传统的中日关系定位，自明治维新伊始"欧化"日本的迅速崛起对于整个中国民众心理所带来的巨大震撼显然远远超过了鸦片战争在这方面的影响。而西学对中学的鲜明优势地位也自此以后完全呈现出来，虽然仍然有着相当的保守势力始终坚持千年文明传统的优越性，但中国的普遍西化却已经成为不可阻挡的趋势，也正是在这样的形势中，中西会通才真正成为一个迫切需要解决的问题。随着近代以来中外交流的日渐频繁，从林则徐、魏源的"开眼看世界"洋务运动中冯桂芬、郑观应、张之洞等的"中体西用"，再到甲午中日战后严复的"泯中西之界限，化新旧之门户"、"统新故而视其通，苞中外而计其全"，国人对于西方的认识逐渐加深，对于中西会通的思想主张也逐渐成熟起来，并达到了前所未有的高度。而严复以其自身在中西思想文化修养方面得天独厚的优势和"西学第一人"之美誉，为中西思想会通提供了具有创见性的范式，而这里面中国传统思想文化中道家思想资源也发挥着重要的作用。

中西会通永远不可能只是一个纯粹的学术问题，它深受中西之间在政治、经济、宗教、文化、社会生活等诸多方面接触状况的影响，从而不可避免地掺杂着浓厚的感情色彩。虽然中华文化极富人性化色彩的宽容性使得各种各样的外来文化在中原地区都得到了相当程度的尊重和相对自由的发展。譬如，景教，作为基督教的一个支派，虽然被教廷视为异端，但是它在传入中国以后受到了唐王朝的优容，得以建立庙宇进行授教布道，其繁盛时期竟致"法流十道，国富元休，寺满百城，家殷景福"[2]。当然，中华文化对外来文化的宽容显然存在着相对稳定和难以逾越的底线，简而言之，即是对以基于儒家纲常伦理学说为中心的中华本土文化的承认乃至遵守。这样，一方面满怀对中华本土文化的强烈信心，一方面坚持对儒家纲常伦理学说的绝对肯定，或者说对现实政治秩序的绝对遵守，种种各样的外来文化先后在中国涌现并得以相对自由发展,虽然经历了屡次的朝代更迭,遭遇了屡次的文化碰撞,而中华文化却始终保持着在中国民众心目中的精神信仰地位。康熙末年"礼仪之争"爆发以前,西方文化在中国的传播业已经历了相当漫长的时期,一代又一代的西方商人和传教士带着毕生的梦想不断地奔向中国这个充满着神秘色彩的东方文明国度。只要他们大体上遵循着后来被明清之际意大利传教士利玛窦所总结的"适应政策",最终基本上都获得了丰厚的回报。而教皇对"礼仪之争"的固执裁定显然触及了中国方面的底线,从而遭到当时康熙皇帝的断然拒绝,并予以禁教。虽然禁教法令执行得并不是异常严格,但基本上传教活动似乎被置于政府的监控之下,及至乾隆朝大教案的爆发更是进一步恶化了朝廷对西方宗教的印象,上谕称"西洋人潜赴内地传教惑众,最为人心风俗之害,自不可不按名查拿"。在这样的情形下,西方文化在中国的传播本身便受到了极大的影响,要想真正实现中西会通则似乎更是不可能的任务。

一、中外文化交流的三种态势

道家思想对于中西会通所能发生的影响力,从原则上说来,显然与儒学正统所应承担的责任无法等同,但事实上在很多时候,外来文化得以为中国社会所接受、承认和优容,正是通过这些尚未能位居正统却在中国民众的精神世界中发挥着极其重要影响的诸多非儒学思想的缓冲。佛教自东汉初期传入中国至其流布天下的历程更可谓成功的范例,这其间道家思想可谓居功至伟。不过,道家思想所能发生的影响力也不得不受到中国社会对外来文化的整体印象和态度的影响,而后者深受中华帝国的盛衰、国内政局的治乱及社会发展活跃度高低等因素所左右,进而呈现着不同的态势,大体上可概括为三种:即怀柔远人、以夷制夷和普遍西化。前二者向来是中国朝廷对待外来文化所采取的传统策略,普遍西化则显然是近代鸦片战争后逐渐凸显的新生态势。道家思想资源在此三种态势对外文化交流中都具有独具特色的影响力。

怀柔远人当据于儒家理论,《论语》有"远人不服,则修文德以来之。既来之,则安之"[3],《中庸》亦有"柔远人则四方归之,怀诸侯则天下畏之",更已经将怀柔远人作为治理国家的重要政策;其更深的理念渊源当据于"普天之下,莫非王土;率土之滨,莫非王臣"[4]。怀柔远人的实现必然依赖于中华帝国本身政治上的强盛、经济上的发达和文化上的繁荣等。经历漫长的封建社会发展,中华文化逐渐完成了对以中原为中心区域的东亚大陆的基本探索,在传统"五服观念"基础上形成的围绕统治中心向四方逐渐延伸的"天下"观念也逐渐固化,《清朝文献通考》所称述的"大地东西七万二千里,南北如之。中土居大地之中,瀛海四环。其缘边滨海而居者,是谓之裔,海外诸国亦谓之裔"[5]便是这样一个"中国中心说"的最终印象。而在以远人来朝的方式换取了中国朝廷的各种优容对待的同时,外来文化还不得不努力让自己融入中国民众的社会生活圈之中。

以夷制夷实是一种"不得以"的权宜之计,往往推行于中国朝廷受诸多因素影响所致的国力相对式微时期,其时中央政府无力对周遭政权进行有效控制,只能利用各个政权之间存在的矛盾予以互相牵制,这一策略推行必须建立在至少两个前提下:一是中央政府保持自身完整性且仍对周遭政权具相当的威慑力和影响力;一是周遭政权均对中央政府有所寄望且其彼此之间存在可资利用的利益矛盾。汉时班超纵横西域数十年其所采取的正是典型的以夷制夷策略,其后历代中央朝廷势弱时期也都曾对周遭少数民族采取过如此策略。不过总的说来,这一策略仍然并不符合古时天朝怀柔远人的正道,因而向来颇有争议,或被归入阴谋权术之列。

普遍西化则是进入近代以来才出现的现象。虽然对中国近代历史的发展进程产生了极其重大的影响,但除了通商口岸之外,鸦片战争对于当时中国内地的社会生活的影响似乎可以说是无法称道的。不过,借助于西欧对华军事、政治的强势,西方思想文化的影响力逐渐透过沿海沿江通商口岸向中国内地不断强势扩散,中西接触范围的不断扩大必然使得中国民众被动地或主动地不断调适对西方思想文化的认知和理解。中国士人、官绅在处理中西关系过程中面对种种新生问题也不得不扩大和深化对西方思想文化的了解,随着中国先进知识分子对中国所处千年变局的认识,以及依据中国传统运会观念所带来巨大新转机的意识,各种新观念不断衍生出来,对于西洋文化的理解也逐渐从坚船利炮转向重商富民,进而再转向西方社会政治制度,在经历 1895 年甲午战败刺激以后的中国士人、官绅可以说已经普遍觉醒和活跃,各种宣扬西学的书刊报纸大量出版并颇受欢迎,各种探讨西学、研究中西关系以及甚至鼓吹社会变革的学会纷纷组织,仿照西方模式操办的新式学堂也在不断地出现,除了在局部上和程度上依然存在不同的差异,整个社会对于接受西化思想基本上达成了共识。不过在如何实现西化的理论探讨上,这些近代的先进士人提出了种种不同的构想。西学中源说作为过渡现象逐渐完成了其使命;而除了少数的激进分子外,不论是情感上还是理智上,全盘西化观念都难以让中国民众普遍接受;托古改制思想显然走的是中国传统变革模式的理路,只是附诸西化理念。在一定程度上说,中体西用可以说是当时最能得到中国士人、官绅普遍支持的理论,而且迄今为止虽然颇受争议,这一理论还依然有着其强盛的生命力,它一方面确保了西化过程中传统中国思想文化的主体性地位,另一方面则维护了传统中国文化的尊严,甚至可以为那些守旧的传统士人所接受。无论如何,普遍西化已经形成不可阻挡的洪流,它已经渗透到了中国社会生活的各个角落,各种新名词、新观念在谈论中被信手拈来。

二、佛教流行中国之初

虽然佛教与道教在中国历史上曾经多次发生过龃龉,但佛教传入中国的初期对于道家思想资源的大量运用却是不可否认的事实。佛教在中土的发展,与其发源地的情况显然远远不同,而这种不同正是佛教传入后与中土思想文化不断碰撞、融合所形成的。佛教传入中国的时间问题,自古以来便长期讼争不已,其间由于魏晋以后佛教与道教之间多次论争更是使得问题进一步复杂化,而这又与佛教传入中国之初对道家思想的借助瓜葛不浅。不过,虽然佛教传入中国的时间问题聚讼不已,大体上说来佛教传入中国的主要路线则基本上可以确定,即:公元前3世纪印度阿育王时期以后,印度佛教迅速向外传播,向北从印度西北地区传入大夏、安息以及大月氏,并逐渐蔓延至西域诸国,随着中土与西域诸国关系的逐渐密切,又沿着丝绸之路传入中国内地。佛教传入中国之初,很可能仅被视为西域地区人民的特殊习俗并没有给予特别的关注,只是随着佛教的不断输入人们才开始对此发生了兴趣。三国时魏国鱼豢《魏略·西戎传》有这样的记载:

昔汉哀帝元寿元年,博士弟子景卢受大月氏王使伊存口授《浮屠经》。曰复立者,其人也。《浮屠》所载临蒲塞、桑门、伯闻、疏问、白疏问、比丘、晨门,皆弟子号[6]。

伊存口授佛经,似乎是较为可信的史籍记载最早的佛教故事。口授佛经符合佛教经典传播的传统,而由博士弟子受学佛经也应当可以说明佛教在中国内地的传播已经引起了当时人的相当注意。诚然如此,当时人们把佛教视作中土流行的神仙方术的一种,并将佛陀依附于黄老进行祭祀。《后汉书·楚英王传》记载,楚英王"喜黄老,学为浮屠斋戒祭祀"。其时汉明帝亦有诏书曰:

楚王诵黄老之微言,尚浮屠之仁祠,洁斋三月,与神为誓。何嫌何疑,当有悔吝?其还赎,以助伊蒲塞、桑门之盛馔[7]。

而汉明帝本人更有感梦遣使求法的佛教故事,如范晔《后汉书》中说到:

世传明帝梦见金人,长大,顶有光明,以问群臣。或曰:"西方有神,名曰佛,其形长丈六尺而黄金色。"帝于是遣使天竺,问佛道法,遂于中国图画形象焉[8]。

汉明帝与楚王刘英自小关系密切,而佛教其初在社会上层的传播对他们的影响应当是相近的,他们对于佛教的信奉态度也应当相差无几,而且这与当时社会上对待佛教的信奉态度也应当并无特别之处。楚王喜黄老又尚佛教,自不必多说。而汉明帝感梦遣使求法的故事中,其唯一能够予以确证的是他确实可能引入过成批的西域僧侣,洛阳白马寺或许真的可以看作是他求法的遗迹,不过这却不是其佛教故事的重点所在,汉明帝佛教故事中的神迹才应当是人们更多的关注对象,而这一部分则显然是无法确证的,不论是其中梦境的内容,还是遣派的使节、求法的过程在不同典籍中的记载各各不同,梦境的体验是个人的,无法加以验证也无可厚非,不过如此重大事件的人员和过程都缺乏统一的确实的记载也就自然削弱了其整体上的可信程度。事实上,汉明帝感梦遣使故事也并没有超出神仙方术的范畴,即便后来佛教徒对这一故事进行了各种不同程度的加工,只要其中感梦的核心成分没有被放弃,那么其中的神仙方术色彩自然也就难以剥离了,而后者却又是佛教大盛后一直努力的方向。可见佛教自其传入中国内地之初便与道家思想有着牵扯不清的关系,将佛陀与黄老并祀或许并不是当时佛教徒的本意,不过他们显然也没有提出反对,这从另一侧面可以看出当时的佛教徒对于佛教的传播形势是比较了然的,而佛教传入中国内地之初对道家思想的借助也就无可置疑了。大体上说来,佛教传入中国内地之初,依附于社会上流行的黄老神仙方术,进而社会上层部分人物的信奉,为其后的迅速传播打开了方便之门。

道家黄老神仙方术对佛教传入中国之初的发展提供了很大的助益,随着佛教影响力的逐步扩大,割断同道家黄老神仙方术之间的联系便成了佛教徒们必然的努力,这其中固然有佛教自身发展的需要,却也与其时道教兴起所带来的迫力相关,而后者的兴起又与佛教在中土的迅速传播所带来对华夏民族心理的迫力相关。老子化胡说的兴起一开始便有着不同寻常的意蕴,王维诚在《老子化胡说考证》中认为:"今按后世道教当沿汉代黄老之学而来,其教宗祖老子。浮屠既尝并列,顺帝桓帝之时,道佛二教均当始兴,道教为中国所自出,佛教乃从外来,中国人民素持'夷''夏'之见,尊华夏而贱夷狄,则从道者流,自以华胄我族,岂容被夷异教并立?冲突抵抗,势有必然。故或遂附会旧时老子去周出关,真人西游,及老子神话化胡之说,造为老子入夷狄为浮屠之言。其说甚巧,盖其抵制之方,不出于排拒,使彼就我藩篱,且为我有"[9]。史籍记载中提到老子化胡说最早见于范晔《后汉书·襄楷传》,其中提到桓帝延熹九年襄楷上疏说:

或言老子入夷狄为浮屠。浮屠不三宿桑下,不欲久生恩爱,精之至也。天神遗以好女,浮屠曰:此但革囊盛血。遂不眄之。其守一如此,乃能成道[10]。

又有裴松之注《三国志》引鱼豢《魏略·西戎传》说:

浮屠所载,与中国老子经相出入。盖以为老子西出关,过西域,之天竺,教胡浮屠。属弟子别号合二十九,不能详载,故略之如此[11]。

不过考察鱼豢及范晔的时代正是道教与佛教论争较为激烈的时代,老子化胡说的版本已经极其繁多,难以回避其二人在撰述史籍的过程中可能会受到当时佛道论争的影响,或许此二处所说正是老子化胡说流行影响的结果。不过,基本上可以肯定的是,老子化胡说的兴起和流行的时间可能比较早,这和佛陀与黄老并祭可能有着较密切的联系,王维诚的论点确实可能成立。佛教传入中国之初对此并没有给予强烈的反对,这可能与其初期的影响力势微需要借助道家思想的影响撕开局面有关,也可能看作一种逢迎和示好,表现出对中国本土文化和宗教的尊重;不过,随着佛教影响力的逐渐扩大,佛教本身庞大的哲理系统、精密的佛法理论和严格的修行证道方式逐渐展现出来,而这些又是当时的道教理论所无法比拟的,这使得处于传播下风的道教不得不极力抓住老子化胡说来打压佛教的传播,而佛教本身的发展也使得它需要和能够摆脱干扰和束缚其自身发展的因素。《老子化胡经》本身的真伪自不必赘言,《老子化胡经》

的出现可以说是这场佛道论争的高潮。佛道思想经历较长时间的碰撞和融合之后,逐渐获得各自相对稳定的发展空间,为后来三教合一的论调奠定了相当的基础。

佛教输入中国经历其初期的发展后很快在下层民众中拥有了相当稳定的佛教信徒,而魏晋玄学的兴盛则为佛教在上层思想世界中获得充分的支持提供了良好的机遇,正是借助于道家思想,包括其语辞和玄思,以道解佛,佛教充分展现了其自身庞大的哲理系统、精密的佛法理论和严格的修行证道方式。当然,道家思想的某些精神借助于佛学理论——以佛解道,也得以更加凸显。佛教与道家思想的这种会通方式在当时社会的各个方面都有所体现。在当时佛教典籍的翻译过程中,高僧们大量借助了道家思想的语辞和概念,如"道"、"无名"、"无始"、"道体"、"虚无"甚至"无为而无不为"等典型的道家语汇在当时翻译的佛教典籍中多有出现,或是赋予这些语辞以佛教的新意义,或是直接借用这些语辞的道家意义。如东晋名士孙绰在其《喻道论》中论证"何谓佛?何谓佛道?"时说道:

> 夫佛也者,体道者也;道也者,导物者也。应感顺通,无为而无不为者也。无为,故虚寂自然;无不为,故神化万物。万物之求,卑高不同,故训致之术,或精或粗;悟上识则举其宗本,不顺者复殃[12]。

佛是道的体现者,佛道无为而无不为。整段文字如果去掉其中"佛"等几个鲜明的语词,似乎可以让人断然认为这就是道家思想的呈现。当然这里的"道"已经不是道家思想中那个本原的、规律性的"道",而是意指佛教里的真如、法性或法身。不过,不必去深究佛教赋予"道"的新意蕴,也不必去深究佛教的"空"与道家的"无"有多么近似或殊异,佛教既然输入并流行于中国,要让中国民众接受它,不论是下层思想世界所需求的直接现实的救赎、释厄和祈福等,还是上层思想世界所追求的精神领域的解放、提升和自由,佛教必须适应中国已有的思维方式、语词系统、风俗传统和精神信仰,在扩大影响力最为重要的时候,牺牲佛教自身某些方面的特征是必然的,这样或许会造成对佛教思想的误读,也为将来佛教试图去剥离这些笼罩于佛教之上的面纱还原佛教自身的独特理念增加了难度,但它至少已经为佛教扩大其在中土各方面的影响铺平了道路,这样的牺牲在其传播初期显然是值得的。事实也确实如此,佛法理论在魏晋玄学风度中得到更多清谈之士的激赏,一些佛教信徒的"以佛解道"也为清谈之士们解读玄学提供了新的理路。如《世说新语》多处记载:

《庄子·逍遥篇》,旧是难处,诸名贤所可钻味,而不能拔理于郭、向之外。支道林在白马寺中,将冯太常共语,因及逍遥。支卓然标新理于二家之表,立异义于众贤之外,皆是诸名贤寻味之所不得。后遂用支理。

王逸少作会稽,初至,支道林在焉。孙兴公谓王曰:"支道林拔新领异,胸怀所及乃自佳,卿欲见不?"王本自有一往隽气,殊自轻之。后孙与支共载往王许,王都领域,不与交言。须臾支退。后正值王当行,车已在门,支语王曰:"君未可去,贫道与君小语。"因论《庄子·逍遥游》。支作数千言,才藻新奇,花烂映发。王遂披襟解带,留连不能已。

支道林、许、谢盛德,共集王家,谢顾诸人曰:"今日可谓彦会,时既不可留,此集固亦难常,当共言咏,以写其怀。"许便问主人:"有《庄子》不?"正得鱼父一篇。谢看题,便各使四坐通。支道林先通,作七百许语,叙致精丽,才藻奇拔,众咸称善[13]。

支道林"以佛解庄"对《庄子·逍遥游》篇所作的解释,较之于向秀、郭象等的注疏逐渐趋向于将之纳入现实的伦常秩序的界阈不同,他则将个体对精神自由的追求提升到了新的高度,显然容易引起当时清谈之士的共鸣和赞赏,这也为吸引清谈之士对佛教的更多注意作了良好的铺垫。魏晋南北朝时期,虽然由于佛教的迅速发展曾经触发过统治者大规模的排佛运动,总体上可以说王公士大夫同佛教僧侣之间的交往是非常密切的,僧侣们也积极地参与到玄学清谈中去,从而涌现出了一大批卓著声名精通佛法的高僧大德。

可以说,道家思想对于佛教输入中国后的迅速传播曾经发挥过极其重要的作用。北魏太武帝在其灭佛诏书中认为,胡本无佛,"皆是前世汉人无赖子弟刘元真、吕伯强之徒，乞胡之诞言，用老庄之虚假，附而益之，皆非真实"[14]。不过，佛教与道家思想之间的会通并不是单方面的，而是相互渗透，佛教借助道家思想得以显扬，道家则因佛教得以创新。佛教与道家思想之间的会通固然会引起一些原旨主义者的非议和痛斥，不过显然不同思想之间的融会贯通更能让人接受。佛教自东汉传入中土之初便通过"以道解佛"方式影响着魏晋风度，在迅速流布天下的同时也逐渐完成了其本土化的转变，如今已经成为中华文化精神的重要组成部分。

三、基督教的早期传播

长期以来，在提到基督教与中国传统文化时，其中国传统文化所对应的部分往往是指儒家思想，这或许与清初康熙末年所发生的"礼仪之争"带来的影响有关，基督教伦理与儒家伦理之间的异同便在较长时期内成为中西会通的关注重心所在，这其中所牵涉的也不仅是纯粹的宗教、文化或学术因素，事实上中西之间政治、经济等方面的综合国力处境对此有着鲜明的影响。所谓三十年河东、三十年河西，基督教在近代中国的传播过程，与其初入中国时的境况相比，遭遇了截然不同的两种处境：一是晚清颓世那种大厦将倾、苟延残喘的浓厚失败情绪和挫折感；一是大唐盛世那种放眼天下、包容万物的强烈自信心和优越感。不过，虽然境遇不同，基督教应当说都享受到了较好的发展机会，前者自然是依赖于西方列强的政治胁迫、武力恫吓和强大经济实力的支持，而后者则更多在于中国大唐王朝的特别优容和恩赐。诚然如此，与近代基督教在中国的传播相比，大唐时期基督教的传播却最终湮没于历史的尘埃之中。与近代基督教在中国传播的成功相比，享受大唐五朝特别优容的基督教传播的结局自然更能引起学者们较多的关注。

本文的目的并不是要探讨大唐基督教传播最终失利的原因，而是关注于其时基督教借助道家思想资源来融入中国社会的尝试，这些尝试或许对于探讨现代社会中基督教与道家思想的碰撞有所裨益,而后者似乎正在某种程度上被逐渐纳入学者们的研究视域。探讨基督教与道家思想之间的关系应当是中西会通中必须处理的重要问题,毕竟道家思想也是中国传统文化中除了儒家思想之外一个重要组成部分。逆溯基督教与道家思想在中国古代社会的相遇显然是必要的。

基督教早期在中国得到传播的是其聂斯脱留斯教派,由叙利亚人聂斯脱利所创,被其时的东罗马教廷定性为异端,虽然后世学者曾经屡次试图为其作宗教上的翻案,但当时聂斯脱留斯教派信徒却备受迫害,不得不到处流亡,其中一部分人辗转至波斯,接受王室保护,从而得到迅速发展,流行于中亚地区,其后于唐初传入中国,又得到唐王朝的保护和优容,建立寺院和发展信徒,一度十分繁盛。其景教的名称当系汉地信徒自己所取,或取自"基督"的谐音,或取其大光明之义,又或启发于道教《黄庭内外景经》。《大秦景教流行中国碑》碑文中有"真常之道,妙而难名,功用昭彰,强称景教"[15]数语,试图说明其命名由来,却也是语焉不详。现存的《大秦景教流行中国碑》及敦煌遗书《大秦景教三威蒙度赞》,都是反映景教在中国流传的宝贵资料。

基督教在初入中土时,其景教文典便存在着鲜明的"撮原典大部之要,引中土佛道之俗"倾向,也就是说"以佛道解耶"。著名的《大秦景教流行中国碑》碑文和其他几部现存景教经典,如《一神论》、《宣元至本经》及《志玄安乐经》等,文中多处使用"无为"、"无欲"、"妙道"、"清静"等诸多道家语词,而《宣元至本经》和《志玄安乐经》更以"道"为教理,以"无"为宗旨,带有浓厚的道家色彩。

《大秦景教流行中国碑》碑文中"真常之道,妙而难名,功用昭彰,强称景教"数语,其讲述景教名称的由来明显有仿照道家《老子·二十五章》"有物混成先天地生。寂兮寥兮,独立不改,周行而不殆,可以为天下母。吾不知其名,强字之曰道。强为之名曰大"的痕迹。而其文中"详其教旨,玄妙无为。观其元宗,生成立要。词无繁说,理有忘筌"[16]语句,其行文方式及语意都完全是借用道家经典的语辞来表达基督教的宗旨。"圣历年释子用壮腾口于东周,先天末下士大笑讪谤于西镐"[17]语,正是借用了《老子》中"下士闻道,大笑之"的"下士"来嘲讽当时社会上正当兴盛的佛家。

《宣元至本经》可以说是基督教早期传入中国时所留下的重要文典,其文记叙了景通法王在大秦国拿撒城对诸法王觉众说景教真谛。经文分《宣元本经》和《宣元至本经》两部分,残缺不全,其真伪问题曾颇有争议,朱谦之断定系伪作,前者疑是"略通景教碑文之书贾伪作以牟利者",后者则疑是"道教的信徒所作以注释《老子道德经》者"。龚天民和刘伟民等学者则不同意朱谦之的伪作之说,而认为当系基督教之典籍。《宣元至本经》真伪问题的关键显然在于其文中频繁的道家语辞和浓厚的道家气息,朱谦之的伪作说依据在此,而龚天民和刘伟民等学者的观点也都依此展开,他们承认其书中浓厚的道家气息,不过他们认为经中的"道"当指创造天地万物的主宰上帝。《宣元至本经》的真伪问题不是本文关注所在,但其真伪问题至少可以充分表明道家思想对基督教的早期传播的影响,或者说基督教在中国早期的传播对道家思想的有力借助。经文中有:

妙道能包含万物之奥道者,虚通之妙理,群生之正性。奥,深秘也,亦丙(百)灵之府也。妙道生成万物,囊括百灵,大无不包,故为[万]物灵府也。善、人之宝,信道善人,达见真性,得善根本,复无极,能宝而贵之;不信善之徒,所不[可]保,保、守待也;流俗之人,耽滞物境,性情浮竞,岂能守持丙[百]灵,遥叩妙明。夫美言可以市人,尊行可以加人,不信善之徒,心行浇薄,言多佞美,好为口辞,犹如市井,更相觅利,又不能柔弱麈谦,后身先物,方自尊高,[乱]行加陵于人;不信善之徒,言行如是,真于道也,不亦远乎!神威无等,不弃愚鄙,恒布大慈,如大圣法王。人之不善,奚弃之有。奚何也言。圣道冥通,光威尽察,救物弘普,纵使群生不善,何有可弃心,明慧慈悲,复被接济无遗。夫信道可以驱除一切魔鬼,长生富贵,永免大江漂迷,所以贵此道者,何耶?只不为经一日,求之则得。此言悟者目击道,有迷[者]于黑(累)劫不复也。假使原始以来,生死罪谴,一得还源(原),可以顿免。有此神力,不可思议,故为天下人间所尊也[18]。

而《老子·六十二章》则有:

道者万物之奥。善人之宝,不善人之所保。美言可以市尊。美行可以加人。人之不善,何弃之有。故立天子、置三公,虽有拱璧以先驷马,不如坐进此道。古之所以贵此道者何。不曰:求以得,有罪以免邪?故为天下贵。

大体上可以说,《宣元至本经》经文的行文方式甚至语辞表达都带有鲜明的仿照《老子》的痕迹。此外,学者们也多多认为经文中的"道"似乎颇类近于道教经书中的"道",如《太平经》有:

夫道何等也?万物元首,不可得名者。六极之中,无道不能变化。元气行道,以生万物,天地大小,无不由道而生也[19]。

粗略看来,确实颇有让人感觉所面对的并不是一部基督教文典,而是一部中国本土的道教典籍。朱谦之判定其疑为道教的信徒注释《老子道德经》之作,确实有其理由。不过,尽管如此,却不能便轻率地断定它出自于道教信徒。事实上,《宣元至本经》这种浓厚的道家特征在可以确定的景教其他典籍中也有鲜明呈现,如《志玄安乐经》经文中有"凡修胜道,先除动欲,无动无欲,则不求不为;无求无为,则能清能净;能清能净,则能悟能证;能悟能证,则遍照遍境;遍照遍境,是安乐缘"[20],对道家的清静无欲观念进行了利用和发挥,如此种种,使得《志玄安乐经》同样有着浓厚的道家思想色彩。

当然除了道家思想的痕迹外,对于中土文化的其他方面如儒家伦理,甚至包括其时已在中土有着稳定发展的佛教思想,景教文典都进行了汲纳和模仿,其文典中的相关痕迹十分鲜明。通过这样的解释方式,显然有利于增加中国民众对于景教的心理好感,从而促进景教在中土的迅速传播。佛教传入中国之初显然也曾采取过此类手法。不过,如果仅限于此,则使得基督教只能沦为中国本土文化的附庸,其自身的教法义理不能够得以彰显,最终便只会逐渐暗淡湮没。佛教在中国的发展过程中,一方面"以道解佛",来尽可能地获得本土思想世界的认同;一方面则"以佛解道",通过提供较之于中土文化更为独到的见解来展现其佛法理论本身的精深奥妙来吸引人们对佛教本身的兴趣。除此之外,大规模的译经运动,大场面的宣讲佛理,大批培养谙通佛理的僧徒,等等,最终实现佛教同中国固有文化的全面融会,殆已构成为中国传统文化的不可或缺的重要成分。而基督教在中国早期的传播于此方面显然是做得不够的。景教刻意地迎合于中土固有文化的做法,或许与其本身教理主张的开明意识相关,或许与其享受中国朝廷的优容地位相关,最终不但消解了它自身的独特个性,而且也偏离了其基督教的原旨立场。虽然在中国朝廷的优容下景教曾经一度十分繁盛,在《大秦景教流行中国碑》碑文里它曾主张"道非圣不弘,圣非道不大。道圣符契,天下文明"[21],过分依赖于朝廷的支持,却又不可能如同其在西方国度被册立为国教后的大肆发展,最终只能迎来景教不断式微的局面。明清时期,基督教再次传播于中国,西洋传教士固然同样首先采取了迎合中土文化的做法,不过他们同时通过大量的西洋精密仪器不断地展现了西方文化独特的个性,至少在"礼仪之争"以前基督教的传播都是颇为成功的。转至近代,基督教的传播固然有着强大的政治胁迫和武力恫吓作为背景,不过,西洋文明本身的繁盛对于中国民众说来还是有着相当吸引力的。

四、近代西学东渐和道家的发展

"礼仪之争"后清廷曾试图禁止西方传教士在中国大陆的活动,不过随着中外交流的逐渐频繁,传教士的活动仍然不断地展开,不过由于清廷政策上的限制使得直到近代其发展都相对比较缓慢。鸦片战争之后,凭借政治胁迫和武力恫吓作为后盾,西方传教士的活动透过通商口岸迅速向中国内地渗入;同时,随着中西接触日渐频繁,中国民众对于西洋物事的了解亦日渐增多。伴随着西方列强对华侵入强度的不断加深,中国传统社会的政治、经济、军事、文化、宗教和社会生活等等方面都不得不直接面临着西方的强烈冲击,这种冲击的强度以各大通商口岸为源点不断向内地波及开去。

为回应并适应西方冲击,中国传统的文化思想领域也在发生着巨大的转变,经世致用之学此时显然得到了传统学者们的普遍认同,而经世致用之学的盛行则一方面为国人接受西方观念大开了方便之门,另一方面传统儒学面对西学冲击的力不从心也为子学的复兴铺平了道路,长期以来,处于中国传统思想主流之外的道家、墨家、法家等在近代都得到了较大的发展。

晚清魏源著述《老子本义》,试图对长期形成的老子观正本清源,区分黄老之学与老庄之学两者的界限,评述老子之学的流传而论定老子其后之道家思想往往仅依一隅之得而偏离老子之正宗,从而认定老子正宗当为黄老之学。如其所说:"老氏书赅古今,通上下。上焉者羲皇、关尹治之以明道;中焉者良、参、文、景治之以济世;下焉者明太祖诵'民不畏死'而心灭,宋太祖闻'佳兵不祥'之戒而动色是也。儒者自益亦然,深见深,浅见浅。余不能有得于道而使气焉,故贪其对治而三复也"[22]。又有:"夫治始黄帝,成于尧,备于三代,奸于秦,迨汉气运再造,民脱水火,登衽席,亦不啻太古矣。则曹参、文、景,斫雕为朴,网漏吞舟,而天下化之。盖毒庸乎秦,酷剂峻攻乎项,一旦清凉和解之,渐进饮食而勿药自愈。盖病因药发者,则不药亦得中医,与至人无病之说,势易而道同也。孰谓末世与太古如梦觉不相入乎"[23]? 这样,就使得老子之学从养生之学、游世之学、虚无之学、为我之学、放旷之学等歧途重新回归到西汉以前无为而治的黄老政治哲学。魏源极力主张老子之学可以"救世",书中屡称,"《老子》救世书也"[24]、"老子著书,明道救时"[25]、"老子见学术日歧,滞有溺迹,思以真常不弊之道救之"[26]、"此老子悯时救世之心也"[27]。魏源对老子思想中政治哲学的强调,其动机显然与魏源所处的晚清社会背景密切相关,他深刻感受到嘉道之际晚清社会的"末世"氛围以及儒学当时的难有作为,试图通过诠释《老子》的政治义理,挖掘和凸显《老子》"救世"的社会政治价值,从而将道家等诸子学思想纳入其经世致用的范畴。既然力主老子思想可以"救世",魏源就不得不对世人普遍理解的老子权谋之术予以适当处理。他认为,"老子主柔宾刚,而取牝取雌取母,取水之善下,其体用皆出于阴,阴之道虽柔,而其机则杀,故学之而善者则清净慈祥,不善者则深刻坚忍,而兵谋权术宗之。虽非其本真,而亦势所必至也"[28]。魏源主张"兼黄老申韩之长而去其所短"[29],实际上就是对老子之学中权谋之术作出了很不一般的肯定,这对于解决晚清朝廷的内忧外患提供了更多的思考,显然有着很鲜明的社会现实意义。其后魏源在编纂《海国图志》时提出的"师夷长技以制夷"思想或许便是其张本。虽然魏源的主张从根本上说来仍然没有脱离古代以夷制夷策略的窠臼,但它至少推动了国人的"睁眼看世界",为国人对西洋文化此后日益广泛的了解奠定了重要的基础,中西会通也因此才逐渐成为可能。虽然魏源的《老子本义》从总体上说来仍然属于传统的诠释范式,但他对道家思想的判定对于近代思想界的一系列转变无疑提供了重要的启迪。

西学中源说作为中国民众接纳外来文化的重要心理缓冲,曾在中国历史上不同时期均有呈现,如前文中佛教传入中国初期其老子化胡说在某种意义上便可以说就是表现之一。西学中源说的兴起,其中虽然无法回避当时国人思想中难以割舍的自傲心理,却也是国人试图容忍和接纳西学之重要途径,其附会和假托固然多为后来学者讥嘲戏谑,不过在当时对于西方各种物事的传入中国却提供了极大的便利。19世纪中后期西学中源说盛行一时,中国古代各种典籍,不论其初或多有批驳,此时均被纳入引证之依据,其倡论者遍及社会各个阶层,尤以传统士绅之辈最为突出,其中不乏著名人士之身影,如阮元、龚自珍、邹伯奇、郑观应、薛福成、俞樾、钱德培、张之洞、康有为、梁启超、陈炽、曾纪泽、黄遵宪、谭嗣同、唐才常等等,不论传统文化之顽固保守者,还是洋务运动之支持者,乃至维新变革之倡导者,似乎在此达成了暂时的一致。不过,不论其倡导者或保守、或洋务、或维新,此间西方观念得到了迅速的传播。虽然其主张在后世往往成为讥讽的对象,它毕竟反映了其时中国社会面对西方冲击予以回应和适应时的一种特别的心理状态,而这种心态其实即是后世人们在面对外来异族文化时同样可能出现的。

西学中源说要将西方科学技术及文化思想等纳入中国传统文化的发展序列,要从中国古代传统典籍中找寻与西学相对应的成分,儒家经典显然不可能满足这一需求,这就为那些长期处于边缘范围的传统文化思想提供了复兴的机会。事实上,西学中源说在很大程度上正是借助了子学的复兴才得以迅速播扬和流行,道家思想在此自然不可能例外。如薛福成认为《庄子》中与"近代泰西之学有相出入者",其《外物》篇有"木与木相摩,则燃;金与火相守,则流","此电学、化学之权舆也";其《齐物论》篇有"一与一为二,二与一为三,自此以往,巧历不能得",《秋水》篇有"计四海之在天地之间也"、"计中国之在海内也"等语,"此天算之学、舆地之学之滥觞也"[30]。又如曾纪泽提到:

二十三日,夜与松生一谈。松生言:西人政教多与《周礼》相合。意者老子为周柱下史,其后西到流沙,而有周之典章法度随简册而俱西。但苦无确证耳。其说甚新而可喜。余谓欧罗巴洲昔时皆为野人,其有文学政术,大抵皆从亚细亚洲逐渐西来,是以风俗文物与吾上古之世为近[31]。

老子出关西隐之事本系传说,《史记》所载不过是对于传说且作备存而已,本身很是疏略,居然屡为后人所用。其文如下:

老子修道德,其学以自隐无名为务。居周久之,见周之衰,乃遂去。至关,关令尹喜曰:子将隐矣,强为我著书。于是老子乃著书上下篇,言道德之意五千余言而去,莫知其所终[32]。

佛教传入中国初期,道教信徒或以此宣扬"老子化胡说",认为老子出关后至印度,乃有佛教,其说本无实据,不过试图抬高道教地位将之凌驾于佛教之上,然而其初期并未曾遭到佛教信徒的刻意反驳,反而佛教借此得到了迅速流传。而近代时此主张的再次提出，其意图也不外乎抬高中土文化思想之地位，虽然同样有容忍和接纳西学之功用，不过其支持者较之古代则显然不可同日而语了，他们自己也承认"苦无确证"。说起来，其初"老子化胡说"同样并无确证，却居然盛行一时，而近代试图持此主张者自己都觉牵强，其与古代时的民族文化的强大自信心相比，近代中国民族文化心理的脆弱于此可见一斑。

至于谭嗣同讲演《论今日西学皆中国古学派所有》时所提主张则反映了另外一种心理状态了。其说如下：

绝大素王之学术，开于孔子，而战国诸儒，各衍其一派，著书立说，遂使后来无论何种新学，何种新理，俱不能出其范围。盖儒家本是孔教中之一门，道大能博，有教无类。太史公序六家要旨，无所不包，的是我孔子立教本原。后世专以儒家为儒，其余有用之学，俱摈诸儒之外，遂使吾儒之量反形狭隘。而周秦诸子之蓬蓬勃勃，为孔门支派者，一概视为异端者，以自诬其教主。殊不知当时学派，原称极盛，如商学，则有《管子》、《盐铁论》之类；兵学，则有孙、吴、司马穰苴之类；农学，则有商鞅之类；工学，则有公输子之类；刑名学，则有邓析之类；任侠而兼格致，则有墨子之类；性理，则有庄、列、淮南之类；交涉，则有苏、张之类；法律，则有申、韩之类；辨学，则有公孙龙、惠施之类。盖举近来所谓新学新理者，无一不萌芽于是。以此见吾圣教之精微博大，为古今中外所不能越；又以见彼此不谋而合者，乃地球之公理，教主之公学问，必大通其隔阂，大破其藩篱，始能取而还之中国也。《传》有之："天子失官，学在四夷。"譬如祖宗遗产，子孙弃之，外人业之，迨其业之日新月盛，反诧异以为奇技淫巧，机铃诡谲之秘术。呜呼！此可谓数典忘祖者矣[33]！

谭嗣同观点并非独有，其他如康有为、梁启超诸人均有类似主张，其对西学中源说和近代诸子的复兴所进行的倡导，显然有着明确的目的：即一方面通过诸子与西学的初步会通，试图将西学纳入中学原有的体系中来；另一方面则通过将诸子纳入儒学的思想体系，重建儒学在中学的核心地位。

按照熊铁基先生的《二十世纪中国老学》一书观点[34]，将 19 世纪末 20 世纪初的道家思想研究区分为传统与维新两大流派。前者依然沿袭旧轨，未有改变，虽然研究成果较多，但是没有能够提出新见；后者引入了前所未有的新内容、新方法，虽然人数与成果相对较少，但从思想文化的发展角度看却更有价值。无论如何，道家思想在近代显然得到了较大的发展。一方面，延续以往乾嘉学术传统，注解老庄者很多，如陈澧《老子注》、魏源《老子本义》、易顺鼎《读老札记》和《读老札记补遗》、王闿运《庄子注》、刘文典《庄子约解》、郭庆藩《庄子集释》、王先谦《庄子集解》、马其昶《庄子故》等等，其他如俞樾《诸子平议》、孙诒让《札迻》等也都对老庄典籍进行了广泛的文字校斠、意义训释和思想阐述等整理工作。另一方面，儒家学者改变辟老庄、排墨法的陈陈相因的旧传统，对老庄的肯定言论在近代已经甚是常见，有些学者甚至试图纳庄学入儒家体系。如唐晏有《扬老》《谳庄》，他认为《庄子》对礼乐仁义、内圣外王的主张即便是四书五经都未能超越的；陈三立则认为"孔子周流以明用，老子养晦以观变，其志一也。故老子明其原而孔子持其流，老子质言之以牖当时，孔子则修其辞以训后世"[35]。而康有为更是大胆认为：

子赣盖闻孔子天道之传，又深得仁恕之旨，自颜子而外，闻一知二，盖传孔子大同之道者。传之田子方，再传为庄周，言"在宥天下"，大发自由之旨，盖孔子极深之学说也。但以未至其时，故多微言不发，至庄周乃尽发之。故《庄子·天下篇》遍抑诸子，而推孔子为神圣明王，曰："古之人其备乎! 配神明，醇天地，育万物，和天下，泽及百姓，明于本数，系于末度，六通四辟，其大小精粗，其运无乎不在。"其尊孔子至矣[36]。

对此章太炎曾多次予以驳斥，他批评说：

至以庄子为子夏门人，盖袭唐人率尔之辞，未尝订实。以庄生称田子方，遂谓子方是庄子师，斯则《让王》亦举曾原，而则阳、无鬼、庚桑诸子，名在篇目，将一一是庄师矣[37]。

除了试图将道家思想纳入儒家正统外,道家思想面对西学的冲击也不断地做出其自身的调整和改变。在思想领域,道家同西学之间的初步会通也有利于西方思想文化在中国的普及传播,诸如严复、谭嗣同、康有为、梁启超、王国维等人都多次将老庄道家思想与西方思想文化进行关联会通。

道家在中国思想文化中的重要地位是毋庸置疑的。道家和儒家构成了中国传统思想文化的两大支柱,儒家努力激扬人的主体能动性,凸显日常人伦之体用,以维护社会秩序的正常运行,同时达到个体的精神圆满;而道家则不断消解人的主体能动性,剥离经验世界的物事,超越现实社会秩序的樊篱,以实现个体内在精神上的自由逍遥。儒家和道家在思想上截然不同的走向,正是人性在平衡与失衡之间不断调适的反映。大体上说来,即使平衡并不能称之为常态,却仍然是人性的最大体现和人们的最大追求;而失衡作为人性在现实世界中经历的不间断趋势,或是回归于人性的平衡,或是走向人性的崩溃。回归人性的平衡,在这一点上,儒家和道家是一致的,不过儒家通过维护外在社会秩序的正常运行来规约人性的调适,或者说将人的主体性扩充并关联到社会秩序的正常运行,而道家通过消解人们在经验世界中的失意,从正常社会秩序中遁隐,全力构筑个人内在精神世界的平衡。儒家和道家的不同走向基本上划定了在思想史上以儒家为主、以道家为辅的不同地位。近代以来,随着西方列强的强势侵入,西学东渐的不断深入,建立在儒家思想基础上的传统社会制度和思想世界都面临着强烈的冲击,社会秩序的不断破坏对个人生活也带来了不良影响,而儒家思想在此问题上的回应无力也不断地打击着人们的信心。道家思想对于个人内在精神世界的调适显然有助于保持人们此时内心深处的安宁,从而在这一特殊历史时期,道家思想得到了近代启蒙思想家的亲近,并尝试着在道家思想中找到解决其当前问题的方案。

注　释

[1] 殷海光：《中国文化的展望》，第 257 页，三联书店 2002 年版。

[2] 《汉语景教文典诠释·大秦景教流行中国碑颂》，第 57 页，三联书店 1996 年版。

[3] 《论语·季氏将伐颛臾》。

[4] 《诗·小雅·北山》。

[5] 《清朝文献通考》二，卷二九三，《四裔考一》，总第 7413 页。

[6] 《三国志·魏志·乌丸鲜卑东夷传第三十》注引《魏略·西戎传》。

[7] 《后汉书·光武十王列传第二十三·楚王英》。

[8] 《后汉书·西域列传第七十八·天竺》。

[9] 转引自《中国近代思想史论续集》，第 47 页。

[10] 《后汉书·郎顗襄楷列传第二十下》。

[11] 《三国志·魏志·乌丸鲜卑东夷传第三十》注引《魏略·西戎传》。

[12] 《喻道论》，收于《大正藏》第五十二册《弘明集》卷三。

[13] 《世说新语·文学第四》。

[14] 《魏书·释老志》。

[15] 《汉语景教文典诠释·大秦景教流行中国碑颂》，第 53 页，三联书店 1996 年版。

[16] 《汉语景教文典诠释·大秦景教流行中国碑颂》，第 54 页，三联书店 1996 年版。

[17] 《汉语景教文典诠释·大秦景教流行中国碑颂》，第 58 页，三联书店 1996 年版。

[18] 《汉语景教文典诠释·宣元至本经》，第 163 页，三联书店 1996 年版。

[19] 《太平经钞·乙部》。

[20]《汉语景教文典诠释·志玄安乐经》,第 177 页,三联书店 1996 年版。

[21]《汉语景教文典诠释·大秦景教流行中国碑颂》,第 53 页,三联书店 1996 年版。

[22]《诸子集成·老子本义·论老子二》。

[23]《诸子集成·老子本义·论老子二》。

[24]《诸子集成·老子本义·论老子二》,又见《老子本义·第二章》。

[25]《诸子集成·老子本义·第五十七章》。

[26]《诸子集成·老子本义·第一章》。

[27]《诸子集成·老子本义·第六十一章》。

[28]《诸子集成·老子本义·论老子四》。

[29]《魏源集·默觚下·治篇一》。

[30]薛福成《出使英法义比四国日记》,第 252～254 页。

[31]曾纪泽:《曾惠敏公使西日记》卷二,第 3～4 页。

[32]《史记·老子韩非列传》。

[33]《谭嗣同全集·南学会讲义·论今日西学与中国古学》,第 399 页,中华书局 1981 年版。

[34]熊铁基:《二十世纪中国老学》,第 38～61 页,福建人民出版社 2002 年版。

[35]陈三立:《散原精舍文集》卷一《老子注叙》。

[36]康有为:《论语注·公冶长》,第 61 页。

[37]《章太炎全集》(4)《太炎文录初编·与人论国学书》,第 355 页。

第二章　严复的道家情结

作为中国古代思想文化的重要组成部分，道家思想在中国传统知识分子的内在精神里往往留下了深深的烙印，尤其是在遭遇到个人失意、家庭困顿及社会动荡等外在世界中诸般挫折时，道家思想意蕴中对宇宙、人生的独特理解往往能够为他们在批判现实、重构秩序和提升生命意义等方面提供丰富的思想资源和生存动力。近代中国社会的多灾多难，譬如封建帝制的腐朽懦弱、西方列强的武装侵略、社会形势的动荡不安等等，都深深地影响着每一个置身其中的中国人，从其内在的精神世界，到外在的人生选择、社会理想。长期处在正统地位的儒家文化面对如此艰难局势回应乏力，诸子学得以蓬勃复兴，而道家思想更是以其特有的价值，扮演了极为重要的角色。近代启蒙思想家大多对于道家思想注入了特别的情感，或者可以说，都有着某种或浓或淡的道家情结，这同古代很多时候的情况相似，不过，近代中国的特殊境域则显然赋予近代启蒙思想家们的道家情结以更多的意蕴。

第一节　人生际遇及对道家的亲近

严复(1853－1921)，乳名体乾，谱名传初。投考福州马尾船政学堂时改名宗光，字又陵。入仕后，改名复，字几道，晚号瘭壄老人，别署观我生室主人，辅自然斋主人，尊疑学者，唐山人，瘭壄堂主人等。严复入仕后改定的名"复"，或出自《易经》，或出自《老子》，尚难确定；不过其字"几道"，当出自《老子》，其第八章有"上善若水。水善利万物而不争，处众人之所恶，故几于道"[1]。至于其别号之"观我生"，当出自《易经》，其《观》有"观我生，进退；观我生，君子无咎"；而"辅自然"，则显然出自《老子》，其第六十四章有"复众人之所过，以辅万物之自然而不敢为"。严复入仕之后的改名当有其深意，而从他的字号出处亦可见他对于道家思想的特别情感，这种情感当与他对于人生之体悟有相当的联系。

一、幼年生活的冷暖和留学英伦的得意

严复出身可谓书香门第，其祖居门口据说至今一直挂有一面"大夫第"的直匾。不过严复的父祖两代却是以中医为业，医术颇是高明，且常常为人免费医治，在当地享有较高的声望。其父严振先嗜赌，导致家境一直略显窘迫，幸得其母陈氏的辛勤努力，生活也还过得去。及至年纪稍长，其父便开始为严复延师授教，接受了相当正规的传统儒学教育，这使得严复身上自小便被寄托了科举致仕、光宗耀祖的期望。他自己后来回忆时说到，"自束发就傅以来，所读书自《三字经》至于二十七史，几无往不闻君臣之义。以其耳熟，遂若无足深言，无可思忖也者"[2]。五叔严厚甫对严复的影响颇深，严复成年后的数次科举尝试不能不说与他有着莫大的关联。严厚甫"性孤介，稠人中，默不语，雅擅诗赋，泛览渊博"[3]，当时尚未中举，却希望严复能够从科举出身，所教尽是《大学》、《中庸》之类书籍。虽然严复对其五叔并没有什么好感，但是严复后来的际遇显然让他对其五叔的至理名言颇有认同。严复后来又师从于黄少岩，黄氏为当时闽之宿儒，学问渊博，他教授严复仍然以经书为主，不过也常为严复谈说宋、元、明学案及典籍。大体可以说，幼时的从学经历为严复打下了较为扎实的国学基础，而且这些传统思想对严复后来的影响显然是极其深远的。幼时的国学启蒙教育对成年思想的深远影响，这在近代启蒙思想家身上基本上都得到了鲜明的体现。

十四岁那年,严父去世,家境变得十分艰难,严复后来回忆说:

> 我生十四龄,阿父即见背。家贫有质券,赎钱不充债。陟冈则无兄,同谷歌有妹。慈母于此时,十指作耕耒。上掩先人骸,下养儿女大。富贵生死间,饱阅亲知态。门户支已难,往往遭无赖。五更寡妇哭,闻者酸心肺[4]。

字里行间所流露出对母亲在父亲逝世后苦苦支撑家庭的同情和感激,以及对当时亲历世态炎凉的痛楚和无奈。虽然难以确定严复幼时是否接触过道家典籍,但这种生与死、富与贫之间的急剧转换无疑为他迅速接纳道家思想打下了人生阅历的基础。

家庭生活的维持本身就很艰难,再继续原来的学业显然也是不可能的了。其时,福州船政学堂开始招生,提供了极其优惠的条件,不但包揽了学生的食宿及医药费用,而且每月还有额外银两可以补贴家用,此外还保证毕业后获得工作机会且享受外国工人薪水。这些对于生活艰难的严复显然有着极大的诱惑力。于是在合家商量之后,严复决定前往报考。其间遭到了曾是他塾师的五叔刁难,几经周折才得以成行。

福州船政学堂是当时洋务运动的产物,开设的课程主要以西学为主,如英文、算术、几何、代数、解析几何、割锥、平三角、弧三角、代积微、动静重学、水重学、电磁学、光学、音学、热学、化学、地质学、天文学、航海术等。几年之后,严复以优等成绩毕业于船政学堂,并于1876年被选派前往英国留学。留学其间,严复结识了当时的中国驻英大使郭嵩焘,相交甚好。留学期间,严复表现突出,议论纵横,激扬文字,郭嵩焘的《伦敦与巴黎日记》中常常可以发现严复的踪迹。严复当时对西学表现出了极大的兴趣和慕仰,他曾对郭嵩焘称"西洋学术之精深,而苦穷年莫能殚其业"[5]。郭氏对严复的才学极其赞赏,不过为官多年深识个中三昧的他,对于年轻的严复所表现出来的狂易性格却颇有忧虑。他在日记中写道:

> 又陵才分,吾甚爱之,而气性太涉狂易。吾方有鉴于广东生之乖戾,益不敢为度外之论。亦念负气太盛者,其终必无成,即古人亦皆然也[6]。

　　郭氏所言虽然无法预见到严复后来的成就,不过严复回国后仕途上的挫折则显然印证了他的判断。严复留学英国期间,学业优异,郭氏认为"以之管带一船,实为枉其材",而"交涉事务,可以胜任"[7]。而继任的驻英大使曾纪泽对严复才学虽然颇为赏识,不过对他的性格则甚是不喜,他曾说"宗光才质甚美,颖悟好学,论事有识。然以郭筠丈褒奖太过,颇长其狂骄矜张之气。近呈其所作文三篇……于中华文字未甚通顺,而自负颇甚。余故抉其疵弊而戒励之,爱其禀赋之美,欲玉之于成也"[8]。曾纪泽对严复虽然有提携之心,却显然还是有些前提的,那就是想要灭灭严复的"狂骄矜张之气"。其中或许还牵涉到中西学之争的问题,严复已经亲历西方社会的富强并切实地探讨过西学的先进,其言语之间很自然地便流露出来了对西方文明的赞赏和慕仰。深受传统中学熏陶的曾纪泽显然注重中学修养,故而对严复的西文写作方式不甚满意,而他平素喜欢对西学发表一些轻蔑鄙夷议论,所携随从常常因为无知而闹出不少笑话,这些无疑让严复颇存不满和备觉羞辱。如此种种,必然造成完全接受西学影响的严复与固执中学传统的中国官员之间的芥蒂。正如郭嵩焘所指出,严复其时所表露出来的狂易并不是由于他的骄纵所致,而是由来已久了的,正反映了西学面对中学时的骄傲自负。不过话说回来,当时各方面并没有刻意为难留学归国的严复,其任职安排更多地听取了当时洋人监督师恭萨克的意见,师恭萨克认为"严宗光于管驾官应知学问以外,更能探本溯源,以为传授生徒之资,足胜水师堂教习之任"[9]。于是留学回国之后严复便回其母校担任了教习一职,其后不久被人推荐给李鸿章,前往北洋水师学堂担任总教习。

　　其父在世时虽然经济稍嫌窘迫,不过颇能维持,并且为他延师授教,严复此时的生活还算得上是不错的;其父去世后家境迅速恶化,让他亲历人间冷暖、世态炎凉,学业亦难以为继,这时期对严复心理上的影响显然是负面的;及至进入新式学堂,又留学英伦,以其天赋与努力,严复在学业上获得了较大成功,算得上是较为得意的时期,这大体上是严复人生的一个高峰。在还没有正式走入社会参加工作之前,严复已经经历了人生的起伏跌宕,这或许尚不至对他的亲近道家产生决定性影响,却基本上完成了初步的心理铺垫。

二、官场仕途的挫折与教习生涯的平淡

严复之名"复"、字"几道"的改定和使用在其日记、著述和相关传记中都语焉不详,作为他最为后世所知的名、字却不能考订其较为确定的时间,这不能不说是一个极大的遗憾。似乎唯一能够肯定的是名、字的改定和使用都是在他入仕后发生的,这与他人际遭遇上的种种挫折显然有着密切的联系,可能与他对道家的亲近相关。

学识有成的严复对于回国后的工作和人生或许有着较高的期望。按理说当时官方对留学人员的安排和待遇也都是很不错的,担任北洋水师学堂总教习使得严复的经济状况有了明显的好转。不过,其时他既自负甚高又年轻气盛,故多以他的海外见识对当时洋务运动中的不妥往往予以评论;亲见当时朝野官员玩忽职守、无所用心、堕落腐化,又往往将之与日本明治维新的新气象相互比较,其言辞多有激烈之处,故不为人所喜。他自己后来曾回忆说:"仆当少年,极喜议论时事,酒酣耳热,一座尽倾,快意当前,不能自制。尤讥评当路有气力人,以标风概。闻者吐舌,名亦随之。顾今年老回思,则真无益,岂徒无益,且多乖违"[10]。至此郭嵩焘和曾纪泽的担忧终成事实,当时主持局面的李鸿章虽然器重严复的才学,却不喜其为人,虽然任严复为北洋水师学堂总教习,然而只是教书而已,无法参预决策。不过严复对此其初另有理解,其子严璩《侯官严先生年谱》中称:"府君自由欧东归后,见吾国人事事竺旧,鄙夷新知,于学则徒尚词章,不求真理。每向知交痛陈其害。自思职微言轻,且不由科举出身,故所言每不见听。欲博一第入都,以与当轴周旋。既已入其彀中,或者其言较易动听,风气渐可转移,因于是秋赴闽乡试,榜发报罢"[11]。严复将自己无法得到重用的原因归之于非科举出身。严复曾在诗文中写到"平生贱子徒坚顽,穷途谁复垂温颜? 当年误习旁行书,举世相视如髦蛮"[12],虽然他认为自己当年选择西学乃是穷困之极不得已的行为,其中却已经流露出选择西学造成自己仕途挫折的失意。而在另一处诗文中,他写道"咸云科目人,转眴皆台阁。不者亦清流,师友动寥廓。忽尔大动心,男儿宜若此"[13],严复对于科举出身的优势显然主要着眼于两点,即升迁迅速和师友提携,而这两者作为实现个人抱负的必要条件正是他当时最为欠缺的。然而严复重拾举业的努力很快归于失败,捐得的官职并没有让他得到更多的提拔,几次乡闱考试也都落榜。而同时他与上司、同事之间的关系也并不融洽,他曾在书信中向其堂弟倾诉:"李中堂处洋务,为罗稷臣垄断已尽,绝无可图。堂中洪翰香又是处处作鬼,堂中一草一木,必到上司前学语,开口便说闽党,以中上司之忌,意欲尽逐福建人而后快"[14]。他自称在北洋当差的感觉"味同嚼蜡"[15]。举业努力的挫败和同事关系的龃龉使得严复心灰意冷,染上鸦片烟瘾,这对他的前途更为不利。李鸿章发觉此事后曾予以警告:"汝如此之人才,吃烟岂不可惜! 此后当仰体吾意,想出法子革去"[16]。严复晚年曾对吸食鸦片烟之事深感悔恨:"恨不早知此物为害真相,至有此患,若早知之,虽曰仙丹,吾不近也"[17]。正所谓当局者迷,旁观者清。其实就旁观者看来,严复之所以难获重用,固然可能有着非科举出身的影响,但更主要的其实应该是他的性格。这些早在其留学当年也为郭嵩焘所预见,不过令人奇怪的是作为忘年之交的郭氏在日记中并没有任何语言曾涉及对严复的劝解,而只有"非鄙人之所导扬之也"[18]、"其由来固已久也"[19]等近似推脱之辞。

大抵说来在放弃谋取科举出身的努力、又于参预机要明显无望的这段时间内,严复的教习生活基本上相对安逸平淡,他得以利用此机会对自己慕仰的西学作了进一步的研究,他在与其子严璿的书信中提到:"我近来因不与外事,得有时日多看西书,觉世间惟有此种是真实事业,必通之而后有以知天地所以位、万物之所以化育,而治国明民之道,皆舍之莫由"[20]。对西学的进一步研究显然更加深了他对西学的认同感。同时欧美列强侵略的加深、清政府的无能使得严复对日益加剧的民族危机忧心忡忡，而满怀抱负的他却毫无施展其才华之处，他甚至动过念头投奔当时对他曾表示过赏识的张之洞，"冀或乘时建树耳"[21]。个人际遇上的无奈和对政治抱负的强烈希冀无疑构成了此时期严复思想状态的主要方面。

并不是说严复在困惑郁闷时没有把目光投注在他自己学堂的学生身上，从道理上说来，这些中国政局的明日之星对严复传播的西学应该充满着好感，如果严复能够对他们有所引导，或许他的诸多主张通过那些学生也能得以实现。不过，难以确实地考察严复和他的学堂生员之间的关系到底如何，严复对这些人也不满意。在他前后主持北洋学堂长达十多年的时间里，似乎从未曾产生过令他十分满意的学生。他在与友人的信中写道："复管理十余年北洋学堂，质实言之，其中弟子无得意者。伍昭扆光建有学识，而性情乖张，王少良劭廉笃实，而过于拘谨。二者之外，余虽名位煊赫，皆庸材也"[22]。在他看来，即便是像黎元洪那样后来在中国近代史上声名赫赫的人物，不过也是庸材一个罢了。实质上，严复对待其学生们的态度或许与他对待与他同赴欧美留学的同学的态度相似，这些人或许确实如严复评判的那样只是个庸材，但他们之中的许多人在中国近代史上的成就却是相当卓越的[23]。有些过于苛刻地评价别人，这与严复个人学识天赋极高所带来的自觉或不自觉的傲气相关，对于中国近代巨大而复杂的社会变革而言，这显然是相当不合适的。他似乎希望所有人都站在他那样的高度来从事这项伟大的社会变革，显然是与事实不符的。这种政治上的理想主义色彩使得严复最终不可能在官场仕途上取得大的突破，而只能以启蒙思想家的身份留名青史。

严复留学英伦时学业上的成功所提供的心理优势，在回国后不久便在其官场仕途的挫折中遭到严重打击，甚至让他曾经心生悔意，这其间的巨大落差对他的心态影响是深远的，严复一度颓废至沾染上鸦片之瘾，造成终身之患。在不得不安心于教习工作的平淡生活时，他一方面于西方思想中寻找认同,一方面则于中国传统思想尤其是道家思想中寻找慰藉。或许可以说,这时期他的改定名字,大体上意味着他心理上一次重大转变的完成,而在这一转变过程中,道家思想的影响当是极大的。

三、政治进退的无奈与译述事业的坚定

1894 年至 1895 年中国在甲午战争中的挫败,同学与学生的浴血疆场,清政府的腐朽无能,民族危机的空前加剧都对严复形成了强烈的冲击。"时局岌岌,不堪措想",严复无法忍受局势的继续败坏,长期积郁于胸的诸多想法终于不吐不快,在天津《直报》上发表《论世变之亟》,其后《原强》、《辟韩》、《救亡决论》等名篇纷至沓来。他后来在与梁启超的书信中描述了他当时的心态:"甲午春半,正当东事臬兀之际,觉一时胸中有物,格格欲吐,于是有《原强》、《救亡决论》诸作,登布《直报》,才窨气苶不副本心,而《原强》诸篇尤属不为完作"[24]。他当时甚至做好了接受外人指责的准备,"时局到今,吾宁负发狂之名,决不能喔咿嚅唲,更蹈作伪无耻之故辙"[25]。不过,文章发表后的实际反响则显然出乎严复意料之外。1895 年甲午一役中作为中国历来附属国的日本之完胜及日本的近代崛起,西学的效用得以充分体现,无疑使得以往鼓噪不已的传统守旧顽固思想遭遇难以挽回的失败,同时以引进船坚炮利为目标的洋务运动及其"中学为体,西学为用"的指导思想遭遇到前所未有的质疑。西学思潮从此以席卷之势迅速扫荡中国的思想领域,此后屡次出现的维护传统学术思想的种种努力也往往成效甚微,西学在中国思想领域的统治地位至今难以撼动。虽然目前没有直接史料可以映射严复文章刊登后所引发的具体影响,不过严复与梁启超的书信中提到,"今者取观旧篇,真觉不成一物,而足下见其爪咀,过矜羽毛,善善从长,使我颜汗也"[26],严复自觉当时仓促之间思想阐述不够成熟系统,但对其文能够得到大方之家的欣赏还是非常欢喜的。其子《侯官严先生年谱》中称,严复受甲午战败、《马关条约》耻

辱的刺激，"自是专致力于翻译著述"[27]。民族危机的空前加剧的刺激显然是有的，不过严复致力于翻译著述大概与其《原强》、《辟韩》、《救亡决论》诸文得到强烈的反响关联更甚。以前官场仕途上的无望所带来严复郁闷的心情至此一扫而空，严复显然意识到自己找到了一条实现个人抱负的道路。

在撰述《原强》、《辟韩》、《救亡决论》诸文的几乎同时，严复着手进行了《天演论》一书的译述。《天演论》原名 Evolution and Ethics，现多译为《进化与伦理》，系英国生物学家赫胥黎作品。其实早在 1880 年至 1881 年间严复就阅读英国哲学家斯宾塞作品，极其倾服，"辄叹得未曾有，生平好为独往偏至之论，及此始悟其非"[28]，严复对斯宾塞的诸多学说赞誉很高，他认为："有斯宾塞尔者，以天演自然言化，著书造论，贯天地人而一理之，此亦晚近之绝作也"[29]。而赫胥黎的作品恰是针对斯宾塞相关观点所作的辩驳，他反对斯宾塞等把宇宙进化或类似这样的原理运用于社会和政治问题的种种企图[30]。严复没有选择他自己所极其倾服的斯宾塞作品予以翻译，反而选择与斯宾塞持相反立场的赫胥黎作品，个中自然蕴涵了他自己的深意[31]，他在自序中写道："赫胥黎氏此书之旨，本以救斯宾塞任天为治这末流，其中所论，与吾古人有甚合者，且于自强保种之事，反复三致意焉"[32]。严复的初衷于此显露无遗，虽然他声称赫胥黎氏只是对斯宾塞观点的"末流"作了补充，但这一补充对中国而言却意义重大，它关系到自强保种、民族危亡的重要性。严复承认并接受了达尔文的生物进化论及斯宾塞的社会进化论观念，不过他显然无法忍受自己的民族和国家因其落后贫弱而必然沦为优胜劣汰的牺牲品，而是殷切希冀自己的民族和国家跟上社会和时代的发展步伐，而成为世界诸民族和国家中的强者。那么他翻译《天演论》的意图大体上说来就可以概括为三个方面，即通过赫胥黎对达尔文进化论的生动介绍让人们明白社会发展乃是历史的必然趋势；借助赫胥黎的相关观点驳斥了试图以进化论来染指和侵略中国的西方列强[33]；更主要的在于激起和推动中华民族的社会变革,实现国家的富强。一睹为快的吴汝纶曾指出:"抑执事之译此书,盖伤吾士人之不竞,惧炎黄数千年之种族,将遂无以自存,而惕惕焉欲进之以人治也。本执事忠愤所发,特借赫胥黎之书,用为主文谲谏之资而已"[34]。对于遭受甲午耻辱的中华民族说来,《天演论》在当时的士人官绅、学子青年中引起了震动并产生了巨大且深远的影响,对于中国的近代走向有着不可估量的影响,推动了维新运动、辛亥革命等社会历史进程的发展。梁启超曾感慨:"读赐书二十纸,循环往复诵十数过,不忍释手,甚为感佩,乃至不可思议"[35]。《天演论》的成功为严复带来了极高的声誉,奠定了其"中国西学第一人"的地位,也使得严复再次看到了实现其政治抱负的希望。

严复迅速投入康、梁主导的维新变法运动,以其深厚的西学功底,在《国闻报》上连续发表多篇文论,对社会变革提出自己的种种设想。得王锡藩举荐,光绪皇帝注意到严复,亲自召见,意有所用。严复得蒙召见后,情绪也是迅速高涨,意气风发。不过,尚未等到严复真正参预到维新变法运动中,事情已经发生变化[36]。戊戌政变后,维新党人势力迅速失败,而严复受此牵连,屡补弹劾,处境险恶。经过此事后严复心境也发生很大变化,首先意识到的便是依靠清政府进行社会变革显然无法成功。他对康、梁等继续坚持保皇变法的活动再不抱希望,他曾评论说:"每见《清议报》,令人意恶;梁卓如于已破之甑,尚复哓哓,真成无益。……轻举妄动,虑事不周,上负其君,下累其友,康、梁辈虽喙三尺,未由解此十六字考注语;况杂以营私揽权之意,则其罪愈上通于天矣"[37]。

其后义和团运动蔓延,八国联军侵华,局势败坏,严复生活境况迅速恶化,先是遭受火灾,居室毁半,然后受战乱影响,被迫举家南迁,书籍、手稿、信札散佚殆尽,幼子染疾夭殇,这些都对严复的心态产生了极大的影响。而至此,严复才真正放弃其政治上的希望,"吾于肉食者真无望耳"[38]。后来严复虽然也曾参与或评论过政治物事,不过总的说来较之以前那种亲身推动社会变革的强烈欲望却已经消磨殆尽[39],严复曾感慨自己一生的政治生涯时说:"第念平生进取之机,往往将成辄毁;……声利之场,皆有捷足尖头之辈,复驽钝后时,庸讵必得,则亦听之天命而已,无容患得患失于其间也"[40]。

1895年中日战争之后严复的政治境遇可谓跌宕起伏,康、梁维新时得光绪召见,辛亥革命后得袁世凯拉拢,似乎有机会一展其政治抱负,不过或是稍纵即逝,或是明珠暗投,虽然较之以前在官场仕途上有所长进,不过距其理想目标的实现则越来越远,进退之间的那种无奈,夹杂着希望的不断破灭,这对于严复来说是一次又一次的打击。与此同时,严复对于翻译著述以传播西学、教育民众的重视逐渐见长,正是在这方面,严复发挥了他最大的才具,并最终奠定了他在中国近代启蒙思想史上的显赫声名。严复一生翻译作品甚多,其中以《天演论》、《原富》、《群学肄言》、《群己权界论》、《社会通诠》、《法意》、《穆勒名学》、《名学浅说》在思想界最具声名[41]。《天演论》的翻译,主要是甲午战争中国失败的刺激所致,1895年"和议始成,府君大受刺激,自是专力于翻译著述,先从事于赫胥黎 T. Huxley 之《天演论》Evolution and Ethics,未数月而脱稿"[42]。1897年严复开始翻译《原富》、《群学肄言》[43],1902年《原富》出版,梁启超对此大加赞赏,认为"严氏于中学西学皆为我国第一流人物,此书复经数年之心力,屡歇易其稿,然后出世,其精美更何待言"! 1903年《群学肄言》出版,严复自称初读此书时间甚早,说自己"生平好为独往偏至之论,及此始悟其非"[44],自知《天演论》立论过猛,故而试图"以《群学肄言》继之,意欲锋气稍为持重,不幸风会已成"[45]。1899年严复开始翻译《群己权界论》[46],1903年出版,严复认为"四百兆同胞待命于此者深"[47]。1904年《社会通诠》出版,严复认为,"当前之厄,实莫亟于救贫。救贫无无弊之术,择祸取轻,徐图以补苴之术可耳彼徒执民族主义,而昌言排外者,断断乎不足救亡也"[48]。1904—1909年间严复翻译并出版了《法意》[49]。1905年《穆勒名学》上半部出版[50]。1909年《名学浅说》出版。严复曾论及译书动机:"复自客秋以来,仰观天时,俯察人事,但觉一无可为。然终谓民智不开,

·40·

则守旧、维新，两无一可。……即使朝廷今日不行一事，抑所为皆非，但令在野之人，与夫后生英俊，洞识中西实情者日多一日，则炎黄种类未必遂至沦胥，即不幸暂被羁縻，亦得有复苏之一日也。所以屏弃万缘，惟以译书自课"[51]。又称："复今者勤苦译书，羌无所为，不过闵同国之人于渐理过于蒙昧，发愿立誓，勉而为之。极知力微道远，生事夺其时日；然使前数书得转汉文，仆死不朽矣"[52]。当然，这其间，道家思想对于严复的心态调整应当发挥过极其重要的影响。1903 年至 1905 年评点《老子》，此外他曾几次提到，"平生喜读《庄子》"，"平生于《庄子》累读不厌"。严复同道家思想之间的接触，最早起于何时，并无确证，不过其《天演论》开场白一段为，"赫胥黎独处一室之中，在英伦之南，背山而面野"[53]，便有极明显的模仿《庄子·齐物论》开篇，"南郭子綦隐机而坐，仰天而嘘，苔焉似丧其耦。"《天演论》成于 1895 年，若没有对道家思想的特别喜爱，不说其有如此娴熟的模仿，也很难说他会予以模仿；而《庄子评语》作为严复晚年思想的总结，成于 1916 年左右，而严复对道家思想的亲近延续时间之长极其鲜明。再结合他对自己字号的改定和使用，以上所说，显然并非虚言。

严复的一生起落很大，这不只是生活条件上的宽裕或窘迫，亦不只是政治仕途上的进取成毁，更重要的是他多年来心态上的得意或颓废。不必说严复的人生际遇是独一无二的，或许人们可以从历史上举出相似经历的人物，不过将会发现，大体上他们最终往往选择亲近道家。长期以来学界所主张的"儒道互补"论中，道家往往承担着为人们在外在世界的失意提供内在精神的慰藉。严复对道家的亲近和喜爱，在很大程度上，与中国传统士人的选择其实一致。或许较之于其他传统士人自道家思想找寻纯粹的精神慰藉和心灵安宁不同，严复则从道家思想中找到了更多。总而言之，人生际遇上的坎坷为严复的亲近道家提供了心理铺垫，而道家思想则为严复的人生心态提供了精神慰藉，亦为其理路提供了丰富的思想资源。

第二节 中西互诠的道家观

严复的亲近道家,不只是表现于在情感上作为其精神慰藉;在他传播西方思想的过程中,道家思想还充当了重要的思想资源。严复一生手批四部书籍,其中的两部《〈老子〉评语》、《〈庄子〉评语》是道家重要经典。除此之外,在严复的其他译、著、述、评诸文中,道家思想的旨意、语词、典故和文风都得到了较为突出的呈现。通过道家思想这一媒介,严复将大量西方思想的概念、观点和方法都介绍到了中国。不过,道家思想,作为中国传统思想重要组成部分,与西方思想之间,无论如何都会有诸多抵牾之处,大体上说来,严复对于西方思想予以更多的信任,那么对于道家思想他自然便会有所接受、有所批评了。总的说来,严复对于道家思想是持肯定观点的,在评点《老子》第五章"多言数穷,不如守中"一句时,他指出:"太史公《六家要旨》,注重道家,意正如此。今大儒墨名法所以穷者,欲以多言求不穷也。乃不知其终穷,何则?患常出于所虑之外也。惟守中可以不穷,庄子所谓得其环中,以应无穷也。夫中者何?道要而已"[54]。严复在这里所表述的恐怕不只是司马氏注重道家的原因所在,其中可能也包含了他本人选择道家的因由。老子言"不如守中",庄子谓"得其环中",持守中道正是道家学说在更多时候与其他各家不同甚至优于其他各家的独具特色。严复希望自己能够把握世运进化的道要,来解决近代中国所面临的各种问题和构想中国的未来。要把握世运进化的道要,在严复看来,自不能只是从西方思想中找寻,还是要从中国传统思想中去找寻。姑且不说其西方思想的部分,就中国传统思想而言,道家思想大体上符合严复的需要。故而,严复曾指出:"中国哲学有者必在《周易》、《老》、《庄》三书,晋人酷嗜,决非妄发。世界上智人少,下驷材多。以不相喻,乃有清谈误国之说。此如后儒辟佛诸语,皆搔不着痒处者也。吾辈读书,取适己事而已"[55]。显然,严复参照西方思想的标准,认为中国哲学之所在,唯有"三玄",其中他对待道家思想的态度已经不言而喻了。

严格地区分严复道家观中对老子的看法和对庄子的看法或许有些不妥,不过却也符合中国古代知识分子们的传统。大体上,老子和庄子虽然都为道家代表人物,其彼此之间的思想指向却有很大不同,长期以来人们对两者的评价也有很大差别。一般说来,老子哲学多被应用于政治上的权谋谲诈,此为君子之学所普遍不喜;而庄子哲学多被应用于个人的精神内在超越,为"内圣外王"之道张本。进入近代以来,这种对于老子和庄子的区分对待并没有多少改变,尤其是在应用西方思想诠释中国传统思想的过程中,老子和庄子所提供的思想资源也有很大不同。就严复而言,老子和庄子所能够提供给他的思想资源显然是不同的,严复的《〈老子〉评语》和《〈庄子〉评语》两部书的完成时间相差也较长久,其间严复自身思想的调适和心态的变化都使得他对于老子和庄子的看法有所差异。在此基础上,区分其论老子和论庄子是必要的。

一、论老子

严复对老子的看法在其《〈老子〉评语》中得到了充分的体现。评点《老子》的工作穿插于严复的《穆勒名学》、《群学肄言》、《群己权界论》及《社会通诠》诸书的翻译和出版过程之间[56]。在进行西方思想典籍大规模翻译的同时,展开对中国传统思想典籍《老子》的评点工作,其间的中西思想碰撞必然引发人们无限的遐思。不过,说起来严复评点《老子》或许有些偶然,原是 1903 年 7 月间其弟子熊元锷拿着自己所评点的《老子》请他指点一二,不想"先生为芟薙十九,而以己意列其眉。久之,丹黄殆遍,以王辅嗣妙得虚无之旨,其说亦间有取焉"[57]。整个评点过程断断续续达一年之久,其间严复为谋生之事往来奔波,故而他说"春夏之交,南奔猝猝,无须臾之闲。近者乃践此诺"[58]。至 1904 年评点工作完成,1905 年

《〈老子〉评语》在日本东京出版[59]。大体上说来,当时严复的主要工作仍然是译述西学,评点《老子》似是闲暇间进行的。何况评点《老子》的完成也得益于当时熊元锷和陈三立的不断鼓励,可以算得上似是无心而有心之作。严复在书信中曾提到:"我辈结习,初何足道。乃执事持示义宁,以为得未曾有,遂复邮寄,嘱便卒业"[60]。故而严复对于评点一事多有谦辞,如"当时随所见妄有涂疥"[61]、"客中披览,辄妄加眉评"[62]。不过他对评点《老子》之事仍然相当认真,"《老子》须见得窾却方能著垒[墨]。既承来教谆谆,当为老弟常翻此书,有所振触、批导,便当注之眉端,不令错过而已"[63]。严复的谦辞或有其原由,似以自己对于道家思想的理解尚浅而不能见笑于大方之家。不过此前严复显然早已读过《老子》并有自己的理解,他于1901年的《原富》译事例言落款中有"辅自然斋","辅自然"当出自《老子》第六十四章,没有对《老子》的认真体悟和情感上的认同,他显然不会自号"辅自然斋主人"。不过,严复评点《老子》之所以为熊元锷、陈三立所见重,在很大程度上显然与他于评点中所贯穿的浓厚西学意识有着密切联系。而陈三立和熊元锷的鼓励则可能使得严复在其后的评点中显然有意将西方思想的某些方面同道家思想关联起来。也就是说,这一似是无心却有心的评点之作中,有着传播西方思想的刻意。

相比较说来,为《〈老子〉评语》作序的夏曾佑则从更广的角度来看待严复思想中的中西碰撞,他指出:

几道既学于西方,而尽其说。而中国之局,又适为秦汉以后一大变革之时,其所观感者与老子、斯宾塞同。故吾以为即无斯宾塞,而几道读《老子》亦能作如是解。而况乎有斯宾塞等以为之证哉!故几道之谈《老子》之所以能独是者,天人适相合也。即吾说引而伸之,非惟证几道之说之所以是,亦可以证古人之说之所以非[64]。

夏氏认为,严复对老子的评点之所以不仅能与千年前的老子相合又能与西方的斯宾塞相合,其中重要的原因是因为严复所处的千年变局形势与老子及斯宾塞所处的局势相合。不论夏氏的观点是否成立,他至少已经说得很明白,严复看重老子哲学不仅在于它与西方思想文化存在相通之处,亦在于它或许可能提供应对时局的解决之道。当然《老子》之中亦有许多严复不满意之处。

(一)老子是"圣智者"

严复于行文之间常常流露出对老子之学的极高赞誉。他在其《原强》一文中诠释"物极必反"时指出:"老子雄雌之言,固圣智者之妙用微权,而非无所事事俟其自至之谓也"[65]。虽然是称颂老子之言,不过通过其言,也就将"圣智者"的赞誉给了老子。正因为严复以老子为"圣智者",故而在其提及老子言论的许多地方都予以肯定,而对一些批评老子的论调也予以回应。

事实上,《〈老子〉评语》的出版本身便有着为老子进行辩护的意图。熊元锷在此书序言中提到:"近世……忧时之士,恫宗国颠危,求其故而不得,则一归咎于老子。撷拾一二疑似,资其剿剥,一时从风,无持异说者"[66]。而严复自己也曾指出:"近世新学之士,一边于西国自由之说,深表同情;一边于本国黄老之谈,痛加诋毁,以矛陷盾,杳不自知"[67]。故而熊元锷在序言最后指出:"愿读是书者,纡神澄虑,去其所先成于心,然后知原书自经评点,字字皆有着落,还诸实地。正无异希世瑰宝,久瘗荒山,一经拭磨,群知可贵"[68]。熊元锷将《老子》看成久瘗荒山的希世瑰宝,这一点严复应该是认同的。正是出于这样的意图,严复于评点之中多处对老子的言论表达其鲜明的欣赏。

在评点《老子》第一章中"故常无欲,以观其妙"一句时,评点的最后点出:"于此等处,见老子精妙,非常智之可及也"[69]。"精妙"显然是对老子的褒美之词。在评点第十四章中"执古之道,以御今之有。能知古始,是谓道纪"二句时,严复指出:"吾尝谓老子为柱下史,又享高年,故其得道,全由历史之术。读执古御今二语益信"[70]。严复虽是解释老子"得道"的条件,不过其言语之中已经将老子看成"得道"之人了。老子既为"得道"之人,严复又认为:"老之道,非其似者之所得托也"[71]。言语之中对于后世假托老子之名所为权谋之事的诸多论调都一概予以否定。换句话说，严复的话语中暗含有将针对所谓老子"南面之术"等权谋诈术的批评，从老子那里转移到那些鼓吹者本人身上，认为那不过是"似"而非是，从而将老子从各种指责中解脱出来。

除了直接赞誉老子以外，严复还对老子的言论多次予以维护。如评点第六十五章中"古之善为国者，非以明民，将以愚之。民之难治，以其智多。故以智治国，国之贼；不以智治国，国之福。知此两者，……是谓玄德，玄德深远矣，与物反矣，乃至大顺"句时，他指出："老之为术，至如此数章，可谓吐露无余矣。其所为，若与'物反'，而其实乃至'大顺'。而世之读《老》者，尚以愚民訾老子，真痴人前不得说梦也"[72]。老子的愚民政策，似乎长期以来基本已经形成定论，严复对此结合其西方思想而有自己的新诠释，故而他认为那些指责老子"愚民"的人其实是"痴人"。严复后来在一次关于"民可使由之不可使知之"的演讲中又提到："（《论语》'民可使由之，不可使知之'一章）自西学东渐以来，甚为浅学粗心人所疑谤，每谓……与老氏'国之利器不可以示人'一语同属愚民主义"[73]。疑谤者既是"浅学粗心之人"，则其所疑之事自然并不正确，而严复维护老子之意便十分明显。

（二）老子之说"独与达尔文、孟德斯鸠、斯宾塞相通"

赞誉老子并为其言论辩护显然不是严复的主要目的，如前所述，道家思想是严复传播西方思想的重要媒介，因此维护老子实际上从另一角度为西方思想的传播提供了便利，当然并不排除严复本身确实对于老子是有所认同的。严复在其阐述西方思想的言论中往往引老子之言语作为旁证，以证明西方思想与中国古人所言有"不期然而合"之处。此方面例证很多，稍稍枚举其中一二例。在《〈法意〉按语》中，严复指出："培根曰：人之畏死，犹小儿之畏空虚，非畏其苦也，畏其不可知而已。故使当前可乐，彼必不取所不可知者而尝试之也。乃至生极无憀，愿望尽绝，其趋死甘如饴耳。故老氏言：'民不畏死。'死之不足畏，以生之无可欣"[74]。其前引述培根的言论,而最后旁证以老子之言,正在于严复认为二者在这一点上是相通,故而才能有此阐述方式。

在阐述西方思想时观照老子的言论,而评点《老子》时则观照西方思想。他更是在评点时将老子的言论直接同西方思想关联起来。严复多次明确指出老子与西方思想家的观点相近而予以称誉。在评点《老子》第二十九章时,严复指出:"老子以天下为神器,斯宾塞尔以国群为有机体,真有识者,固不异人意"[75]。显然是指老子与斯宾塞二人而言,以突出他们之英雄所见略同,故有"真有识者,固不异人意"。一方面肯定了二人的见识,另一方面则指出了他们之间的一致性。

在评点《老子》第三十七章"道常无为,而无不为。侯王若能守之,万物将自化"句时,严复指出:"老子亦不能为未见其物之思想。于是道德之治,亦于君主中求之;不能得,乃游心于黄农之上,意以为太古有之"[76]。一方面替老子遗憾其因时代局限性而"不能为未见其物之思想",另一方面,严复明确指出老子的"小国寡民","正孟德斯鸠《法意》篇中所指为民主之真相也"。其中意蕴已经非常鲜明,而他更有"老子者,民主之治所用也"[77]。其评点中多处直接将老子言论同西方思想中的民主政治观念关联起来,如评点第三十一章时,严复指出:"此章与孟德斯鸠《法意》论攻兵一篇,其旨正同"[78]。可见他对于老子之说"独与达尔文、孟德斯鸠、斯宾塞相通"的主张何其坚定。

(三)批评老子

当然,老子不可能完全符合严复的理想,故而评点之中也有多处严复对老子的批评,这些批评很显然是严复站在近代思想的立场上来提出的。如评点《老子》第十八、十九、二十章时,严复一方面肯定"夫物质而强之以文,老氏訾之是也",另一方面从进化论出发,批评了老子的倒退论,他指出:"老氏还淳返朴之义,独驱江河之水而使之在山,必不逮矣","物文而返之使质,老氏之术非也"[79]。

在评点第二十章中"绝学无忧"一句时,严复指出:"绝学无忧,顾其忧非真无也；处忧不知，则其心等于无耳。非洲鸵鸟之被逐而无复之也，则埋其头目于沙，以不见害己者为无害。老氏绝学之道，岂异此乎"[80]？《老子》的绝学，是指弃绝圣智、仁义和巧利三者，其批评是就治理天下而言的，主张反本复初，保持淳朴的天性。而严复所诠释的"学"乃是指知识，在严复那里，对于知识的追求，正是近代中国能够实现民族独立和国家富强的重要条件，如果放弃知识的积累，那是一种鸵鸟式的逃避，只能让中国自绝于此世界，这显然无法让人接受。

在评点第三十章"物壮则老，是谓不道，不道早已"一句时，严复从历史经验主义出发，对于老子提出了自己的非议，他首先承认："不道之师，如族庖之刀，不折则缺，未有不早已者也。中国古以兵强者，蚩尤尚已。"似乎可以证明老子的观点，不过，他随后指出："秦有白起，楚有项羽，欧洲有亚力山大，有韩尼伯，有拿破仑，最精用兵者也。然有不早已者乎"[81]？白起、项羽、亚力山大、韩尼伯和拿破仑，严复都将他们称许为"最精用兵者"，虽然自历史而言，他们都已经成为过去，不过他们当时对于历史进程的影响，他们用兵尚武的时日之长，都与老子所谓"不道早已"的观点不符。从这一点出发，严复指出："老子之言，固不信耶"！不过，此处批评应当具体分析，严复认为以上几位之所以能够"有始有卒"，不是因为他们本身的精于用兵，而是"皆有果勿强而不得已而已"。也就是说，他们虽然操"不祥之器"，却顺应了历史的趋势，是"不得已"的行为，故可以有始有终。严复此处的批评，本不是针对老子而发的，而是就当时中国的时事局势而发的，其中暗含的是严复希望有一个强有力的力量能够迅速改变近代中国贫穷、落后、屈辱的局面。

二、论庄子

道家经典之中，严复对《庄子》表现出特别的喜爱。严复曾在给友人的书信中多次表达自己对《庄子》的喜爱："予平生喜读《庄子》，于其道理唯唯否否，每开一卷，有所见，则随下丹黄"[82]。可能他评点《庄子》一书更早于《老子》，不过据说很遗憾地当时被马其昶借阅未还，"马通伯借之去不肯还，乃以新帙见与，已意亦颇鞅鞅，今即欲更拟，进退不可知，又须费一番思索"。他在给友人的书信中写道："平生于《庄子》累读不厌，因其说理，语语打破后壁，往往至今不能出其范围。其言曰：'名，公器也，不可以多取；仁义，先王之蘧庐也，止可以一宿，而不可以久处。'庄生在古，则言仁义；使生在今日，则当言平等、自由、博爱、民权诸学说矣"[83]。他正式计划评点《庄子》可能已在民国建立之后，按他与弟子熊纯如的书信时间当在 1912 年左右，不过整个评点之事断断续续直至 1916 年后方才完成[84]。评点之事既系有意而为，那么其间严复就很自然地贯彻了自己的思想主张。另外，评点《庄子》时，严复已经"闭门谢客，不愿与闻外事"[85]，对时局的失望让他彻底放弃政治上的欲求；同时，虽想完成《名学》、《法意》的续译之事，不过业已有心无力，译述事业基本终止；除此之外，虽然偶有诗作、序文，不过像《〈庄子〉评语》这样部头的著述再也没有。因此，《〈庄子〉评语》大体上可以视作严复对其一生思想较为完整的总结，其意义自然无庸置疑。

从青年到老年，严复的思想经历过几次转变，最初强烈渴望参与到国家发展的政治决策中施展其才负，仕途不利后转而通过译述西方思想典籍来传播西方思想文化、推动中国社会变革的迅速到来，政局之混乱与西学的口号化则使得他转向提升传统思想文化的价值、呼吁国人尊重传统，其间人生际遇上的坎坷、政治进退中的无奈，都对他的心态产生过影响，而《庄子》作为他平生最爱贯穿其始终，可以说，《庄子》为严复提供了人生失意时的精神慰藉，也为他思想主张的申诉找到了出路。《〈庄子〉评语》是严复有意而为的评点之作，不过其时严复的思想倾向较之于他评点《老子》时有所变化，对于中西思想有着更深的个人理解，这些在评点之中都有所体现。在评点《庄子》的过程中，一方面，严复延续了他在早年评点《老子》时的理路，将进化论和西方政治观念等内容纳入《庄子》之中，这也使得他评点《老子》、《庄子》两书，时间虽然相差较远，其主张的针对性也就存在着一些差异，不过差异之中却也始终坚持着一贯的思想主张；另一方面，严复凸显了《庄子》的自由逍遥意蕴，并作了他个人独有的阐发，自由观念的阐发实为《〈庄子〉评语》中最为主要的部分。换句话说，严复极其欣赏庄子的自由逍遥，并在其评点之中突出地流露出来。

（一）老庄并誉

毕竟《〈庄子〉评语》成书较晚，而严复对于庄子的喜爱却由来已久。在没有评点庄子之前，严复已在其文字之中多处称誉过庄子。如在《救亡决论》中讲格致万物的平等态度时，严复指出："且格致之事，以道眼观一切物，物物平等，本无大小、久暂、贵贱、善恶之殊。庄生知之，故曰道在屎溺，每下愈况"[86]。西学格致之事，严复是极其称道的，而此处说"庄生知之"，其中显然有称誉庄子的意味。

不过，早年严复往往老庄并称，或称老氏庄周，将二者并论而誉。在《法意》中，孟德斯鸠认为"支那者专制之国也，其治制以恐怖为之精神"，严复在按语中回应其观点时指出："老氏庄周，其薄唐虞，毁三代，于一是儒者之言，皆鞅鞅怀不足者，岂无故哉！……嗟呼！三代以降，上之君相，下之师儒，所欲为天地立心，生人立命，且为万世开太平者，亦云众矣。顾由其术，则四千余年，仅成此一治一乱之局，而半步未进。然则，老庄之所訾嗷者，固未可以厚非，而西人言治之编，所以烛漫漫长夜者，未必非自他之有耀也。学者观而自得焉可耳"[87]！肯定了老庄"薄唐虞，毁三代"的做法。如《民约平议》有"问文物礼乐之事果所以进民德者乎？卢梭奋笔为对，其说大似吾国之老庄"[88]。此处直言卢梭之说与老庄相似。又如《〈法意〉按语》中阐述西方社会的贫富悬殊现象时，严复指出："乃不谓文明之程度愈进，贫富之差数愈遥，而民之为奸，有万世所未尝梦见者。此宗教之士，所以有言，而社会主义所以日盛也。此等流极，吾土惟老庄知之最明，故其言为浅人所不识。不知彼于四千余年前，夫已烛照无遗矣"[89]！严复既引老庄的言论作为参照，自然是已经对老庄的观点有所认同。

　　大抵说来,这时期的严复将老子和庄子作为道家代表人物一起来看待。考察其个中原因,可能与庄子在中国传统思想史上并没有像老子那样备受非议的形象有关。自唐代以来知识界一直都有"纳庄入孔"的意图和努力,在近代思想的发展和转型过程中此种倾向尤其明显,诸如谭嗣同、康有为等都试图将庄子纳入儒家的传承体系。将老庄并论,除了二者都是道家代表人物,其思想有相通之处外,可能也有利用庄子的正面声誉来助益老子声誉的意图。通过考察《〈老子〉评语》和《〈庄子〉评语》可以发现,前者有多处明确称誉老子的言词,而后者则基本上没有直接有称誉庄子之词,这正在于老子多受非议,而庄子向来颇有赞誉。故而,老庄并誉,在很大程度上,其实是为肯定老子而发的。

　　除了利用庄子的名声为维护老子外,严复还试图利用庄子的声誉来为杨朱正名。如"吾所以终以老庄为杨朱之学"[90],"庄周吾意即孟子所谓杨朱"[91]。这可以说是严复《〈庄子〉评语》中极其特别之处。为杨朱正名,实质上是为严复所主张的"小己自由"正名。而这一正名过程,严复颇费了一番心思。杨朱"为我"之学的恶名可以说与孟子的诟厉有莫大关系,故而他为杨朱的辩护首先从孟子入手;然后他又将杨朱与庄周建立关系,并试图从时代和思想理路几方面论证庄周即杨朱;在意识到自身的论证可能无力之后,严复极力申明庄子其实是真主张"为我"的,并在最后将他们一起同老子关联起来。严复极力辩护杨朱"为我",为他鼓吹的"个人主义"张本,不过,对他的这种"个人主义"断不可以直接等同于后世流行的"个人主义",就其内在实质而言,严复的"个人主义"仍然是对自由的追求,"个人主义"其实就是与国群自由相对的"小己自由"[92]。

(二)"平等自由之旨,庄生往往发之"

　　不过,严复喜爱庄子确有其特别之处,可以说正在于庄子的自由逍遥和齐物平等。严复对于庄子之自由逍遥极是欣赏,特别留意到其书中多用"游"字,这可能正是严复试图将他在现实社会中各方面均受人牵制束缚而不得施展其个人才具的郁闷能够在内在精神世界中得以舒缓的透射。在《〈法意〉按语》中，严复指出："拘于虚，囿于习，束于教，人类之足以闵叹，岂独法制礼俗之间然哉？吾国圣贤，其最达此理者，殆无有过于庄生。即取其言，以较今日西国之哲学家，亦未有能远过之者也。故其著说也，必先为逍遥之游，以致人心于至广之域，而后言物论之本富，非是之生于彼此。大抵七篇之中，皆近古天演家至精之说也"[93]。字里行间，已经不只是将庄子等同于西方的思想家，而是认为庄子甚至已经远远超过了西方之哲学家。严复对于庄子的称誉可以说是无与伦比了。故而严复在与友人的书信中明确指出，"庄生在古，则言仁义，使生在今日，则当言平等、自由、博爱、民权诸学说矣。"

严复明确指出庄子的自由思想同西方的自由平等思想有相合之处。譬如他指出，"卢梭之摧残法制，还复本初，以遂其自由平等之性者，与庄生之论为有合也"[94]。又有，"挽近欧西平等自由之旨，庄生往往发之"[95]。虽然提到平等，但严复思想中关注更多的仍然是自由，将中国古代自由思想与西方自由主义思想予以等同，既为西方自由主义的引入和传播找到了其思想上的依据，也赋予了庄子的逍遥自由以新的理解，有将庄子内在精神世界的超越投射到现实世界的意图。

除了自由思想外，严复还对《庄子》文中与西方科学相合之处大加赞赏。譬如他指出："今科学中有天文地质两科，少年治之，乃有以实知宇宙之博大而悠久，回观大地与夫历史所著之数千年，真若一映。庄未尝治此两学也，而所言如此，则其心虑之超越常人，真万万也。所谓大人者非欤"[96]！又有："此章所言，可以之与挽近欧西生物学家所发明者互证，特其名词不易解释，文所解析者，亦未必是。然有一言可以断定者，庄子于生物功用变化，实已窥其大略，至其细琐情形，虽不尽然，但生当二千余岁之前，其脑力已臻此境，亦可谓至难能而可贵矣"[97]。严复惊叹于庄子虽然没有从事如同西方的科学事业，却可以拥有如同西方的科学见识，之所以如此，严复感慨庄子之"心虑之超越常人"、"脑力已臻此境"，这正是庄子扩其心于至大之域,自由逍遥于方内方外之结果。严复的感慨,与其说是针对庄子的科学见识而发,不如说是针对庄子的自由逍遥而发。科学上的见识可以说是庄子之自由逍遥在现实世界最为确实的明证[98]。

(三)对庄子文风的喜爱与模仿

严复对庄子的喜爱还在其评点庄子的字里行间体现得十分明显。甚至有时可以给人一种错觉:其《〈庄子〉评语》,实是一部文学鉴赏之书。严复对于《庄子》之文笔极其欣赏,其评点之中多次予以称颂。譬如,他指出:"庄文如此篇,可谓文从字顺者也"[99]。又有"通篇如一笔书,有掉臂游行之乐,此庄文之疏通者,故世多诵之"[100],又有"此等处最犀利"[101],又有,"是好文字"[102]。又有"庄此等文最可爱,不独其罕譬也,思理之来,若由天外"[103]。正是由于对《庄子》文字的特别喜爱,严复在翻译《天演论》时其开篇不惜模仿《庄子·齐物论》的开篇,至于其译文之行文过程中仍然多加模仿。吴汝纶称赫胥黎《天演论》能够"骎骎与晚周诸子相上下",其中严复的文字功夫助益甚多,而严复的文字功夫在很大程度上又得益于庄子笔法。此外,严复在翻译《群学肄言》时,将其第十三章 Discipline 直接译成"缮性",而"缮性"分明是《庄子》之篇章。《群学肄言》的《缮性》篇"言其所以为学之方而已"[104],而《庄子》的《缮性》篇主旨"以恬养知",即修治本性之意[105]。就提高个人的素养而言,二者意思颇为相近,而严复的翻译或许正从此考虑。这些如果没有对《庄子》的多次累读,显然是无法达到如此程度的。

(四)批评庄子

严复对庄子的喜爱可以说已经超出一般,不过,庄子和老子毕竟都作为道家代表人物,其思想确有相通之处,道家在对待经验知识的态度方面大体是一致的,这一点使得严复对庄子也有所批评。他在评点《庄子·胠箧》篇中"上诚好知而无道"一段时指出:"且无论乎所言之离事实也,就令果然,其所谓绝圣弃智者,亦做不到。世运之降,如岷峨之水,已下三峡,滔滔而流入荆扬之江,乃欲逆而挽之,使之在山,虽有神禹,亦不能至。禹所能为,毋亦疏之瀹之,使之归海而无为氾滥之患而已。此言治者所不可不知也"[106]。虽然没有像批评老子那样直接,不过其中对庄子的批评也是很明显了。对知识寄予极大的希望,是严复自其对西方思想的深切思考所得出的,而庄子的否定智识,使得严复无论如何喜爱庄子,也不得不对此予以批驳的。

除了批评庄子的否定智识外,严复又对他庄子重才不重德的主张提出了批评。他指出:"庄生所谓圣人,大都言才而不言德,故圣人之利天下少,而害天下也多。即如今之欧美,以数百年科学之所得,生民固多所利赖,而以之制作凶器,日精一日,而杀人无穷。彼之发明科学者,亦圣人也。嗟夫!科学昌明,汽电大兴,而济恶之具亦进,固亦人事之无可如何者耳"[107]。大体上说来,严复晚年思想突出强调先秦孔孟之道,其个中原因正在于对文明进步过程中民众道德的不断沦丧极其痛心。虽然道德沦丧的原因向来聚讼纷纭,不过清末民初的社会剧变,原本完备的各方面体制均告崩溃,传统伦理观念已经失去对人的强制约束力。社会变革的迅速展开可以说是人们追求自由的结果,这本是无可厚非的;不过,自由的滥用亦造成了很严重的社会恶果,严复并不主张放弃对自由的追求,却认为需要增加人们的道德意识,他批评庄子的圣人"言才而不言德",其实正有此意。他并没有否定庄子对自由的追求,也没有否定其圣人观中对于才具的肯定,只是他主张将道德观念纳入对自由和才具的追求之中。可以说,这是严复已经厌倦民国初期混乱的社会局势,而希望回到正常的社会秩序中去。

注　释

[1] 严复曾在与弟子熊纯如书信中提到:"能用新眼光看吾国习见书,而深喻笃信之,庶几近道矣。"见《严复集》(3)《与熊纯如书》,第639页,

中华书局 1986 年版。

[2]《严复集》(5)《政治讲义》,第 1252 页。

[3]《福建通志·高士传》,文渊阁本四库全书。

[4]《严复集》(2)《瘉壄堂诗集·为周养庵〈肇祥〉题籫镫纺织图》,第 388 页。

[5]郭嵩焘:《郭嵩焘日记》(3),第 517 页,湖南人民出版社 1982 年版。

[6]郭嵩焘:《郭嵩焘日记》(3),第 570 页。

[7]郭嵩焘:《郭嵩焘日记》(3),第 715 页。

[8]曾纪泽:《出使英法俄国日记》,第 186 页,岳麓书社 1985 年版。

[9]薛福成:《出使英法意比四国日记》,第 205 页,岳麓书社 1985 年版。

[10]《严复集》(3)《与侯毅书》,第 720 页。

[11]《严复集》(5)《侯官严先生年谱》,第 1547 页。

[12]《严复集》(2)《瘉壄堂诗集·送陈彤卣归闽》,第 361 页。

[13]《严复集》(2)《瘉壄堂诗集·太夷继作有"被刞"诸语见靳,乃为复之》,第 368 页。

[14]《严复集》(3)《与四弟观澜书》,第 732 页。

[15]《严复集》(3)《与四弟观澜书》,第 731 页。

[16]《严复集》(3)《与四弟观澜书》,第 730 页。

[17]《严复集》(3)《与熊纯如书》,第 704 页。

[18]《郭嵩焘日记》(3),第 907 页。

[19]《郭嵩焘日记》(3),第 570 页。

[20]《严复集》(3)《与长子严璩书》,第 780 页。

[21]《严复集》(3)《与四弟观澜书》,第 731 页。

[22]《严复集》(3)《与熊纯如书》,第 687 页。

[23]严复认为:"复自入学官以来,所谓同学者,以十数;所谓后进者,以百数,又其中以他途进者,不识几何人,此皆通其文语,亲见国俗,习其艺数者也。而试求所谓殚众生之便藩,察教派之流变者几人哉?

有几人哉?"见《严复集》(3)《与梁启超书》,第 515 页。

[24]《严复集》(3)《与梁启超书》,第 514 页。

[25]《严复集》(1)《救亡决论》,第 53 页。

[26]《严复集》(3)《与梁启超书》,第 514 页。

[27]《严复集》(5)《侯官严先生年谱》,第 1548 页。

[28]《群学肄言·译余赘语》,第 XI 页,商务印书馆 1981 年版。

[29]《天演论·译〈天演论〉自序》,第 IX 页,商务印书馆 1981 年版。

[30] 赫胥黎明确指出:"伦理本性虽然是宇宙本性的产物,但它必然是与产生它的宇宙本性相对抗的。"见赫胥黎:《进化论与伦理学》,宋启林译,第 12 页,北京大学出版社 2005 年版。

[31] 严复曾指出:"(斯宾塞)为论数万言……其文繁衍奥博,不可猝译。"见《严复集》(5)《〈天演论〉按语》,第 1327 页。这可作其中一因。

[32]《天演论·译〈天演论〉自序》第 X 页,商务印书馆 1981 年版。赫胥黎的观点认为,"如果没有被从宇宙过程操纵的我们祖先那里遗传下来的天性,我们将束手无策;一个否定这种天性的社会,必然要从外部遭到毁灭。如果这种天性过多,我们将更是束手无策;一个被这种天性统治的社会,必然要从内部遭到毁灭。"见赫胥黎:《进化论与伦理学》,第 36 页。

[33] 严复于《〈天演论〉按语》中又通过批驳赫胥黎的相关观点来阐明和维护了斯宾塞的社会进化论思想。

[34]《严复集》(5)《吴汝纶致严复书》,第 1560 页。

[35]《严复集》(5)《梁启超致严复书》,第 1566 页。

[36]《严复集》(5)《侯官严先生年谱》有"未及进而政变作",第 1566 页。

[37]《严复集》(3)《与张元济书》,第 533 页。

[38]《严复集》(1)《〈学生会条规〉序》,第 122 页。

[39] 严复在给张元济的书信中有,"弟近灰心仕进,颇有南飞之思,欲一译书。……此后正可不问他事,专心译书以饷一世人"。其时正在

1899 年 3、4 月间。见《严复集》(3)《与张元济书》,第 525 页。

[40]《严复集》(3)《与张元济书》,第 536 页。

[41] 梁启超指出:"时独有侯官严复,先后译赫胥黎《天演论》,斯密亚当《原富》,穆勒《名学》、《群己权界论》,孟德斯鸠《法意》,斯宾塞《群学肄言》等数种,皆名著也。虽半属旧籍,去时势颇远,然西洋留学生与本国思想界发生关系者,复其首也。"见《饮冰室合集·专集·清代学术概论》。

[42]《严复集》(5)《侯官严先生年谱》,第 1548 页。

[43]《严复集》(5)《侯官严先生年谱》,第 1548 页。有:"丁酉(1897)。开始译亚丹斯密 Adam Smith 之《原富》An inquiry into the Nature and Causes of the Wealth of Nations 及斯宾塞尔 Herbert Spencer 之《群学肄言》Study of Sociology。"

[44]《群学肄言·译余赘语》,第 XI 页。

[45]《严复集》(3)《与熊纯如书》,第 678 页。

[46]《严复集》(5)《侯官严先生年谱》,第 1549 页。有:"己亥(1899)。译穆勒约翰 John Stuart Mill 之《群己权界论》On Liberty。"

[47]《严复集》(1)《〈群己权界论〉译凡例》,第 135 页。其中有:"此书译成于庚子前,既脱稿而未删润,嗣而乱作,与群籍俱散失矣。适为西人所得,至癸卯春,邮以见还,乃略加改削,以之出版行世。"

[48]《严复集》(1)《读新译甄克思〈社会通诠〉》,第 151 页。

[49]《〈严复集〉补编·与熊季廉书》有:"鄙处近译,即是《万法精理》,其书致佳,惜原译无条不误。今特更译,定名《法意》。"第 253 页。

[50]《严复集》(5)《侯官严先生年谱》,第 1549 页。有:"蒯检讨光典请译《穆勒名学》J. S. Mill, A System of Logic。"

[51]《严复集》(3)《与张元济书》,第 525 页。

[52]《严复集》(3)《与张元济书》,第 527 页。

[53] 此处英文原文为:"It may be safely assumed that, two thousand

years ago, before Caesar set foot in southern Britain, the whole countryside visible from the windows of the room in which I write, was in what is called the state of Nature."严复的翻译中视角、语法都与原文有较大差异。

[54]《严复集》(4)《〈老子〉评语》,第 1077 页。

[55]《〈严复集〉补编·与熊季廉书》,第 243 页,福建人民出版社 2004 年版。以道家哲学为中国哲学之所在,持此观点者在近代中国并非严复一人,王国维认为:"其说宇宙之根本为何物者,始于老子。……于现在宇宙外,进而求宇宙之根本,而谓之曰'道'。……我中国真正之哲学,不可云不始于老子也。"见《王国维哲学美学论文辑佚·老子之学说》,佛雏校辑,第 101 页,华东师范大学出版社 1993 年版。胡适《中国哲学史》将道家老子放在孔子之前,固然与他认为时间上先老后孔以及对代表封建主义的传统儒家的反叛,而道家哲学在形而上的成就也可能是其中重要因素。诸如此类。大体上,在哲学作为一门学科引入中国之初,近代启蒙思想家们所能找寻到的中国传统思想文化与西方哲学的对应部分往往无法越出道家哲学。

[56]《穆勒名学》于 1900—1902 年间译出,仅半部,1903 年 1 月出版;《群学肄言》于 1902 年 12 月译成,于 1903 年 5 月出版;《群己权界论》于 1900 年前译成,于 1903 年 10 月出版;《社会通诠》于 1903 年 11 月译成,于 1904 年出版;《法意》于 1903 年 2 月始译。

[57]《严复集》(4)《〈老子〉评语·熊元锷序》,第 1101 页。

[58]《〈严复集〉补编·与熊季廉书》,第 253 页,福建人民出版社 2004 年版。

[59]《严复集》(5)《侯官严先生年谱》有"甲辰(1904),府君五十二。手批《老子》,为南昌熊季廉所见取去。次年熊君付刊于日本东京。"

[60]《〈严复集〉补编·与熊季廉书》,第 253 页。

[61]《〈严复集〉补编·与熊季廉书》,第 243 页。

[62]《〈严复集〉补编·与熊季廉书》,第 253 页。

[63]《〈严复集〉补编·与熊季廉书》,第 245 页。

[64]《严复集》(4)《〈老子〉评语·夏曾佑序》,第 1101 页。

[65]《严复集》(1)《原强》,第 12 页。

[66]《严复集》(4)《〈老子〉评语·熊元锷序》,第 1102 页。

[67]《严复集》(5)《政治讲义》,第 1279 页。

[68]《严复集》(4)《〈老子〉评语·熊元锷序》,第 1102 页。

[69]《严复集》(4)《〈老子〉评语》,第 1075 页。

[70]《严复集》(4)《〈老子〉评语》,第 1081 页。

[71]《严复集》(4)《〈老子〉评语》,第 1094 页。

[72]《严复集》(4)《〈老子〉评语》,第 1097 页。

[73]《严复集》(2)《"民可使由之不可使知之"讲义》,第 327 页。

[74]《严复集》(1)《〈法意〉按语》,第 1014 页。

[75]《严复集》(4)《〈老子〉评语》,第 1087 页。

[76]《严复集》(4)《〈老子〉评语》,第 1091 页。

[77]《严复集》(4)《〈老子〉评语》,第 1092 页。

[78]《严复集》(4)《〈老子〉评语》,第 1094 页。

[79]《严复集》(4)《〈老子〉评语》,第 1082 页。

[80]《严复集》(4)《〈老子〉评语》,第 1082 页。

[81]《严复集》(4)《〈老子〉评语》,第 1088 页。

[82]《严复集》(3)《与熊纯如书》,第 608 页。

[83]《严复集》(3)《与熊纯如书》,第 648 页。

[84]《严复集》(5)《侯官严先生年谱》有:"丙辰(1916),府君六十四岁。手批《庄子》。入冬,气喘仍烈。"第 1551 页。

[85]《严复集》(5)《侯官严先生年谱》,第 1551 页。

[86]《严复集》(4)《救亡决论》,第 46 页。

[87]《严复集》(4)《〈法意〉按语》,第 961 页。

[88]《严复集》(4)《〈民约〉平议》,第 333 页。

[89]《严复集》(4)《〈法意〉按语》,第 986 页。

[90]《严复集》(4)《〈庄子〉评语》,第 1109 页。

[91]《严复集》(4)《〈庄子〉评语》,第 1126 页。

[92] 严复讲个人主义时附上其对应的英文 Individualism,而他于英文 Individual 则多翻译成"小己"或"特操"。可以参考周昌龙《严复自由观的三层意义》。见《严复思想新论》,第 63～85 页,清华大学出版社 1999 年版。

[93]《严复集》(4)《〈法意〉按语》,第 987 页。

[94]《严复集》(4)《〈庄子〉评语》,第 1124 页。

[95]《严复集》(4)《〈庄子〉评语》,第 1146 页。

[96]《严复集》(4)《〈庄子〉评语》,第 1142 页。

[97]《严复集》(4)《〈庄子〉评语》,第 1130 页。

[98] 英国著名的科学家、科学史家李约瑟明确指出,道家思想保存着"内在而未诞生的、最充分意义上的科学"。他又分析了其中的原因:"'无为'是听任事物顺应其自然之理而成就之。要做到'无为'就必须取法乎自然,取法乎自然就要作科学的观察。由是我们在无形之中便接触到了经验主义的线索,这经验主义正是中国科学与技术的发展上是重要的因素。"见李约瑟:《中国古代科学思想史》,第 82 页,江西人民出版社 1999 年版。诺贝尔物理学奖获得者、日本著名物理学家汤川秀树则明确承认,庄子的天地造化思想与他关于物理法则"看不见的铸型"的比喻极其相似。换句话说,道家思想关于万物从世界统一整体中有机地、不断地生成的宇宙图式,对于解释量子力学理论所观察到的物理世界是富有启发性的、十分吻合的。参见徐水生师《中国古代哲学与日本近代文化》,第 114 页,1992 年博士学位论文。

[99]《严复集》(4)《〈庄子〉评语》,第 1109 页。

[100]《严复集》(4)《〈庄子〉评语》,第1122页。

[101]《严复集》(4)《〈庄子〉评语》,第1123页。

[102]《严复集》(4)《〈庄子〉评语》,第1129页。

[103]《严复集》(4)《〈庄子〉评语》,第1141页。

[104]《群学肄言·缮性》,第241页。

[105] 陈鼓应:《庄子今译今注》,第402页,中华书局1983年版。

[106]《严复集》(4)《〈庄子〉评语》,第1124页。

[107]《严复集》(4)《〈庄子〉评语》,第1122页。

第三章 "道通为一"的中西会通观

在批判国粹派观点时,严复提出了他自己"道通为一"的中西会通观。"道通为一"出自《庄子·齐物论》[1],意指万物殊异,流变无常,就道而言,其本质是归于同一的。严复认为中西思想虽然存在诸多差异,但就其本质上说来,当有其内在会通之处。不过,就近代中国而言,在中西会通之前,首先要了解西学,如果没有对西学的足够了解,则中西会通最终只会沦为空话。他认为:"今日国家诏设学堂,乃以求其所本无,非以急其所旧有。中国所本无者,西学也,则西学为当务之急明矣"[2]。故而,严复自己将译述西学作为其学术的重要部分,系统而全面地介绍了西方的社会、政治、经济及思想等方面的内容。除此之外,进行中西会通,应当遵循一定的方法,虽然知道"学之为言,道通为一",不过具体的方法论显然是必要的。就其方法论而言,严复主张依从西学,并明确指出"富强之基,本诸格致"[3]。他指出:"西人举其一端而号之曰'学'者,至不苟之事也。必其部居群分,层累枝叶,确乎可证,涣然大同,无一语游移,无一事违反;藏之于心则成理,施之于事则成术;首尾赅备,因应蠹然,夫而后得谓之为'学'"[4]。他认为,学问的确定性正是中西学术的差异所在,"诸公若问中西二学之不同,即此而是"[5]。对于方法论的重视,这本是严复长期西学教育的产物。西方思想对严复在方法论方面的影响,主要来自穆勒、斯宾塞、赫胥黎等,而这些人在西方哲学上大体上都属于实证主义流派。而实证主义的一个显著特征便是注重近代实证科学方法,并将其纳入实证哲学之中。

第一节 "自他之耀，回照故林"

自中外接触以来，其思想会通之事势所必然，不过晚清以前国人向来以天朝上国自居，大多轻视外来民族自身的文化传统，这里面确实与明清以前中国封建社会在世界上的繁盛有密切关系，中国对外之交流往往有泽被异族的自得心态，而那些仰慕中华文化的外来民族大多自愿接受中华文化的影响，在其文化传统中主动地吸收和融合中华文化的优良成分。明清以来，随着国人与西方人交往的逐渐频繁，一些人已经开始意识到外来文化中也有许多优越于中华文化之处，不过这类思想很容易被正统的经学思想斥为异端，故而其传播和影响范围实在有限。鸦片战争以后，随着西方列强的强势侵入，中国思想界不得不直接面对西方思想文化的存在，而且必须为中西文化之间日渐增多的思想冲突提供解决之道。同时，随着中外交往的迅速频繁，除了极少数顽固士人外，越来越多的士人意识到了西方思想文化有着许多优越于本土文明的方面。如前文所述，如何处置中西文明的交流，成为晚清以来思想家们探讨的重要主题。大体上说来，当时思想领域对于西方思想的态度可以概括为三种倾向，即持守旧学、西学中源说和中体西用论。而严复对于此三种思想倾向都不满意，在其著述的多处，严复对以上三种倾向都进行了强烈的批驳。

在《救亡决论》中，严复首先批判了八股有三大害，即锢智慧，坏心术，滋游手。认为此三者，"积将千年之弊，流失败坏，一旦外患凭陵，使国家一无可恃"[6]。由批判八股入手，严复进而对其背后的思想学术进行了批判。严复以"无实"、"无用"寥寥数字对当时仍旧流行的旧学传统，不论是宋学还是汉学，都作了尖锐的批判概括。

晚清时期，西学中源说曾经一度流行，试图在中西差距之间找寻些心理上的宽慰。严复一方面批评他们"于科学绝未问津，而开口辄曰吾旧有之，一味傅会"，一方面批评他们"于西洋格致诸学，仅得诸耳剽之余，于其实际，从未讨论，意欲扬己抑人，夸张博雅"[7]。

"中体西用"论自近代以来一直颇为流行，大抵可以作为洋务运动的理论依据，严复概括其思想主旨为："总其大经，则不外中学为体，西学为用；西政为本，而西艺为末也。主于中学，以西学辅其不足也。"严复认为，"中体西用"论主张"政本艺末"是"愈所谓颠倒错乱"之事。他认为，"其所谓艺者，非指科学乎？名、数、质、力，四者皆科学也。其通理公例，经纬万端，而西政之善者，即本斯而立"[8]。在《与〈外交报〉主人书》中，严复在谈论中国的教育问题时再次对"中体西用"论予以批评。他首先指出"体用者，即一物而言之也"，然后，他进一步借牛马体用对"中体西用"进行了讽刺。

> 有牛之体，则有负重之用；有马之体，则有致远之用。未闻以牛为体，以马为用者也。中西学之为异也，如其种人之面目然，不可强谓似也。故中学有中学之体用，西学有西学之体用，分之则两立，合之则两亡。议者必欲合之而以为一物，且一体而一用之，斯其文义违舛，固已名之不可言矣，乌望言之而可行乎[9]？

用牛马体用之喻来批驳和讽刺"中体西用"论可以说已经足够尖锐。

一、统新故，苞中外

在批驳晚清以来对待西方思想文化三种主要倾向的基础上，严复提出了自己的主张，即"统新故而视其通，苞中外而计其全"，也就是"中西会通"，整合古今中外的思想学术，分析其间的思想理路，然后执其道要，应用于社会变革。严复还专门探讨了中西思想会通的可能性。他指出：

> 一国之政教学术，其如具官之物体欤？有其元首脊腹，而后有其六府四支；有其质干根荄，而后有其支叶华实。使所取以辅者与所主者绝不同物，将无异取骥之四骕，以之附牛之项领，从而责千里焉，固不可得，而田

陇之功，又以废也。晚近世言变法者，大抵不揣其本，而欲支节为之，及其无功，辄自诧怪。不知方其造谋，其无成之理，固已具矣，尚何待及之而后知乎[10]。

中西政教之各立，盖自炎黄尧舜以来，其为道莫有同者，舟车大通，种族相见，优胜劣败之公例，无所逃于天地之间。乃目论肤袭之士，动不揣其本原，而徒欲模仿其末节。曰是西国之所以富强也，庸有当乎[11]？

任何国家的思想学术就其整体而言，都有一套较成体系的理路，有本原有末节，有主有次，就如人身，其主者则"元首脊腹"，其次者则"六府四支"，又如树木，其主者则"质干根荄"，其次者则"支叶华实"。严复认为，自古以来中西政教虽然存在诸多差异，不过其间定有其相通的共性。他主要阐述了两条理由。

(一)中学西学，均为人事

与许多思想人物强调中西之别不同，严复从一开始就明确地认为中学西学都为人事，思想学术都是围绕着人来展开的。而中国人也好，西方人也好，以及世界其他地方的人，都显然作为人类这一大家庭中的一部分，自然就会有许多共性所在。严复曾指出，五洲之民，"形质不殊，而所受诸天以为秉彝者，莫不一故也"[12]。而思想学术围绕人来展开，则其间的相通就极有可能了。他指出：

夫西学亦人事耳，非鬼神事也。既为人事，则无论智愚之民，其日用常行，皆有以暗合道妙；其仰观俯察，亦皆宜略见端倪。……今夫学之为言，探颐索隐，合异离同，道通为一之事也[13]。

中学是为人事，西学亦为人事，一个"亦"字便点出了中西思想之间的共性所在。既然都为人事，则无论智愚之别，亦不论中西之分，其人事之行为举止，都能暗合道妙，而有其会通之处。这所谓的道妙，自然是人性的重要组成部分。由此而推广开来，则学问不论其古今中外，都有着相通之处，毕竟古人之学问也是围绕着人来展开的。这就是严复认为中西思想可能会通的一条重要依据，即人类主义的普遍立场。

(二)天下事理，归于一源

从思想学术本身的发展来看，严复认为，任何学术的发展，自古至今，其思想的嬗变从实质上说来都是一个逻辑推衍的过程。既然是一个逻辑推衍的过程，也就是说其思想脉络是有根可寻的。严复指出：

盖天下事理，如木之分条，水之分派，求解则追溯本源。故理之可解者，在通众异为一同，更进则此所谓同，又成为异，而与他异通于大同。当其可通，皆为可解。如是渐进，至于诸理会归最上之一理，孤立无对，既无不冒，自无与通。无与通则不可解，不可解者，不可思议也[14]。

理如水木然，由条寻枝，循枝赴干，汇归万派，萃于一源；至于一源，大道乃见。道通为一，此之谓也[15]。

思想学术的发展既然是一个逻辑推衍的过程，那么溯逆其嬗变过程，自可以通同于其本原，就如可以由树木之叶而寻其枝，由其枝而至赴干，由其干而达其根，及至其根，则可以对其树木了然于胸了。就学术而言，严复认为"学为天下公理公器"，不分中学西学，都应当"道通为一"。他曾明确指出："夫公理者，人类之所同也"[16]。在评点《老子》第六十四章"为之于未有，治之于未乱。合抱之木，生于毫末；九层之台，起于累土；千里之行，始于足下"数句时，他指出："熊季廉曰：'万物生遂成长，皆有一定之秩序，莫知其然而然。'庄子曰：'作始也简，将毕也钜'"[17]。虽然是说万物，不过，在他看来，思想的发展历程也是如此的。

思想文化的发展是一个不断嬗变的推衍过程，当今的思想文化较之于远古时期的思想文化已经大大不同，在一定程度上说来，中西思想文化之间的差异，与自古代发展至今并存于中国思想文化这一大的范围之内的各种思想主张之间的差异相较，前者甚至可能远远不如后者。一切思想文化都是围绕着人的生存与发展而推衍开来的，中国思想当是如此，西方思想亦当是如此，可见中西思想之间很可能存在着一个共同的出发点。即便在当下的情形下，中西思想文化之间存在着截然不同的差异，但是通过反思人类思想发展的进程，逆溯各种思想文化主张的理路，则最终中西思想文化很可能会在某一处实现成功的会通。找到了中西思想文化的会通点，再沿着其思想理路、逻辑推衍的进程，人们可能获得对于中西思想文化贯通性的思考。探本溯源，寻求中西思想文化在本原上的会通，严复的主张显然较之于其同时代学者更具理性，本身已经具有了很高的思想价值。

二、既通西学，归求反观

为什么要传播西学？这并不仅仅是因为西学较之于中学更为先进。传播西学，在严复看来，还有着更高的目的。严复在阐明其传播西学的理由时提出了"归求反观"论。他指出：

君等从事西学之后，平心察理，然后知中国从来政教之少是多非。即吾圣人之精意微言亦必既通西学之后，以归求反观，而后有以窥其精微而服其为不可易也[18]。

又有：

彼此谣俗，古今典训，在彼有一焉为其民所传道。迨返而求诸吾国，亦将有一焉与之相当[19]。

严复传播西学有着明确的现实目的，即通过"归求反观"的方式以西方思想文化来弥补中国传统思想发展中所存在的不足。《老子》第四十章有"反者道之动"，陈鼓应指出，"'反'字是歧义的：它可以作相反讲，又可以作返回讲。……《老子》哲学中，这两种意义都被蕴涵了，它蕴涵了两个观念：相反对立与返本复初"[20]。"反"是自然界中事物的运动和变化都必须依循的规律。严复的"归求反观"本身了包含此两方面意思：一方面西方思想与中国传统思想是为两个不同的学术传统，有着各自的内在发展逻辑，故而存在着彼此之间的对立；另一方面事物都有向其对立面转化的趋势，中国传统思想已经走入歧途，通过西方思想的观照重新呈现"圣人之精意微言"，进而可以重新回复到其本来的发展方向上。西方社会富强的深层原因当是其思想文化不断积累、不断作用的结果,事实表明其思想文化中必然存在诸多可取之处。同样,中国之古代社会较之于西方之古代社会,在诸多方面展现出其先进性,也是深层的思想文化不断积累、不断作用的结果;进入近代以来,中国社会发展已经较之于西欧诸国落后很多,这表明中国思想文化的发展过程中必然存在着严重不足。严复讲"圣人之精意微言",表明他对于中国古代世界的思想文化是十分认同的,中国传统思想文化后来的发展中出现的诸多问题可能是人们对于"圣人之精意微言"的误解、偏离等原因造成的,如今通过考察西方思想文化中的可取之处,反省自身思想文化的发展,则有可能重新回到"圣人之精意微言"所指引的道路上去。正如他所指出:"既治新学之后,以自他之耀,回照故林"[21]。

所谓"圣人之精意微言",就中国传统思想而言,严复虽然喜爱道家,但是他向来并没有以此否定先秦之孔孟,在其译作的诸多按语中,严复还经常援引孔孟之观点作为佐证。严复反对的,主要是宋明理学。而严复对于宋明理学的批判显然与他对于科举制度和八股文的反感密切相关。除此以外,陆王心学的主观唯心主义与严复所接受的实证主义也截然不同,作为明清以来影响较大的儒家学派,陆王心学对于严复传播西学显然会有所阻碍,而严复对它的批评也就十分合理了。严复在《〈法意〉按语》中曾指出:"老聃、孔子之哲学,中经释氏之更张,复得有宋诸儒为之组织,盖中国之是非,不可与欧美同日而语,明矣"[22]!而严复对于宋明理学的批判可见一斑。

随着西方思想的不断广泛传播,其影响也越来越大,而相比之下中国传统思想备受人们批判,其影响力明显减弱,这自然会引起许多人对于中国传统思想之未来的担心。严复虽然对于持守旧学、"西学中源"说和"中体西用"论有过激烈的批判,不过那只是就其对待中西思想交流的关系而言。就严复本人来说,他对于中国传统思想有着极其深厚的感情,这其中并不仅仅包括道家思想,更包括先秦孔孟思想。传播西学可能带来的对于中国传统思想的未来之影响,严复对此有所注意。他认为,西学传播到中国并流行之后,可能对中国传统思想造成两种主要影响。其一,所谓"主破坏者之说",认为,"旧者既必废矣,何若恝弃一切,以趋于时,尚庶几不至后人,国以有立";其一所谓"主保守者之说",认为"是先圣王之所留贻,历五千载所仅存之国粹也,奈之何弃之,保持勿坠,脱有不足,求诸新以弥缝匡救之可耳"。严复没有对此两种主要观点进行直接的优劣评判,他认为两者在一点上是一致的,即认为"中国旧学之将废",或是刻意去剔除旧学,或是担心旧学之废而求补救之措施。严复则认为:"他日因果之成,将皆出两家之虑外,而破坏保守,皆忧其所不必忧者也。果为国粹,固将长存。西学不兴,其为存也隐;西学大兴,其为存也章。盖中学之真之发现,与西学之新之输入,有比例为消长者焉"[23]。严复的评点,显然是依据其天演进化论的观点,承认了中国传统思想在许多方面已经无法同西方思想相提并论,西方思想的广泛传播确实可能会造成某些内容的淘汰,不过严复认为中国传统思想中真正有价值的内容并不会因为西方思想的传播而被淘汰,反而会进一步发扬光大。故而他援引老子的话指出:"老氏曰:既以为人己愈有,既以与人己愈多"[24]。当然,中国传统思想中有价值的内容的判定,在某种程度上,严复仍然受到了西方思想的影响,不过,这是次要的。他认为:"至于其时,所谓学者,但有邪正真妄之分耳,中西新旧之名,将皆无有,而吾又安所致其断断者哉"[25]!

第二节 "富强之基,本诸格致"

严复认为西方科学的昌明,主要根源于实测内籀之学,即"富强之基,本诸格致"。他指出:"其为事也,一一皆本诸学术;其为学术也,一一皆本于即物实测,层累阶级,以造于至精至大之涂,故蔑一事焉可坐论而不足起行者也"[26]。又有:"(西学格致)一理之明,一法之立,必验之物物事事而皆然,而后定之为不易。其所验也贵多,故博大;其收效也必恒,故悠久,其究极也,必道通为一,左右逢原,故高明"[27]。前者突出其"即物实测"的归纳法,而后者则突出其归纳法的特点(验之物物事事而皆然)和功效(道通为一)。对于西学方法论的重视,严复既有其西方教育经历的背景,也有他对于中国思想学术与西方思想学术长期思考的因素。正因为他将方法论置于极其重要的地位,他对于介绍西学的逻辑学十分感兴趣,不但翻译《穆勒名学》和《名学浅说》,而且在其著述中经常大力宣扬西学方法论。

一、"即物实测"与"每下愈况"

早在翻译《天演论》时,严复便对西学方法论进行了介绍。他指出:"观西人名学,则见其于格物致知之事,有内籀之术焉,有外籀之术焉。"他进而对内籀、外籀予以解释,指出:"内籀云者,察其曲而知其全者,执其微以会其通者也;外籀云者,据公理以断众事者也,为设定数以逆未然者也"[28]。他最初将之与司马迁的论点进行比附。司马迁有"《易》本隐而之显,《春秋》推见至隐"[29],严复认为:"迁所谓本隐之显者,外籀也;所谓推见至隐者,内籀也"[30]。这一比附可以说明问题,不过因其涉及对于《易》、《春秋》本身的理解,故而严复后来在评点《老子》时再次对内籀、外籀之术进行阐述。在评点《老子》第四十八章中"为学日益,为道日损"一句时,他指出:

日益者,内籀之事也;日损者,外籀之事也;其日益者,所以为其日损也[31]。

内籀、外籀之说便是现在的归纳和演绎方法。严复曾指出:"'内籀'东译谓之'归纳',乃总散见之事,而纳诸一例之中。""'外籀'东译谓之'演绎'。外籀者,本诸一例而推散见之事者也"[32]。正因其一者"总散见之事",一者"推散见之事",前者需实事的大量积累,故严复将它同于道家之

"日益";而后者扼其道要,故严复将它同于道家之"日损"。归纳是为演绎之基础,故而严复认为"其日益者,所以为其日损也"。而《老子》中的"为学",或可以在现代被诠释为探求外物的知识活动,不过就当时而言,学者们普遍认为仅指对于"圣智、仁义、巧利"的追求,故而其所谓"日益",是指情欲文饰逐渐繁杂,徒乱人心;而"为道"则强调通过坐忘瞑想以直觉体悟所谓无为之道的存在,其所谓"日损"是指情欲文饰逐渐减损。将《老子》中之"为学日益"与"为道日损"对应于西学之中的"内籀"、"外籀",严复的做法稍显简单比附。不过他将此方法论引入中国的意图却极其鲜明,何况,通过如此比附可以将应用归纳和演绎方法的效果鲜明地呈现出来,亦不失其妙处。

在《西学门径功用》中,严复专门讨论了西学的方法论问题。他指出,"大抵学以穷理,常分三际"[33]。所谓"三际",严复将之归纳为考订、贯通、试验。所谓考订,或谓之观察,或谓之演验,是指"聚列同类事物而各著其实"。这是归纳的第一步。所谓贯通,是指"类异观同",即对于考订之事实进行归类和综合,根据事实之间的差异予以归类,然后发现其中的相似之处,综合总结其共性,换句话说,"考订既详,乃会通之以求其所以然之理,于是大法公例生焉"。这是归纳的第二步。就其前二者而言,严复认为,旧学新学、中学西学其实都很相似,不过其前者则仅至于此。严复认为,考订和贯通固然能得出大法公例,不过这些大法公例,"往往多惧"。近代西学与中学及其旧学之不同之处,正在于其通过试验来纠正此前两步所总结的大法公例所可能出现的舛误。所谓试验,便是将所得出的大法公例应用于格物致知的实际过程之中,"试验愈周,理愈靠实"。为了说明归纳法不断试验之后所得道理之明,严复借用了庄子的说法,他指出:"格致之事,以道眼观一切物,物物平等,本无大小、久暂、贵贱、善恶之殊。庄生知之,故曰道在屎溺,每下愈况"[34]。他又曾以"内导"和"外导"来辨明归纳法和演绎法二者不同的思路导向。他指出:"格物致知之用,其涂术不过二端。一曰内导,一曰外导。"所谓"内导",即是"合异事而观其同，而得其公例"；所谓"外导"，即是"据已然已知以推未然未知者"。"内导"和"外导"之说其实正与道家之"日益"和"日损"相一致。

对于归纳法的会通而得公例，严复曾进行过专门的阐述。他指出：

> 盖知之晰者始于能析，能析则知其分，知其分则全无所类者，曲有所类。……曲有所类，而后有以行其会通，或取大同而遗其小异，常、寓之德既判，而公例立矣。此亦观物而审者所必由之涂术也[35]。

通过不断地剖析对象，观察其中的变化，并归纳其间的一般性、普遍性的规律，最后立以为公例。寥寥数语，充分地阐明了归纳法（内籀）从特殊到一般，即从对许多特殊的、个别的事物的观察研究中，得出一般的、普遍的规律。而规律的不断发现，正是科学不断昌明的重要体现，故严复对于归纳法尤为强调。当他翻译《穆勒名学》时看到穆勒指出"科学正鹄在成外籀"，不由感慨：

> 成学程途虽由实测而趋外籀，然不得已既成外籀，遂与内籀无涉；特例之所苞者广，可执一以御其余。此言可谓见极。西学之所以翔实，天函日启，民智滋开，而一切皆归于有用者，正以此耳。旧学之所以多无补者，其外籀非不为也，为之又未尝不如法也，第其所本者大抵心成之说，持之似有故，言之似成理，媛姝者以古训而严之，初何尝取其公例而一考其所推概者之诚妄乎？此学术之所以多诬，而国计民生之所以病也[36]。

严复对归纳和演绎之方法论的重视，强调要"即物实测"，正是出于对中国传统学术中"心成之说"的强烈不满。"心成之说"既是方法论的问题，又是思想自由问题，后文对此有详述。严复对中西思想之会通是遍寻其例以资佐证，通过各个层面的不断展开，附以大量的实例枚举进行归纳分析，以达成他传播和融会中西思想的目的。当然，就其当时而言，传播西学显然居于更为重要的地位。

除了借助于道家"日益"、"日损"来形象表达西方逻辑方法论中的"内籀"、"外籀"之外，严复甚至用道家的语词直接来命名西方概念。《群学肄言》中谈到直接知识和间接知识时，其有：

使观物穷理之际,以谟知者为接知,则又失其实。盖名学之例,见甲知甲,谓之接知,见甲知乙,谓知谟知。此宜别不宜混者也。而常人多混之,谬误丛起,于群学其尤著,所不可不谨也[37]。

严复自己在其注解中指出:"案接知、谟知出《庄子》,接知者直接之知,谟知者间接之知。"接知、谟知正出自《庄子·庚桑楚》,其文有:"知者,接也;知者,谟也;知者之所不知,犹睨也"[38]。成玄英的注疏为:"夫交接前物,谋谟情事,故谓之知也"[39]。陈鼓应将之释为:"知是(和外界)应接;智是(内心)谋虑;智慧有所不知,好像斜视一方所见有限"[40]。严复将直接知识译为"接知",取其直接与对象之间的接触之意;而将间接知识译为"谟知",则取其重于认识主体的内心思考之意。可以说,严复在翻译时对于语词和语意的把握相当到位,将直接知识和间接知识的特征充分地体现了出来。而这如果没有对《庄子》的极端熟悉,是无法做到的。同时,典出《庄子》的"接知"、"谟知"亦可以加深人们对于直接知识和间接知识的理解。而《群学肄言》中反对将"谟知"看成"接知",这与逻辑方法论中对于"穷理三际"最后一际"试验"的"即物实测"正相一致,相对说来,"谟知"在很多时候则与严复所强烈批判的"心成之说"极其相近。可见严复对西方逻辑方法论的理解和运用十分精到。

二、"道"与"公例"

严复深受西方实证主义的影响,他认为西方思想的诸多观点,"顾吾古人之所得,往往先之",并对此作一番论证,他在译作的按语中附上了大量的中国传统思想内容。他十分看重归纳法,他指出:"内籀者,观化察变,见其会通,立为公例者也。"归纳法所得之公例,即公理。严复认为,公例将不仅适用于西方,而且将适用于中国。同样,他对此也试图作一番论证,来辨明他所得之公例能够促成中西思想之会通。

严复指出,学问主要有两种用途,一是"专门之用",一是"公家之用",

而公家之用最大。他认为，为学之道，首先为玄学，以审必然之理；其次玄著学，其次著学，最后终于群学。所说的玄学之中，便包括有哲学，且以哲学为"为学之道"的起讫。在评点《老子》第一章"此两者，同出而异名，同谓之玄。玄之又玄，众妙之门"二句时，严复指出：

> 其所谓众妙之门，即西人所谓 Summum Genus，《周易》道通为一，太极、无极诸语，盖与此同[41]。

在评点《老子》第二十五章"有物混成，先天地生"一句时，严复又指出：

> 老谓之道，《周易》谓之太极，佛谓之自在，西哲谓之第一因，佛又谓之不二法门。万化所由起讫，而学问之归墟也[42]。

所谓"万化所由起讫，而学问之归墟"，是从学问之用出发来予以论定的。严复于此，将道家的"众妙之门"同西方的哲学关联起来。西学可以作为公例，而道家的"道"虽有普遍规律义，不过"道"更强调个人对于经验世界的体悟，其普遍规律其实具有鲜明的个人特殊性，不能作为公例。

考虑到传统道家之"道"同近代西学之"公例"两者之间的种种不谐，严复对道家的"道"进行了改造。首先，与传统道家思想中"道"的超越日常经验知识不同，严复的"道"是知识性的。在评点《老子》第四十七章"其出弥远，其知弥少。是以圣人不知而知，不见而名，不为而成"数句时，严复指出：

> 出弥远，知弥少，不可与上文作反对看。作反对者，其义浅矣。其知所以弥少者，以为道固日损也。夫道无不在，苟得其术，虽近取诸身，岂有穷哉？而行彻五洲，学穷千古，亦将但见其会通而统于一而已矣。是以不行可知也，不见可名也，不为可成也，此得道者之受用也[43]。

严复对于《老子》原文的诠释与传统注解差距很大，不过却有其合理性。传统注家往往从心智的虚静和弛务的相对来解释，严复则从"道"本身来解释。《老子》第四十七章"其出弥远，其知弥少"的上文为"不出户，知天下；不窥牖，见天道"。严复没有否认，对道的体悟完全在于人之内心,而与出户、窥牖之事并无关系。他既将解释的重心放在"道"上,那么依据他的观点,则出户、窥牖同样可以知天下、见天道。正由此出发,他认为不可将"其出弥远,其知弥少"与上文相对进行解释。道既无不在,便不会"日损",进一步说,虽然"其出弥远",而道是无所损失的。严复的观点,实是将道作为一种知识看待,所以他才认为道的知识一旦获得,便将终生受用,是不会减损的。

其次,既然道是知识性的,那么道就是可知的。在评点《老子》第十四章"视之不见,名曰'夷';听之不闻,名曰'希';搏之不得,名曰'微'"句时,严复明确指出:

有可视,有可听,有可搏;使其无之,将莫之视,莫之听,莫之搏矣。夷、希、微之称,乌由起乎? 然则道终不可见、不可闻、不可搏乎? 曰:可!惟同于夷、希、微者能之。前有德国哲家谓耶和华之号,即起于老子之夷、希、微,亦奇论创闻也[44]。

一个"可"字使得道即便在无论如何难以进行把握时最终仍然是处在可予以认识的范围之内的。道当是可视的、可听的、可搏的,但道的获得决非容易之事,故而试图通过常规方式予以把握道也是不甚容易的,所谓不可见、不可闻、不可搏,指的便是这一点。然而,就其终极性而言,道,必是可见的、可闻的、可搏的,严复对道的可知性给予了充分肯定。

再次,将佛学的"不可思议"概念纳入道家之"道"的意蕴中,也就是说道是"不可思议"的,而这与他对于西学的认识又达成了一致。在译作《天演论》按语中,严复指出:

大抵中外古今,言理者不出二家,一出于教,一出于学。教则以公理属天,私欲属人;学则以尚力为天行,尚德为人治。言学者期于征实,故其言天不能舍形气;言教者期于维世,故其言理不能外化神[45]。

以教、学来概括古今中外之学问,已是对于中西思想在很高层次上的把握,不过,他并没有停留于兹。他于另一处按语中指出:"斯宾塞著《天演公例》,谓教、学二宗,皆以不可思议为起点"[46]。如此一来,道的"不可思议"也就十分合理了。

在完成对道的一系列改造后,严复将道同公例关联起来。公例,严复有时亦称之为公理。公例的重要性,严复曾在其著述的多处予以谈及。在评点《老子》第四十二章"道生一,一生二,二生三,三生万物"句时,严复已经明确予以肯定。他指出:

> 道,太极也,降而生一。言一,则二形焉。二者,形而对待之理出,故曰生三。夫公例者,无往而不信者也。使人之所教,而我可以不教,或我教而异夫人之所教,凡此皆非公例可知。非公例,则非不易之是非,顺之必吉,违之必凶者矣。是故居今之言事理也,视中西二俗,所不期然而合者。不期然而合,必其不可叛者矣。下此,中然而西否,或西然而中否,皆风俗之偶成,非其至矣[47]。

《老子》书中自不会谈公例,而传统注家也很少于此谈及公例。严复在评点中将公例牵扯进来,并予以详细阐述,乍看之下或许有些突兀,不过考察他会通中西思想的理路,其中实有一番苦心。《穆勒名学》中有这么一段:"何谓自然公例?曰自然公例,最易最简之法门,得此而宇宙万化相随发现也。或为之稍变其词曰:自然公例非他,乃极少数之公论,得此而一切世界之常然,皆可执外籀而推知之"[48]。严复在翻译此段文字时加了按语,他指出:

> 自然公例,即道家所谓道,儒家所谓理,《易》之太极,释子所谓不二法门;必居于最易最简之数,乃足当之[49]。

公例的属性,严复在其著述中谈到很多,譬如:"格致之事,一公例既立,必无往而不融涣消释。若可言于甲,不可言于乙;可言其无数,而独不可言于其一端。凡此者,其公例必不公而终破也"[50]。"公例之行,常信于大且远者。自其小且近者而征之,则或隐而不见,因缘滋繁,难以悉察故也。而公例之行实自若。常人信道不笃,则常取小近者以为征,此何异见轻毹之升,而疑万物亲地之理,与通吸力之公例为不信乎[51]?公例之立,首先在其客观性,这使得它绝不可能偏向物事中之某一方,而是以客观性来保证其公正性,进而使得"公例之立"能够得到各方面的认可。一旦所立之公例存在某种偏向,只适宜于某一部分之物事,则此公例必不能立。公例具有普遍性,它不能阈限于种差上的特殊存在,而必须是类上的普遍存在,它不是具体物事之间外在之简单相近,而是物事内在之一致性。在公例的诸多属性中,严复犹看重公例所具有的会通性,会通性使得公例不只是能够在客观与主观之间贯通,在普遍与特殊之间贯通,在具体与一般之间贯通,更重要的是公例为中西思想文化之间的贯通提供了机会,并且当作为中西思想文化之间贯通的桥梁。严复对于公例的会通性亦作了专门的说明。他指出:

> 穷理致知之事,其公例皆会通之词,无专指者。惟其所会通愈广,则其例亦愈尊。……会通之词即为公例。欲为公例,先资公名,有公名而后公例有所托始。使仰观天象,而无以别恒星、纬星、从星之异,则天学可以无作。格物之家,始也谓重、谓水、谓气、谓热、谓电、谓光、谓声,是七学者睽孤分治,终鲜大效;自咀勒出,而知一切皆力之变,故力理明是七者莫不明,而格物之学术大进。凡此皆会通之效,所谓由专入公者矣。……此不佞所累试而验者也[52]。

具有会通性的公例使用的语词往往都是一般性的"公名"而不是指向具体物事的特殊的专名。公例的会通性要借助语词的一般性才能得到充分的体现,"公名"的普遍性越高,则其所体现的公例的会通性越广,譬如重、水、气、热、电、光、声固然可以说明许多物事的原因,但"力"显然具有较之于此七者更多的普遍性,它在这七"公名"理解物事的基础上可以说更深入一层,其达到的思想高度自然也是此七者所无可比拟的。而公例的会通,与其应用归纳之方法密切相关。通过一系列的改造和关联,"道"便借助公例,与归纳法之会通得以沟通;而道本身又代表着中国传统思想的重要内容,因而这一系列的改造和关联的最后,便是将中国传统思想纳入了西学方法论的应用范围。

严复曾经就会通、公例和学术的关系进行过探讨。他指出:"禽兽、孩提智力之浅，正坐不知会通，心无公例耳。而其中灵者如犬、如狐、如雁，所能推证者已多。使其能言，则有公名，既有公名斯有公例，有公例斯有学术"[53]。公例或公理，为学术之必需，在这里严复已经说得很清楚了。

注　释

[1]《庄子·齐物论》有："举莛于楹，厉与西施，恢恑憰怪，道通为一。其分也，成也；其成也，毁也。凡物无成与毁，复通为一。唯达者知通为一，为是不用而寓诸庸。庸也者，用也；用也者，通也；通也者，得也，适得而几矣。因是已。已而不知其然，谓之道。"郭象注："夫莛横而楹纵，厉丑而西施好。所谓齐者，岂必齐形状，同规矩哉！故举纵横好丑，恢恑憰怪，各然其所然，各可其所可，则理虽万殊而性同得，故曰道通为一也。"成玄英疏："夫纵横美恶，物见所以万殊；恢恑奇异，世情用为颠倒。故有是非可不可，迷执其分。今以道观之，本来无二，是以妍丑之状万殊，自得之情惟一，故曰道通为一也。"另《庄子·知北游》中亦有一处常被作"道通为一"理解，其有："生也死之徒，死也生之始，孰知其纪！人之生，气之聚也；聚则为生，散则为死。若死生为徒，吾又何患！故万物一也，是其所美者为神奇，其所恶者为臭腐；臭腐复化为神奇，神奇复化为臭腐。故曰：'通天下一气耳。'圣人故贵一。"

[2]《严复集》(3)《与〈外交报〉主人书》，第 562 页。

[3]《严复集》(1)《救亡决论》，第 43 页。

[4]《严复集》(1)《救亡决论》，第 52 页。

[5]《严复集》(1)《西学门径功用》，第 93 页。

[6]《严复集》(1)《救亡决论》，第 43 页。

[7]《严复集》(1)《救亡决论》，第 52 页。

[8]《严复集》(3)《与〈外交报〉主人书》,第559页。

[9]《严复集》(3)《与〈外交报〉主人书》,第559页。

[10]《严复集》(3)《与〈外交报〉主人书》,第559～560页。

[11]《严复集》(4)《〈社会通诠〉按语》,第929页。

[12]《严复集》(2)《〈习语辞典集录〉序》,第359页。

[13]《严复集》(1)《救亡决论》,第52页。

[14]《严复集》(5)《〈天演论·论十·佛法〉案语》,第1381页。

[15]《严复集》(4)《〈穆勒名学〉按语》,第1042页。

[16]《严复集》(1)《〈英文汉诂〉卮言》,第157页。

[17]《严复集》(4)《〈老子〉评语》,第1097页。

[18]《严复集》(1)《救亡决论》,第49页。

[19]《严复集》(2)《〈习语辞典集录〉序》,第359页。

[20]陈鼓应:《老子注译及评介》,第225页,中华书局1984年版。

[21]《严复集》(2)《论今日教育应以物理科学为当务之急》,第284页。

[22]《严复集》(4)《〈法意〉按语》,第955页。

[23]《严复集》(1)《〈英文汉诂〉卮言》,第156页。

[24]《严复集》(1)《〈英文汉诂〉卮言》,第156页。"既以为人愈有,既以
与人己愈多"见《老子》第81章。

[25]《严复集》(1)《〈英文汉诂〉卮言》,第157页。

[26]《严复集》(1)《原强(修订稿)》,第23页。初稿为:"其为事也,又一
一皆本之学术;其为学术也,又一一求之实事实理,层累阶级,以造
于至大至精之域,盖寡一事焉可坐论而不可起行者也。"与初稿相
比,其修订稿显然对于归纳方法论予以突出和强调。

[27]《严复集》(1)《原强(续编)》,第45页。

[28]《天演论·译〈天演论〉自序》,第Ⅸ页。

[29]《史记·司马相如列传》为:"春秋推见至隐,易本隐之以显。"而《汉
书·司马相如传》有:"赞曰:司马迁称:《春秋》推见至隐,《易本》隐

以之显。"

[30]《天演论·译〈天演论〉自序》，第Ⅸ页。

[31]《严复集》(4)《〈老子〉评语》，第 1095 页。

[32]《严复集》(1)《论今日教育应以物理科学为当务之急》，第 280 页。

[33]《严复集》(1)《西学门径功用》，第 93 页。

[34]《严复集》(1)《原强（续编）》，第 46 页。

[35]《严复集》(4)《〈穆勒名学〉按语》，第 1046 页。

[36]《严复集》(4)《〈穆勒名学〉按语》，第 1047 页。

[37]《群学肄言·解蔽》，第 68 页。

[38]《庄子·庚桑楚》。

[39]《庄子集释·庚桑楚》，第 812 页。

[40] 陈鼓应:《庄子今译今注》，第 619 页。

[41]《严复集》(4)《〈老子〉评语》，第 1075 页。

[42]《严复集》(4)《〈老子〉评语》，第 1084 页。

[43]《严复集》(4)《〈老子〉评语》，第 1095 页。

[44]《严复集》(4)《〈老子〉评语》，第 1080 页。

[45]《严复集》(5)《〈天演论·论十六·群治〉案语》，第 1395 页。

[46]《严复集》(5)《〈天演论·论五·天刑〉案语》，第 1370 页。

[47]《严复集》(4)《〈老子〉评语》，第 1093 页。

[48]《穆勒名学》，第 247 页。

[49]《严复集》(4)《〈穆勒名学〉按语》，第 1051 页。

[50]《严复集》(4)《〈原富〉按语》，第 871 页。

[51]《严复集》(4)《〈原富〉按语》，第 893 页。

[52]《严复集》(4)《〈穆勒名学〉按语》，第 1042 页。

[53]《严复集》(4)《〈穆勒名学〉按语》，第 1045 页。

第四章　"道法自然"与天演学说

严复于《天演论》按语中明确指出："天演公例,自草木虫鱼,以至人类,所随地可察者"[1],"斯宾塞氏至推之农商工兵、语言文学之间,皆可以天演时其消息所以然之故"[2],"考道德之本源,明政教之条贯,而以保种进化之公例要术终焉"[3]。寥寥数语,却涵盖了多方面意义。天演之公例,斯宾塞将它推衍扩充而成社会进化之公例,严复再将它作为自强保种之要术。严复将它作为清末民初挽救民族危机、保种保教之要术自有其合理性。为让国人接受西方进化论思想,严复颇费了一番工夫,大体上从三方面展开:其一,以先秦诸子散文笔法展开其译作,这方便于晚清传统士人、官绅的阅读,可以从文笔上增进彼此之间的亲近;其二,阐明此书"于自强保种之事,反复三致意焉",以激发晚清士人、官绅的民族情绪而博得认同;其三,严复力陈"其中所论,与吾古人有甚合者",除了他个人的确如此主张外,也有争取晚清士人、官绅认同之目的。其前两点,不必多加说明;至于最后一点,稍费周折。严复于译文中穿插按语,既对个中相关言论予以解释,也指出其中"与吾古人有甚合者"之处,而且对其与中国传统思想的哪些方面相合似也稍作说明。中国传统思想中与天演进化论相合之处,严复对此显然有着清醒的认识,他明确指出:"斯宾塞氏之言治也,大旨存于任天,而人事为之辅,犹黄老之明自然,而不忘在宥是已"[4]。

第一节　天演公例"犹黄老之明自然"

严复虽然以天演公例"犹黄老之明自然",点出了近代进化论与道家思想之间的关联,其时道家思想资源大体上隐藏在其译文的字里行间。而评点老庄时,他则以将天演学说与道家思想之间的相通鲜明地呈现了出来。《〈老子〉评语》与《〈庄子〉评语》虽然相隔时间较长,不过其中思想主旨则大体保持了一致。他后来于一次关于"进化天演"的讲演中也明确阐明了他的这一立场,他指出:

> 天演学说滥觞于周秦之间,中土则有老、庄学者所谓明自然。自然者,天演之原也。征之于老,如云"天地不仁,以万物为刍狗"。征之于庄,若《齐物论》所谓"寓庸因明",所谓"吹万不同,使其自己";《养生主》所谓"依乎天理,薪尽火传"。谛而观之,皆天演之精义[5]。

天演进化论是否滥觞于周秦之间,姑且不论;道家老庄之"明自然"如何与天演学说相合,姑且不说;近代天演学说大体上来自于西学,即达尔文的生物进化论和斯宾塞的社会进化论,这一点当是毋庸置疑的。就其引入和传播天演学说思想而言,严复显然是居功至伟的。不过,梁启超则认为:"(康有为)先生独发明《春秋》三世之义,以为文明世界在于他日,日进而日盛,盖中国自创言进化学者,以此为嚆矢焉"[6]。且不说康有为氏所鼓吹的"公羊三世说"是否真的等同于进化论观念,实际上梁启超氏的这番表述已是在严复《天演论》影响之下作出来的,梁氏将其师康有为列为近代中国进化论观念的嚆矢,其实不过是一种出自师门的赞誉,不得当真。康有为确曾用过不少"进化"、"进步"之类与进化论观念极其相关的概念,不过这些大多是他本人已经基本上接受了进化论观念之后的表现,而此前他这方面的观念则基本上没有超出传统的运会观念,传统的运会观念体系之内也确实表现出一种发展进化的规律,如"公羊三世说"认为历史发展是从据乱世到升平世、再进到太平世,其本身确实地表现为一种向前、向上的发展趋势。不过,中国之运会观念的一个特别之处在于它似乎正是秉承了道家"物极必反"的意识,认为当社会发展到一种极致时往往会发生反复,所谓"天下大势合久必分,分久必合"正是这种观念的体现,或许正因为这些,传统历史发展观念往往被批评为"历史循环论"。康有为秉承"公羊三世说",其本来意图也很相近,不过董仲舒处于秦乱汉兴之时本有颂扬汉室之意,而康有为则正于清颓世而有变革之心。康有为的主张当然能够在当时发挥其自身的影响力,不过较之于严复《天演论》所宣扬的进化论,显然缺乏后者所蕴含的那种民族存亡的强烈危机意识和社会变革的紧张力度。梁启超只不过是给康有为传统的"公羊三世说"加上了进化论的符号,而严复则在引入西方进化论观念之初便试图找寻传统文化思想中与其可能相应的部分。不过,对西学有着较深了解的严复显然并不认同"公羊三世说"这样的运会观念,而是将目光投到道家思想上。

《老子》第二十五章,在传统注家那里,一般认为是对道的体用所作的描述,道是天地万物的本原,是浑然朴实的、无声无形的、绝对永存的、循环运行的、纯任自然的。严复实际上并没有关注其道体的性质,他在评点"故道大,天大,地大,人亦大。域中有四大,而人居其一焉"时指出"道即自然"[7]。此处"自然"之义当作与"道"相同词性之义即名词来理解,也就不能将之理解为自然而然之义。严复这里既然明确将自然与道相关联,显然也有意以"自然"来代替"道"应用于上下文之中,他对自然地位的尊崇则又为他天演学说的引入做好了铺垫。他在评点《庄子·知北游》篇中"天不得不高,地不得不广,日月不得不行,万物不得不昌,此其道与"一句时指出"所谓自然"[8]。此处"自然"之义同样与"道"相通,应当可以置换。严复并非不知道家思想中"自然"之义与近代的"自然"概念之间的区别。近代的"自然"概念主要是作为客观存在的认识对象,一种实体性的存在,通常人们理解时可以将之以"自然物"、"自然界"等方式呈现。不过,这一"自然"世界的存在和来源在人们思维的追究中常常难以明了,故而使得其意义的使用上或许接近道家思想的"自然"之义。亚里士多德曾经指出:"自然的原始和首要的意义是,在其自身之内有这样一种运动本原的事物的实体,质料由于能够接受这种东西而被称为自然,生成和生长由于其运动发轫于此而被称为自然。自然存在的运动的本原就是自然,它以某种方式内在于事物,或者是潜在地,或者是现实地"[9]。而道家思想的"自然"之义正在于强调道的自然而然、自生自为、自为根据、自为目的。二者之间虽然仍有区别,不过或许最初译家在寻找中西语词对应时正是更多地看到了其中的共性。在试图会通西方近代的"自然"概念时,严复应当注意到了"道"概念中本原存在和自然而然这两方面的特性与西学中的"自然"更为相近。

在此基础上,严复将中国传统思想中"天"与"地"的观念同进化论建立起了关联,他指出:

> 凡读《易》《老》诸书者,遇天地字面,只宜作物化观念,不可死向苍苍搏搏者作想。苟如是,必不可通矣[10]。

> 老庄书中所言天地字面,只宜作物化看,不必向苍苍搏搏者著想[11]。

传统思想文化中"天"与"地"的意蕴也是比较复杂的,在很多时候它主要包含两方面:一是指自然界,一是指自然而然。不过这似乎与道的意蕴发生了重叠,受过西学严格训练的严复既然已经将这两方面的含义赋予给"道",在对道家思想中"天"与"地"意蕴的处理上,他更多地将之放在其"自然而然"之义延伸出来的那种处于人类主体之外的影响自然万物不断生灭的力量,他强调将"天"、"地"理解为"物化"正是从这一意图出发的。沿着这一思路,他对老庄文本中的其他诸多语句以鲜明的天演学说予以诠释,如在评点"夫吹万不同,而使其自己也,咸其自取,怒者其谁邪?"时,他指出:"一气之转,物自为变。此近世学者所谓天演也"[12]。其实"物化"也好,"天演"也好,严复更多地关注其中不受人类主体性影响的却又是一切自然万物包括人类本身都无法抗拒和不可回避的一种力量,正是这种力量推动整个自然界包括人类社会以一种不以人的意志为转移的方式发展进化。这种"天演"力量的不可抗拒和不可回避其实在中国古代传统思想中早已体现,不过除了"人定胜天"里绽放的人类强烈自信心外,"天命不可违"似乎在更多时候使更多的人产生过一种无力感。严复如果只是强调"天演"力量,强调进化的不可抗拒和不可回避,显然也就无法让人走出中国传统思想中"天命不可违"的阴影。他一方面严格限制"天演"力量的无限性,虽然进化是不可抗拒和不可回避的,但这只是从其必然向前发展的趋势而言的,这也就是为什么严复特别强调斯宾塞的天演进化应当包括"天择、物竞、体合"三者,尤其重视其最后的"体合",即"郅治自至";另一方面则通过鼓吹包括人类自身在内的"物竞"来强调进化方向决定于人类主体性本身,这对于确保人类的自信心显然是必要的。

不过严复以道家思想来会通和传播天演进化论的言论中,影响最大的说法似乎应当是他对《老子》第五章"天地不仁,以万物为刍狗;圣人不仁,以百姓为刍狗"所作的评点,他评论此正是"天演开宗语"[13],又说"此四语括尽达尔文新理。至哉!王辅嗣"[14]。他对此处的理解主要从了王弼的注释出发。此处王弼注为:

> 天地任自然,无为无造;万物自相治理,故不仁也。仁者,必造立施化,有恩有为。造立施化,则物失其真;有恩有为,则物不具存;物不具存,则不足以备载矣。地不为兽生刍而兽食刍,不为人生狗而人食狗,无为于万物而万物各适其所用,则莫不赡矣。若慧由己树,未足任也[15]。

在《天演论》的按语中,严复曾明确指出:

> 老子所谓:天地不仁,同一理解。老子所谓不仁,非不仁也,出乎仁不仁之数,而不可以仁论也[16]。

严复的按语是对《天演论·天刑》篇所发,而赫胥黎之论则针对西方宗教造物主的至高至善而发,批驳其万物生死之善恶裁判论,进而质疑造物主自身的存在。赫胥黎是坚定的达尔文进化论支持者,而对斯宾塞将进化论应用于人类社会并不认同。赫胥黎主张自然选择论,认为"民有秉彝,而亦天生有欲。以天演言之,则善固演也,恶亦未尝非演"[17],而对未来有一种压抑悲观主义情绪;而斯宾塞则认为"天演者,翕以聚质,辟以散力。方其用事也,物由纯而之杂,由流而之凝,则浑而之画,质力杂糅,相剂为变也"[18],就其趋势而言,"民群任天演之自然,则必日进善,不日趋恶,而郅治必有时而臻者"[19],对未来持乐观主义情绪。严复受斯宾塞之影响,面对近代中国日益剧变而复杂、混乱的局势,其总体上对于未来持一种乐观主义情绪,故而追随斯宾塞对于"物竞"或个人主义努力的肯定,将之置于天演进化中"天择"之先,并相信其最终亦至于"体合"之境。与赫胥黎指责造物主的伪善不同,严复本身对于造化存有一种敬畏心理,而将社会进化的责任归之于人之本身,故而他极为认同王弼将不仁解释为自然无为,其意正在于鼓励"物竞"或即个人主义之努力,进而对于所谓天地之"仁",以为其中存有特别之目的性,此违背天演进化之本真,实即干预自然界和人类社会的发展进程。况且所谓"仁",也有将社会发展的希望寄托于一个"不可思议"之存在物身上,必然消解个人主体性的努力,这对于激发近代中国民众自强保种的主体能动性极其不利。如果说达尔文与赫胥黎的进化论中尚存有血淋淋的残酷,那么斯宾塞与严复的进化论则更多有一种相对温和仁慈、乐观向上的激励。后者这一印象的获得,在很大程度上应该得益于王弼对于《老子》"天地不仁"的注解,而其中道家思想的背景自不必多说。

严复既对天演进化持有如此乐观主义的情绪,那么阐明遵循天演进化的重要性显然是他传播西学时的重要工作。天演公例,显然应成为人类社会发展中遵循的原则,或者可以说,只有顺乎天演进化进行努力才是真正正确的选择。在评点《老子》第五章"天地之间,其犹橐籥乎"[20]句时,严复指出:

法天者,治之至也[21]。

而法天,换名话说便是"依乎天理"。他在评点《庄子·养生主》中的"依乎天理"时指出:

依乎天理,即欧西科哲学家所谓 We must live according to nature[22]。

而 Nature 之义显然可以译为"自然"。在此基础上,严复也为道家的无为思想注入了新的意蕴。他在评点《庄子·天道》中"夫虚静恬淡寂寞无为者,万物之本也"一句时指出:

无为，只是顺理。然知何者为理而顺之，大有事在[23]。

"无为"作为道家思想的重要概念，自古以来有着各种各样的诠释和评点，不过总体上说来主要是围绕着修身和国事展开，前者强调人们收其放心，无事无欲，致力于自身个体的益寿延年及精神的逍遥自在；后者主要作为一种权术谋略，处理君臣关系及国家政务，其实质多是对于"君权神授"无限性的一种约束。其传统诠释中，大多消解了个体的主体性并将之让渡于对象存在，试图通过对象存在的发展最终实现个体的主体圆满，故而《老子》有言："以辅万物之自然而不敢为"[24]。而王弼解释说，"顺自然而行，不造不始，故物得至而无辙迹也；顺物之性，不别不折，故无瑕谪可得其门也；因物之数，不假形也；因物自然，不设不施，故不用关楗绳约而不可开释也，此五者，皆言不造不施，因物之性，不以形制物也"[25]。王弼对"无为"注解可谓经典，不过这其中所谓"物之性"、"物之数"却是不确定性的因素，具体施行起来必然衍生出各种新问题。对此，学者们又多借用《韩非子·解老》中"理"的概念，即"理者成物之文也"，"夫缘道理以从事者无不能成"。"理"的概念自然有助于人们跳出对物事个体性的依存，以一种客观性的方式来谋求"无为"的可操作性。不过，"万物各异理"则消解了其客观性所带来的可操作性。毕竟不论是"顺物之性"还是"缘道理以成事"，其中对于"物之性"和"理"的认识显然是必要的，而物事个体的差异和异理的存在都最终使得"无为"被各种不得不进行的对物事的认识转变成有为。如果试图将一切物事的差异性和"万物各异理"归属于"道"本身，则所谓"无为"便只能是无所施为，削除一切的人为因素，摒弃人的主体性存在，听任物事的发展，达到混同于自然的境界。这其中的不当性是十分明显的。

当严复说到"无为，只是顺理。知何者为理而顺之，大有事在"时，他对传统道家思想中"无为"的各种诠释应当有着很不错的了解。他认可了"无为，只是顺理"的解释，而对于"理"为何物，他却有着自己的见解。显然，他所认为的"理"便是天演进化。天演进化作为"天理"并不与传统的各种诠释产生矛盾,而且它摒弃了物事个体差异性的影响进而有更多的客观性。同时,进化思想作为"天理",有助于强化个体的主体性,不同于传统解释中通过对象存在的发展最终实现个体的主体圆满,而是直接追求个体的全面发展。同样的情形,严复对传统道家思想中的"安时处顺"观念也注入了新的意蕴,如他在评点《庄子·养生主》中"安时处顺,哀乐不能入也,古者谓是帝之悬解"一句时指出:

安时处顺,是依乎天理注脚[26]。

毫无疑问,严复试图将天演进化作为"天理"渗透到中国传统思想的各个角落,撇清传统道家思想中的消极因素并将之转换成一种积极的力量来推动近代中国的迅速奋发。这种强调主体性并把它提升到进化的高度带有鲜明的西方思想烙印,不过对于清末民初之际激发国人的进取心显然是十分必要的。故而他指出:"任自然者,非无所事事之谓也。道在无扰而持公道"[27]。只要每个人都作出了自己的最大努力,冥冥之中自有"公道"的评判。而且天演进化的最终结果,必然是美好的,"恶将无从而演,善自日臻,此犹庄生去害马以善群"[28]。

第二节　合群进化,皆有自然

严复译作《天演论》以图自强保种之要术,这一点他已经在其《自序》中清楚点出,于译文中也确实多有阐发,借赫胥黎之口,他指出,"诚使继今以往,用其智力,奋其志愿,由于真实之途,行以和同之力,不数千年,虽臻郅治可也"[29]。译文引丁尼孙(Alfred Tennyson,1809-1892)之诗作为结尾,诗有"时乎时乎,吾奋吾力。不竦不戁,丈夫之必"[30],其中所流露出来激励国人普遍奋发、挽救民族危亡的愿望极其强烈。在后来评点道家老庄时,严复鲜明地将这种强烈愿望注入其中,而改变道家老庄长期以来为人所诟厉的无限超然、过度冷静及至消极遁世的态度,而明确指出:"惟强行者为有志,亦惟有志者能强行。"

道家思想长期以来颇有被人指责为消极的层面,不论是其"天人合一"观念,还是"无为而治"观念。前者认为人和天地万物之间存在相通相合之处,甚至可以衍生出现代生态观念,不过总的说来主要是以人的个性去适应大自然的规律;后者固然可以从中提炼出近代的自由思想,不过仍然强调不干涉个体自身的独立发展。适应大自然的规律和尊重个体的独立发展,这本来并没有什么可以指责的因素,不过其中以客体为主的导向则对主观能动性有着明显的消解。因为无论何时,稍为有意的行动都有可能是影响大自然自身的规律和其他个体的发展。这一主张在某种程度上实际上也同时忽视了主体自身的发展规律,实质上主体并不可能脱离大自然或其他个体而单独存在;这一主张同时实际上预设了一个假定的前提,即是大自然之内的万物和各个个体之间似乎是相对独立并相安无事的存在,然而这一预设前提显然是不确切的。每一个物事的发展空间虽然看起来是足够无限的,不过就大全的范围而言,全部物事的发展空间是极其有限的,因而每一物事的发展必然是以牺牲其他物事的发展空间为代价,或者说必定对某一其他物事的发展造成重大影响。就此说来,道家思想对主体能动性的消解,固然能够极大地促进其他客体方面的充足发展,不过却是以牺牲其自身为代价的。很显然,道家思想在这一方面存在着一个天然的缺陷,而这一缺陷也不能通过其思想内部来获得弥补。相对说来,严复所传播的进化论则并不存在这样的缺陷。在其进化论里,"物竞天择、适者生存",其置于核心的并不是大自然本身的规律,或者个体完全的独立发展,而是作为主体的能动性本身,即"物竞"。而且前文之中已经提到严复吸收古人"无为,即是顺理"的观念,并将进化论融入其中,个体追求其自身的全面发展是符合于进化论思想的,这已经为其鼓吹"物竞"奠定了坚实的基础。

严复显然充分意识到了道家思想所可能存在的缺陷,进而有意地将人的主体能动性不断地加以强化。他一方面指出人的主体性追求符合进

化论思想,另一方面又指出人的主体性追求还是人的一种生存本能。如他在评点《庄子·养生主》中"曰天也,非人也"时说:

> 分明是人,乃说是天,言养生之知其不可奈何,而安之若命[31]。

右师的身体缺陷可能确是天生所致的,不过这已经既成事实是无法改变的。但是,右师并没有因此而自哀自弃,仍然生活得好好的。以一种超然的态度对待生活中的种种不幸遭遇,以一种更顽强、更自在的方式生存于世上,在严复看来,这当是人们的一种生存本能,虽然这种生存本能是人们天生就有的,但它仍需要人们的主体努力。随后在评点"泽雉十步一啄,百步一饮,不蕲畜乎樊中"时又说:

> 上既言知其不可奈何而安之若命矣,而不以人贼天,又养生者之所当知,故泽雉不蕲畜乎樊中,继右师天介之后[32]。

草泽里的野雉虽然生存得很艰难,不过它却并不愿意被圈养在樊篱之内,樊篱之内虽然可能生活得很舒适,却不得不以放弃其自由为代价,而追求个体生存的自由发展又是它的一种天生本能。在严复看来,右师阐述了一种生存本能的追求,而泽雉则表达更高的自由追求。很显然,所谓大自然的发展规律是建立在每一个个体的主体能动性充分发挥的可能性之上的,而所有试图置身其外消解其自身的主体能动性的作为都是不符合大自然的发展规律的,因而也就必然不适应大自然的发展变化并最终被大自然淘汰。严复在评点《庄子·养生主》中"眇乎小哉"一句时颇发感慨说:

> 此天演论所谓,吾为弱草,贵能通灵[33]。

严复此处的评点与《庄子》原文显然相差太远,应当是他有所感慨而发。在进化论思想中,弱草可谓相当渺小之物,不过却也是一种生命的存在,而且这种生命的存在又是极其的顽强。即便是弱草这样的渺小存在,也一样不断努力地扩张自己的生存空间,这才是符合进化论思想的。那么作为远远智慧于弱草的人类而言,更应当不断地努力追求其自身的发展。在评点《庄子·应帝王》中的"且鸟高飞以避矰弋之害,鼷鼠深穴乎神

丘之下,以避熏鼗之患,而曾二虫之无如"一段时,严复明确指出:

> 自夫物竞之烈,各求自存以厚生。以鸟鼠之微,尚知高飞深穴,以避矰弋熏凿之患。人类之智,过鸟鼠也远矣[34]!

对于单个个体而言,自然界的资源似乎是无限的,不过对于地球上的全部生命而言,自然界的资源显然是十分有限的,在自然界的发展进化过程中,每一个物种都在为其自身的存在努力竞争,每天都可能涌现出大量新的物种,同时可能也有更多的物种不断地消失灭绝。对于任何物种而言,追求自身的生存是其将来一切发展的基础,鸟兽虫鼠即便再怎样微不足道,它们能够延续至今日,却也与它们不断规避危险谋求生存密切相关。而人类作为智慧生命,他们在规避危险谋求生存方面较之于鸟兽虫鼠草木有着明显的优势,而且对于生存有着更深层次的理解,正因为如此,人类才得以发展至今日成为地球上万物的主宰。人类社会的发展同样如此,古今以来,不知道曾经诞生过多少各种各样的民族、国家和文明,然而较之于现存的民族、国家和文明而言,有许许多多的民族、国家和文明湮灭在历史的尘埃之中。中华文明发展延续至近代,其间同样不知经历过多少内部朝代更迭和外来民族侵扰,却依然屹立于世界民族之林,究其个中原因,自然离不了先辈们长期不懈努力。故而在严复看来,自强保种之事,完全是合乎天演进化论的,他明确指出:"凡人生保身保种,合群进化之事,凡所当为,皆有其自然者,为之阴驱而潜率,其事弥重,其情弥殷"[35]。

不论是将进化纳入"天理"的范畴,还是将"物竞"视为人们的生存本能,严复显然希望国人能够充分接受进化论的影响并由此而奋发图强。故而在评点《老子》第三十三章的"死而不亡者寿"一句时,他感慨说:

> 苟知死而有其不亡者,则夭寿一耳。故曰:"朝闻道,夕死可矣。"甚矣!人不可不识,不可不求此,死而不亡者也[36]。

《老子》第三十三章主要是讲个人修养与自我建立,正是出于对个人主体性的凸显;其个人修养与自我建立尚不在严复的关注中,而对个人主体性的凸显则被严复与近代国人的奋发图强关联起来。而对于"死而不亡"的承认和追求,严复显然意识到了近代中国社会变革的艰巨,其间可能会有宝贵生命的丧失,这是任何剧烈社会变革中都不可避免的现象。事实上,自维新运动以来,包括戊戌六君子在内的许许多多革命先辈们抛头颅、洒热血,为近代中国社会变革作出了重大的牺牲。严复此段文字中显然肯定了这些先辈们的牺牲价值。如果细究起来,就"朝闻道,夕死可矣"而言,这个所要让国人理解的"道",应当说首先便包含进化论思想在其内了。又如前文所指出的,不论是自然界还是人类社会的进化,由于竞争的激烈,其过程都不是温文尔雅的,而是血腥残酷的,想要不作出任何牺牲而取得社会的进步发展是不可能的。严复对"死而不亡者"的强调正是从侧面指出了近代中国社会变革中不可避免会出现流血牺牲,不过以个人的生命来换取整个社会的发展进步,这些牺牲是有价值的;而一切为近代中国社会的发展进步作出了贡献的人都是值得人们尊敬的,那些死去的先烈们在人们心目中是永垂不朽的。在这里,借孔子的"朝闻道,夕死可矣"[37],严复不仅是希望国人接受天演学说,而且希望他们按照天演学说行动起来。

严复特别希望国人能够积极地行动起来,不管将来是否能够取得最后的成功,行动起来是最基本的要求。他借评点《老子》第三十三章中"强行者有志"一句时明确指出:

惟强行者为有志,亦惟有志者能强行。孔曰:"知其不可而为之"。孟曰:"强恕而行"。又曰:"强为善而已矣"。德哲噶尔第曰:"所谓豪杰者,其心目中常有一他人所谓断做不到者"。凡此,皆有志者也。中国之将亡,坐无强行者耳[38]。

不论如何主张个体追求其自身全面发展是符合进化论的表现,也不论如何强调个体努力竞争是其生存本能的体现,如果没有切实地行动起来,任何理论都只能沦为空谈。对于国家的发展而言也是如此。同时,国家的发展需要其成员的大量付出,肯定个体为国家付出的应有价值固然能够在一定程度上激发人们的牺牲精神,却不能等同于真正的行动。只有每一个社会成员真正具有为自己的祖国付出的觉悟并切实地行动起来,这个国家才能真正地强大起来。严复此处特意引用了孔子、孟子、噶尔第等中外哲人的言论,并予以"皆有志者也"的评价,正是指向这些哲人忧国忧民的意识和他们切实的行动。春秋战国时期,周室衰微,诸侯割据争雄,征伐不断,民生困苦,当大乱之时,孔、孟诸人奔走于列国之间,游说君侯,虽然其效果往往不著,虽然也曾羡慕道家的远离世事之外,他们却不辞辛劳,努力争取。转至近代中国,清朝廷腐朽懦弱,西方列强虎视眈眈,民族危机空前加剧,亡国灭种随时可能,许多仁人志士前赴后继投入其间,奋作努力,然而洋务运动不见成功,维新变法横遭夭折,社会变革障碍重重,其情其景较之于春秋战国时颇有相似之处。严复发出"中国之将亡,坐无强行者耳"的感慨,良有其因也。社会变革之中,虽有二三子不辞其劳,然而较之于反对者的绝对势力,可以说是微乎其微,虽鼓噪跟进者颇有,然而或是持观望立场,或是寻求政治投机,其中真正行动者甚少。故而严复强力呼吁:"故居今之日……以同力合志,联一气而御外仇"[39]。

如何推动近代中国的社会变革,近代仁人志士可谓众说纷纭,不过明治维新后日本的迅速崛起显然为国人提供了相当的参考,学习西方在当时业已成为一种风尚,传统文化思想往往被打上顽固保守的烙印,各种西方观念一扫明清以来的重重阻力迅速传播,全盘西化观念不只是盛行于思想领域,在政治上各方势力纷纷引入西方列强以为外援来推动国内局势的发展,而西方势力更是借机将其影响力扩张至中国社会的各个层面。仁人志士们一方面积极主张开民智,一方面直叹民心之不可用。于此之时,作为亲历西方社会并有所钻研的严复而言,其主张显然颇是与众不同。他更倾向于国人依靠自身力量来推动社会变革和国家富强。他虽然被誉为"西学第一人",其西方译著也极大地开阔了国人视野,不过政治上他没有附随国人借引外援的主张,思想上为了消解国人对于西学的过于盲信,极力重新树立传统文化思想的价值和地位。在评点"胜人者有力,

自胜者强,知足者富"一句时,他指出:

有力者外损,强者内益,足而不知,虽富,贫耳[40]。

严复的评点显然与通常的解释有相当的距离,其中颇有感慨之味。他这里强调"足而不知,虽富,贫耳",正是对于当时正处于上升势头的崇洋论之不敢苟同。在严复看来,要推动中国社会变革和国家富强,最好依靠自身力量,事实上我们本身也具备这样的能力,西方思想中所说物事在中国古人那里早已存在,社会变革所需力量中国民众早已拥有。有着如此充足的能力却不知道、不能运用,一味向外找寻,到头来还是一无所获。在当时他自己倡导的西学潮流中严复呼吁人们发掘民族自身的丰富资源显得有些不合时宜,在许多人看来严复似乎背离了他的主张,昔日的"西学第一人"已经逐渐跟不上时代的潮流;而对于那些仍然坚持保守立场的顽固分子来说则严复虽然似乎有些"弃暗投明"的味道,而其西学鼓吹者的身份又难以让人接受。不过,严复的主张却是极其理智的。

第三节 "有渐无顿"与"飘风骤雨"

严复极力试图引导国人去接受社会进化论中的改良成分。在其译作、著述和评论之中,他一方面继续大力鼓吹进化论思想,一方面则极力地主张社会变革的改良主义。他曾于讲演中强调指出:"其演进也,有迟速之异,而无超跃之时。故公例曰:万化有渐而无顿"[41]。即是以"有渐无顿"作为社会进化之公例并为其改良主义提供依据。社会变革取得成效的关键,在严复看来,在于国民素质的提高。而国民性提升显然非一日之功,恰恰需要通过较长的时期逐渐培养才能达成,正如他所指出:"民之可化,至于无穷,惟不可期之以骤"[42]。而清末民初之际,"今夫民智已下矣,民德已衰矣,民力已困矣",那么要想推动社会变革的展开,惟有"相其宜,动其机,培其本根,卫其成长,使其效期不期而自至"[43]。

显然,强调社会变革的渐进性,是当时严复在极力鼓吹社会变革的迫切性之外的重要主张。况且,他的这一主张,不但可以有西方进化论提供明证,而且可以在中国传统思想,尤其是道家老庄学说中找到充分的呼应。在其《〈老子〉评语》、《〈庄子〉评语》中,严复有意地将"万化有渐无顿"与道家自然无为之说关联在一起。在评点《老子》第十五章中"孰能浊以静之徐清? 孰能安以久动之徐生?"二句时,他指出:

> 浊以静之徐清,安以久动之徐生。天演真相万化之成由此[44]。

《老子》之意本是通过对现象的设问来引出并凸显修道之人的静定功夫,而严复的评点则直接剥除掉其中的设问成分,使之成为纯粹的现象存在,完全与修道证行无关。不必去讨论严复是否在曲解《老子》,其评点自始至终都有着鲜明的目的,同社会现实紧密相连,像这样的评点在文字之间屡有体现。严复认为渐进发展才是进化论真正的精髓,此处已经把他的政治主张体现得淋漓尽致。一方面,严复对于清末年的社会现状有着强烈的不满,迫切希望推动中国社会的全面变革;另一方面对于社会变革的进程,严复始终存有一种严重的不安情绪,他对"飘风骤雨"似的革命运动效果相当的不信任,这或许与他对于西方国家资产阶级革命过程中的不断反复有较多了解密切相关,或许也与他对中国历代暴力革命后所带来的惨烈现状有所了解密切相关,尤其是近代中国经历过太平天国运动前后农民战争的破坏力和清朝廷的反攻倒算,维新变法的激进措施和全面挫败等。严复可以从历史和现实中找到尽可能多的实例来论证革命的破坏力及其成效的可疑性。

在评点《老子》第二十三章中"希言自然。故飘风不终朝,骤雨不终日"句时,他说:

> 万化无往而不复。飘风骤雨,往之盛且疾也。故其复也,亦神而速[45]。

很难说严复"万化无往而不复"的观点是来自于他自身的人生感悟,还是直接来源于进化论主张。他认为进化中前进和倒退是相互关联的,任何前进的步伐都会有所倒退。当然他评点的重心显然并不在于只是说明进化与倒退的关系,他承认"飘风骤雨"可能会在其时对社会带来迅速而巨大的变化,但其本身是不可能长久的。一场飘风骤雨过后,社会变革所带来的效果可能会迅速荡然无存。严复正是试图借此着重指出越是激进的措施所可能造成的社会反复越是严重。以自然现象来讽喻社会革命的效果,或许有些不当,不过严复却以其敏锐的眼光发现了古今中外社会革命过程中的共性。

他一直对暴力革命表达着他特别强烈的怀疑态度。不过,在评点《老子》第三十章中"物壮则老,是谓不道,不道早已"一句时,他指出:

> 不道之师,如族庖之刀,不折则缺,未有不早已者也。中国古之以兵强者,蚩尤尚已。秦有白起,楚有项羽,欧洲有亚力山大,有韩尼伯,有拿破仑,最精用兵者。然有不早已者乎?曰好还,曰早已。老子之言,固不信耶!至有始有卒者,皆有果勿强而不得已者也。今中国方欲起其民以尚武之精神矣。虽然,所望他日有果而已,勿以取强也[46]。

通过暴力革命来推动社会变革,必然会引发国内战争,而战争很可能不但不能推动社会变革有效地展开,还可能由此引发无尽的社会灾难,其后果是难以估量的。战争之中可能涌现大量的军阀强人,严复列举了中外历史上诸如蚩尤、白起、项羽、亚力山大、韩尼伯(汉尼拨)、拿破仑等,他们所到之处都对当地旧势力进行了摧枯拉朽的打击,在军事上取得了极高的盛名。这些人物显然都是武人出身,他们所采取的手段也都是无庸置疑的暴力甚至战争手段,严复许以"最精用兵者",他们不但自己在后世享有很高的名声,而且他们事业的影响极其深远。在此处,严复甚至对于老子的"不道早已"进行了置疑,不过,他很快指出,这些人物之所以能够"有始有卒","皆有果勿强而不得已者也"。由此可知,相较于暴力甚至战争手段,严复更看重有"果"。这所谓的"果",当然不是一般事件的结果,而当是顺应历史潮流的社会发展趋势。因此,暴力也好,改良也好,都不过是达成社会发展趋势的手段、途径而已,换句话说,只要能够达成最终的社会发展趋势,如果改良途径不可能,则纵使让人不喜的可能产生巨大破坏力的暴力甚至战争手段,也是可以接受的。当然,在不到万不得已的情形下,如果有可能通过非暴力手段、途径也能够达成最终的社会发展趋势,则尽可能不必使用暴力革命甚至战争手段,毕竟与非暴力手段、途径相比,暴力手段所带来的破坏实在是过于巨大了。

鸦片战争后,国人意识到西方的船坚炮利,洋务运动得以蓬勃展开,然而最终国人等到的却是甲午战争中中国的惨败。其后国人意识到西方社会制度方面的优越性,西学以前所未有的方式在中国得到传播,迫切的社会改革愿望在全国上下蔓延,不论是康、梁所领导的维新变法,还是孙、黄等革命党人的排满革命,都企图一举旧貌换新颜,通过依靠或颠覆一个腐朽堕落的清朝廷来解决一切可能的问题。而康、梁所领导的维新变法已经失败,清末新政亦不过一场闹剧而已,清朝廷丧失了其领导中国社会变革的最后机会,康、梁的继续坚持最终也为历史进程所抛弃。暴力革命情绪甚嚣尘上,严复的"中国方欲起其民以尚武之精神"或许正是对此所发。严复当然希望中国社会变革能够最终实现,中华民族最终能够崛起,不过在改良道路已经无法走通的情形下,又不愿国家陷入战争的沼泽,这时的严复显然有些无所适从,只能够在群情激涌的革命浪潮中发出自己微弱的声音,"所望他日有果而已,勿以取强也"。试图将国人对社会变革的关注从其途径转移到其结果、成效上,严复的声音是无力的,而只能湮没在当时的革命浪潮之中。

暴力革命似已不可避免,严复不得不面对这一可能的趋势,或者说,在意识到无法扭转人们对于暴力革命一举改变中国社会的期望之后,严复转而规劝国人慎重对待暴力战争之事。在评点《老子》期间,俄日战争爆发,而俄国最终失败,于《〈老子〉评语》中,他少有地对此战事作了评论。在评点《老子》第三十章"果而勿矜,果而勿伐,果而勿骄,果而不得已,果而勿强"句时,严复指出:

夫不得已,岂独用兵然哉?凡事至不得已而后起而应之,则不中理亦寡矣。俄日之战,俄之所以败者,以取强也;日之所以胜者,不得已也。顾不得已前,尚有无数事在,非不知雄而守雌者所可藉口也[47]。

此段文字之中,严复使用了数个"不得已"来表达他对于暴力革命"不得已"的慎重情绪。或许这也是他对于现实局势的不断恶化所不得不接受暴力革命的体现。他援引俄日战争的事例,以揭示俄国对外武力扩张中失败的必然性[48],并试图突出日本在这场战争中的"不得已"。不必讨论严复对于日俄两个侵略者在中国土地上发动战争的评价是否恰当。严复的评点,其时是他对自己所极端反对的却不可回避、且即将到来的暴力革命所作的再一次规劝,其对暴力革命的慎重态度可见一斑。或许他也意识到,这些"不得已"之事,自其实质上而言,是符合天演进化论的。不过,他仍然坚持在没有达到那"不得已"的程度之前,国人应该存有更多的慎重考虑。显然,严复还在犹豫之中,除非"不得已",他希望国人不要轻易发动暴力革命。

与当时大多数国人相比,虽然严复已经暂时接受了暴力革命的到来,他这样的主张仍然是不合时宜的。或许在后世之人看来,严复对于中国近代社会变革始终保持着清醒的头脑,在那种群情激愤的情形下难以有所作为。如果真的做出这样的判断,其实对于当时国人是不公平的。严复虽曾涉及官场,不过他的政治生涯可以说是失败的,总体上看来,严复始终只是一个文弱书生,这一点在他放弃仕途进取专心于译述和教育事业之后更为明显,他没有能够真正把握政治斗争中的残酷性。中国近代社会变革不是一场温文尔雅的政治转型,其中的政治残酷性可能远远超出人们的估量。即便是那场由康、梁所领导的维新运动,他们试图依靠朝廷尽可能自上而下以一种平和的方式展开,最终被卷入帝后两党之争而只能以鲜血的牺牲来宣告失败。孙、黄等革命党人企图颠覆清朝廷的暴力革命,可想而知,他们所可能面对的敌人和所可能遭受的待遇,这样的暴力革命即使在西方国家里也是一种你死我活的残酷斗争。严复同样或许没有意识到,自鸦片战争以来,清政府面对西方列强的频频侵扰时,从妄自尊大到委曲求全的表现,给国人所带来的种种屈辱,以及民众强烈盼望的社会变革遭到清政府的重重阻碍和残酷打压,民间不满情绪的日积月累已经逐渐步入爆发的临界状态,这都绝不是通过心平气和的说理可能解决的。严复应当知道长期的量变积累最终必然会导致质变的发生,当这一切到来时,任何阻止的尝试都是无力的。暴力革命完全是可能的,严复所希望的恐怕是,当国人在推动暴力革命的到来时尽可能地保持足够的头脑清醒,从而减少暴力革命可能对社会造成的破坏。改良已经失败,而革命即将到来,一场社会变革终将以一种不可预料的方式展开。他在评点时说:

> 不云胜而云果。有道之师,胜乃有果。不道者,无果也[49]。

这显然也是他在"不得已"的情形下所能够保有的最后希望了。不再考虑社会变革的途径,不管是改良还是革命,重要的是效果。而将效果同社会变革的成功关联起来,其中蕴涵了严复对中国前途的焦虑。不必去深究他所意指的"有道"和"无道"的具体内涵,一切且看社会变革的最终结果。如果暴力革命能够实现中国社会变革的成功,则暴力革命是值得肯定的;如果借助外来势力能够最终推动中国社会的变革,则借助外来势力的做法也是值得肯定的;如果渐进改良能够达成国人的希望,则渐进改良也是值得肯定的,遗憾的是虽仍有许多人坚持改良的主张,在当时的情形下改良却已经不再可能。那些政治上保守顽固的人反对暴力革命,一方面或许是想继续保有他们的既得利益,一方面或许出于其所谓高贵的身份对下层民众有着一种发自内心深处的蔑视。与这些人相比,不得志的严复很难确定他的既得利益,或许接受高等教育的他同样有着某种优越的心理,但他对暴力革命的犹豫却更主要是出于对暴力革命所可能带来的巨大社会灾难,以及对西方列强虎视眈眈之下中国渺茫前途的忧心。他在评点《庄子》时曾流露出自己的一番良苦用心,他说:

> 此段之旨,非著其不能游也,乃恶其尊古卑今,而遂至于覆坠而不反,火驰而不顾也。夫演门由光之所为,固不必非,而慕效者,遂至流遁而决

绝。故老莱子曰，反而无伤，动非无邪。而立教者，往往不忍一世之伤，而骛万世之患也[50]。

不忍一世之伤，而骛万世之患，这可以说是严复对于社会变革途径的慎重选择中所深藏的忧民心态。其后数十年，国家实现民族独立，且逐渐趋于富强，暴力战事自不会再有，而社会中各种不如意之事则仍有，居国上下，颇有人众，轻言改革，其个中诸般措施，多有一举而弥万端之革命意图，而百年前之严复良言，犹在耳旁。慎哉！有果而已，勿以取强！

注　释

[1]《严复集》(5)《天演论·导言十五·最旨》，第 1352 页。

[2]《严复集》(5)《天演论·导言二·广义》，第 1328 页。

[3]《严复集》(5)《天演论·导言一·察变》，第 1325 页。

[4]《严复集》(5)《大演论·导言五·互争》，第 1334 页。

[5]《〈严复集〉补编·进化天演》，第 134 页。

[6]《饮冰室合集·文集·南海康先生传》。

[7]《严复集》(4)《〈老子〉评语》，第 1084 页。

[8]《严复集》(4)《〈庄子〉评语》，第 1136 页。

[9]《亚里士多德全集》(7)《形而上学》，第 116 页，苗力田译，中国人民大学出版社 1993 年版。

[10]《严复集》(4)《〈庄子〉评语》，第 1078 页。

[11]《严复集》(4)《〈庄子〉评语》，第 1130 页。

[12]《严复集》(4)《〈庄子〉评语》，第 1106 页。严复此处使用的《庄子》版本可能与流行本有别。

[13]《严复集》(4)《〈老子〉评语》，第 1077 页。

[14]《严复集》(4)《〈老子〉评语》，第 1077 页。

[15]《诸子集成》(3)《老子注》,第 12 页。

[16]《严复集》(5)《〈天演论·论五·天刑〉案语》,第 1370 页。

[17]《严复集》(5)《〈天演论·论十五·演恶〉案语》,第 1392 页。

[18]《严复集》(5)《〈天演论·导方二·广义〉案语》,第 1327 页。

[19]《严复集》(5)《〈天演论·论十五·演恶〉案语》,第 1392 页。

[20]《老子》第 5 章。

[21]《严复集》(4)《〈老子〉评语》,第 1077 页。

[22]《严复集》(4)《〈庄子〉评语》,第 1108 页。

[23]《严复集》(4)《〈庄子〉评语》,第 1128 页。

[24]《老子》第 64 章。

[25]《老子》第 27 章王弼注。

[26]《严复集》(4)《〈庄子〉评语》,第 1109 页。

[27]《严复集》(5)《〈天演论·论十五·演恶〉案语》,第 1393 页。

[28]《严复集》(5)《〈天演论·论十五·演恶〉案语》,第 1393 页。"庄生
去害马以善群",典出自《庄子·徐无鬼》,黄帝迷途,遇牧马小童,得
其指点迷津后将话题转向"为天下",牧马小童答以"夫为天下者,亦
奚以异乎牧马哉! 亦去其害马者而已矣"!

[29]《严复集》(5)《天演论·论十七·进化》,第 1397 页。

[30]《严复集》(5)《天演论·论十七·进化》,第 1398 页。

[31]《严复集》(4)《〈庄子〉评语》,第 1108 页。

[32]《严复集》(4)《〈庄子〉评语》,第 1109 页。

[33]《严复集》(4)《〈庄子〉评语》,第 1116 页。

[34]《严复集》(4)《〈庄子〉评语》,第 1118 页。

[35]《严复集》(5)《〈天演论·论十七·进化〉按语》,第 1335 页。

[36]《严复集》(4)《〈庄子〉评语》,第 1090 页。

[37]《论语·里仁》。

[38]《严复集》(4)《〈庄子〉评语》,第 1089 页。

[39]《严复集》(4)《原强(修订稿)》,第 31 页。

[40]《严复集》(4)《〈庄子〉评语》,第 1089 页。

[41]《严复集》(5)《政治讲义》,第 1265 页。

[42]《严复集》(1)《原强》,第 25 页。

[43]《严复集》(1)《原强》,第 13 页。

[44]《严复集》(4)《〈庄子〉评语》,第 1081 页。

[45]《严复集》(4)《〈庄子〉评语》,第 1084 页。

[46]《严复集》(4)《〈庄子〉评语》,第 1088 页。

[47]《严复集》(4)《〈老子〉评语》,第 1088 页。

[48] 严复在评点《老子》第四十六章"祸莫大于不知足,咎莫大于欲得"句时再次评论俄国战败之原因,有:"俄之所以见败于日本者,坐不知足而欲得耳。"见《严复集》(4)《〈老子〉评语》,第 1088 页。

[49]《严复集》(4)《〈老子〉评语》,第 1088 页。

[50]《严复集》(4)《〈庄子〉评语》,第 1145 页。

第五章　"无为而治"与民主政治

　　严复的民主观念大体上来自孟德斯鸠,或者可以说《法意》的翻译对严复于民主观念之理解有极大的启发意义。[1]孟德斯鸠以历史的、经验的方式来揭示法的形质和精神,而社会契约则是其思想理论的前提。较之于霍布斯、洛克等,卢梭的关于社会契约的表述最为精粹鲜明[2]。18世纪的英国可以说是欧洲最自由、最宽容的国家,这一点备受法国启蒙思想家们的热烈推崇,孟德斯鸠便是一个典型的崇英派,自由主义成为孟德斯鸠思想背后的支撑是必然的[3]。这便与严复自斯宾塞所接受的自由主义汇合一处。因此,对民主观念予以自由主义的诠释,这在严复便极其自然了。此外,中国古代思想中缺乏近代意义上的"民主",严复要将民主观念通过中国思想诠释和表达出来,的确需要费一番工夫,大体上说来,道家"无为而治"是不错的选择,毕竟在黄老"无为而治"下,普通民众能够享有更多的自由[4]。

第一节　"黄老为民主治道"

　　《老子》第三章有:"不尚贤,使民不争;不贵难得之货,使民不为盗;不见可欲,使民心不乱。是以圣人之治,虚其心,实其腹,弱其志,强其骨。常使民无知无欲。使夫智者不敢为也。为无为,则无不治。"这是道家思想中对其无为政治主张极其鲜明的表述。严复在总评此章时指出:

　　试读布鲁奇《英雄传》中《来刻克谷士》一首,考其所以治斯巴达者,则知其作用与老子同符。此不佞所以云,黄老为民主治道也[5]。

布鲁奇即是普鲁塔克(Plutarch,约46—125),是生活于罗马时代的希腊作家,其作品主要收入《道德论集》(Ethica,亦作 Moralia)和《传记集》(Parallel Lives)。《英雄传》即其《传记集》,中译本为《希腊罗马名人传》[6]。而《来刻克谷士》即《吕库古传》(Lycurgus),是《希腊罗马名人传》中的一篇,作者在叙述斯巴达的立法者吕库古生平事迹的过程中,记载了大量有关斯巴达政治、经济、文化教育方面的材料,是研究希腊历史、尤其是斯巴达历史不可不读的重要历史文献,历来为后世史学家——包括哲学史家和教育史家所重视。姑且不说吕库克这个人是否存在本身聚讼纷纭,普鲁塔克在其传记中对当时的斯巴达社会极力美化,把它描绘成了一个人类在道德上极其高尚和纯洁的黄金时代。虽然可能与后世学者们通过大量研究所获得的斯巴达社会印象相距甚远,但普鲁塔克的美化仍然对后来西方世界的诸多政治观念发挥过重大影响。而严复显然延续了这一影响,这种具有浓厚原始部落色彩的斯巴达社会在他看来同道家所描绘的理想社会颇有共性,那么在此基础上他得出"黄老即民主治道"的主张显然是十分正常的。

不过,虽然指出"黄老即民主治道",其具体的会通却并不容易。在评点《老子》第四十六章"天下有道,却走马以粪;天下无道,戎马生于郊"一句时,严复指出:

纯是民主主义。读法儒孟德斯鸠《法意》一书,有以征吾言之不妄也[7]。

如果纯粹参照现代民主观念,则严复此处"纯是民主主义"的评点就似乎显得十分突兀;不过,如果结合严复本身对民主的理解,以及孟德斯鸠所处的启蒙运动时代,则是理所当然。孟德斯鸠所处的启蒙运动时代,正是西方资本主义迅速兴起之时,生产力迅速提升,新航路开辟,资产阶级力量迅速崛起,为突破天主教会和封建割据对资本主义发展所带来的阻碍,启蒙思想家们集中力量批评专制主义、教权主义,号召消灭专制王权和阶级制度,追求政治民主、权利平等和个人自由。启蒙运动为资产阶级革命进行了思想上的论证和动员,并为资本主义社会各方面的制度建设奠定了相当的基础。就现代启蒙运动的影响而言,人们更多地关注它对于后来资本主义社会各方面的构想,而不是其当初猛烈地反对教权主义和专制主义、号召政教分离和消灭专制王权等革命内容。对于近代中国而言,本土资本主义萌芽的继续发展以及外来资本主义列强的强力刺激都促成了中国近代资本主义的迅速成长,而传统封建意识中对商业活动的轻蔑鄙视和重重阻碍,清政府的腐朽懦弱无法提供基本的保护,一系列丧权辱国条约不但在精神上伤害了国人的情感,而且在经济上阻碍了民族资本主义的成长,民族独立和国家富强是当时先知们关注的焦点,其时最需要的还不是关于资本主义社会制度的构想,而是如何突破封建主义的束缚和实现民族独立。严复显然已经敏锐地注意到了这一点,他突出地强调了启蒙运动中的自由主义主张,而这正是近代中国试图摆脱封建专制主义束缚,推动社会变革所急需的。

严复将"走马以粪"之"有道"诠释为西方之民主主义,并说孟德斯鸠的《法意》可以提供佐证。这不仅仅是诠释意义上的以西释中,而直接是一种西方民主观念的宣扬,就其更进一步而言,则是对于晚清以来备受西方列强侵扰的清政府统治的强烈不满。国家政府之建立,按照西方启蒙思想家们的社会契约说,"求善民生而立者也,……惟以最合其民情,最宜其民德者为归"[8]。严复诠释的重心并不在所谓"有道"、"无道",而在其二者之呈现。"走马以粪"及"戎马生于郊"可以说是普通民众两种不同生存状态的体现,所谓"走马以粪"自是体现其国家政府对民众生存自由的保障,而所谓"戎马生于郊"则是其国家政府失其建立之本,而民众不堪烦扰的体现。不同于西方民主观念中"民主即民治"[9]侧重于强调民众所拥有的政治权利,严复所会通的民主则关注下层民众的生存状态,侧重于尽可能削弱上层统治者和政府对于民事的烦扰,实质上也就与其自由思想相一致了。二者之所以侧重点不同,可能在于西方资本主义已经普遍战胜封建专制主义,而中国尚处于清封建专制统治之下,推动社会变革促使资本主义从封建专制的桎梏中解放出来是为当务之急。

以上侧重于通过民众的生存状态来会通西方民主观念,严复在他处则明确指出反对上层统治者烦扰民事,来表达他的民主政治观。在严复看来,黄老无为政治能够与西方民主政治相对应之处,大抵上应该可以概括为"无事安民"。在评点《老子》第五十七章"以正治国,以奇用兵,以无事取天下"一句时,严复指出:

取天下者,民主之政也[10]。

在评点《老子》第八十一章"圣人不积,既以为人己愈有,既以与人己愈多。天之道,利而不害。圣人之道,为而不争"数句时,严复再次明确指出:

取天下者,民主之政也[11]。

如果说上面两条仅是断语,缺乏足够力量的话,那么在评点《老子》第四十八章"取天下常以无事,及其有事,不足以取天下"一句时,严复则作了较清楚的说明:

虽有开创之君,栉风沐雨,百战苦辛,若汉高、唐太之开国,顾审其得国之由,常以其无事者,非以其有事者也。若无秦、隋之君,所以既得而得复失者,正欠此所谓无事者耳。诚哉!有事不足以取天下也[12]。

汉、唐之建国,其创立之君主如汉高祖、唐太宗,经历栉风沐雨,百战苦辛,分明"有事",而严复仍然评其得国之原因为"无事",并与秦、隋之失国相观照,显然他所谓"有事"并不是指向夺取政权过程中征战天下的军事行为,而是直指其与民众之间的关系。所谓"无事",其实主要便是指尽可能减少政权更迭对民众的烦扰。譬如刘邦入关之后,废秦苛法,并约法三章,"杀人者死,伤人及盗抵罪"。而唐政权入关之初,亦开仓济民,废隋苛法,并"与民约法十二章"。虽然其后战乱仍在继续,但是此类举动显然增加了民众对于新政权的信心和支持。建国之后,汉、唐政权为了促使国家迅速从战争的破坏境况中复苏,都推行了休养生息的政策,尽可能地将政权更迭带来的影响控制在有限的范围之内,让民众能够得到相对自由的发展。严复将汉、唐这类安定民众减少烦扰的做法同西方的民主政治观念相关联,是有其相当的深意的。一方面,近代中国正处于社会变革的前夜,戊戌变法的失败似乎预示着自上而下的变革机会已经错过,而排满运动的热烈则似乎预示着一场浩大的暴力革命即将展开,如何尽可能地减少国家权力更迭的破坏是当时大多数先知殚精竭虑想要解决的问题。而中国资产阶级的先天不足又使得他们单纯依靠自身力量很难获得成功,外国势力或许可提供有力的援助却必须以相当的利益牺牲作为代价,从而始终无法让人放心。这样的处境下,发动下层民众势成必然。不过下层民众的发动又意味着暴力革命可能向着不可控制的方向蔓延,同时下层民众的发动也存在诸多问题。传统知识分子对于民众的偏见并不由此剔除,寄望于下层民众的发动同时却又对之存有相当的不信任,这显然无助于问题的解决。武昌首义之后全国的局势转变充分体现了革命党人试图实现政权平稳更迭、社会迅速安定的初衷,这可以说是近代中国知识分子们的共性。

将"无事安民"作为民主政治的特色显然主要是针对处于上位统治者而言的,严复对上位者的诸多要求实际上就为下层民众的自由全面发展提供了宽广的空间,也就使其民主政治观念的根基落实到了下层民众身上。在评点《老子》第三十九章"故贵以贱为本,高以下为基"一句时,他强调指出:

以贱为本,以下为基,亦民主之说[13]。

正是由于将民主政治观念的根基落实到下层民众身上,这就使得他对于黄老之学的应用也有了与以往不同的见解。在传统思想中,黄老"无为而治"的指向可以说都是君主侯王的统治,不论是从养生观念方面来追求君主侯王的长生久视,还是从治国观念方面来追求国家政权的长治久安,其思想的核心是围绕着君主侯王展开的,至于下层民众固然也从中获得了不错的利益,但这显然不是黄老"无为而治"的主体方面。

重视下层民众的利益并不只是黄老之学所独有的,中国传统思想中有一个长期的民本思想延续。早在《尚书》中便有"安民则惠,黎民怀之"[14]说法,春秋战国时期诸子百家多曾提出重视民众,如孟子有"民为贵,社稷次之,君为轻"[15],荀子更有"君者,舟也;庶人者,水也。水则载舟,水则覆舟"[16]和"天之生民,非为君也;天之立君,以为民也"[17]。其后历朝历代对此思想多有扬弃,进而形成一个民本思想传统。不过,中国传统民本主义并不同于西方近代民主政治观念,这是必然的。考察中国民本思想主张,多是以君、民相观照的方式提出的,或是直接以君对民,或是将君主作为隐含的主题,过去学者们认为中国传统民本思想的核心仍然是从维护统治者的利益出发的,这样的论定无疑是正确的。当然其中并不否认一些激进的思想家确实将民众利益提到了很高的地位,不过却往往是对现实封建社会中黑暗统治的痛恨及对民间疾苦的同情双方面刺激的结果。在中国传统思想中,下层民众始终未能摆脱其在传统士人眼中愚昧无知的印象,这一印象甚至在近代中国也没有多少改变。民众力量在传统思想家意识中往往只是与君主专制进行抗衡的工具,换句话说,强调民众力量其实是对君主专制的一种警告。传统思想家们都意识到了民众力量的威慑力,这一点就他们自己而言都可能感到害怕,他们的重视民众,其中可能就包含着对于民众力量的恐惧。此外,在资本主义萌芽兴起以前,社会经济对于农业的依赖性非常强,尤其在更早时期生产力十分低下,小农经济的好坏对于上层统治者的一切享乐都有着鲜明的影响,稍微不测都可能导致政权的更迭。而春秋战国时期,诸侯割据争雄,战乱频仍,这对于原本就十分脆弱的小农经济而言更是雪上加霜。君主要确保其国家政权的维持并在诸侯战争中获得胜利,就必须重视小农经济的发展,进而确保附属于土地之上的农民能够维持正常的生存;换句话说,只有农民的生存得到保证,才能实现君主统治的稳定并支持其诸侯战争的展开。其后虽然生产力不断发展,不过整个封建时代的中央王朝对于小农经济的依赖这一点并没有多少改观,其"重农抑商"政策的施行也是害怕商业活动的展开可能会伤害脆弱的小农经济基础。可以说,传统的民本思想大抵都与小农经济的脆弱性有关。

而西方社会自其历史发展的初期便不可能完全依赖于小农经济的发展,商业活动在西方历史进程中一直发挥着重要的作用,商业活动的展开所带来的民众流动性和商业活动中双方利益的平等交换自然消解了上层统治者的控制力,与中国社会的发展不同,从城邦时代到贵族自治时期,西方国家向来都很难形成真正有实效的中央集权政府,正是商业活动的发展要求打破林林总总的封建割据和天主教会的束缚,使得西方直到近代才出现加强中央权力的迫切需求,也正是在新兴资产阶级的帮助下许多君主才建立起开明专制政府。即使如此,长期相对自治的市民阶层也没有放弃为他们自己获取更多的权利,其民主政治观念为新兴资产阶级服务的宗旨始终未曾改变。严复显然受到了这一西方传统的影响,故而其民主政治观念的指向下层民众是必然的,而这时的严复以其民主政治观念对传统的黄老"无为而治"进行了改造,他将黄老"无为而治"的指向从君主侯王转移到了下层民众身上。而这一转移之后,他显然意识到在传统的君主专制国家里是不可能真正做到以下层民众利益为根基的,那么这种以下层民众利益为根基的黄老"无为而治"则显然不适合于传统的君主专制国家。故而在评点《老子》第十章"明白四达,能无为乎?生之畜之,生而不有,为而不恃,长而不宰,是谓玄德"数句时,他指出:

夫黄老之道,民主之国所用也,故能长而不宰,无为而无不为;君主之国,未有能用黄老者也。汉之黄老,貌袭而取之耳。君主之利器,其惟儒术乎!而申韩有救败之用[18]。

民主是为确保民众的自由权利而主张的,黄老之道的"无事安民"无疑也对确保民众的利益相当重要。通过民众的自由权利,在西方民主政治观念与黄老无为政治之间建立关联也就十分合理了。从这样的民主立场出发,强调君主利益的封建社会自然不可能推行真正的黄老之道了,而西汉初期为恢复小农经济所推行的休养生息政策自然也不是真正的黄老之道。严复借此指出儒家正是为维护封建君主政权服务的，申韩之术也不外于此。

沿袭了道家"无为而治"思想，严复对近现代西方政府的中央集权政策提出了自己的见解。在总评《老子》第十一章[19]时，他指出：

近人颇尚中央集权之政策，读《老子》知惟以"虚"受物，以"无"为用者，乃能中央集权也[20]。

与其他学者强调中央集权的功用相比，严复则强调中央集权以"虚"、"无"为用。其目的与其民主思想一脉相承，一切以民众之自由权利为依归，中央集权应当为民众利益服务，而不是为维护其上层统治者而设立的。只要中央集权能够实现其为普通民众服务的宗旨，那么这样的中央集权的性质在严复看来就无关紧要了。可以是共和制度，可以是君主立宪，可以是开明专制，甚至可以是帝国制度，以上这些，都曾经在西方资本主义社会发展过程中出现过，但都只是资产阶级维护其自身利益的工具，一旦它们失去其所应有的作用则很快被新的制度所取代。在严复的观念中，民众的自由权利才是最根本的，至于政体的选择可以依据不同的情况具体探讨，不必特别强调只有共和制度才是民主的。正因为把目光放在追求民众的自由权利上面，就使得严复把推动中国社会变革的力量曾经寄望于清政府和袁世凯北洋政府，而对于鼓吹共和的革命党人在同情之余存有更多顾虑。政党政治可以说是共和制度下的一个特色，对此严复显然有着自己的不同看法。在评点《老子》第五十六章"服文采，带利剑，厌饮食，财货有余，是谓盗夸，非道也哉"句时，严复指出：

今之所谓文明，自老子观之，其不为盗夸者，亦少矣。此社会党、虚无党之所以日众也[21]。

严复对政党政治的评价显然不高，政党政治在西方思想界也长期颇有争论。严复对政党政治的评价很显然与他对西方思想和社会现状的了解有关，其中也有着对于中国自身政治传统缺乏基本的信心有关。他认同斯宾塞的观点，"政党者不过拓大之私利，既为私利，则其非大中至正之物可知；非大中至正之物，则不容于尧舜之世，解散禁绝，亦固其所"。他亦认同，"政党乃民权政府不可逭之恶果"。严复试图阐明西方政治由多党制向两党制过渡的原因。多党制的出现在于权利繁殊，宗旨不同，主张不合，遂至党派林立；而政党之繁，至其久之，则政治趣味、国家思想，坐以全失。大抵说来，促成政党联合而终成两党制，实与政治选举有关，小党不足以谋胜算、申其主张，而大党之势，恒足以吸引民众之多数，影响国家政治之走向，这当是其中最为有力的原因。而两党之立，就国利民福而言，其推行也未必尽利而无害。政党政治的发展，使其民众但知有党，而国家利益则往往沦为政党利益的牺牲品。西方政党政治即是如此。就中国说来，"中国政界之有党人旧矣"，中国古代党争以朋党为最著，而"党风之烈，彼必以一党之衰盛为前提，而所谓国之利害，民之休戚，理之是非，皆为后义；且不平既起，而争心应之，则报复相寻，而国乃大病"。及至民国初年，"政党若不可无，于是有同盟，有国民，有共和，有统一，两年之间，名称屡易，组织纷然。……其中知政党之为何物，能结合团体以催促政治之进步，不过居最少之数，而攀缘依附取利己私，盖十八九也"[22]。种种现象，充分印证了严复所作的"盗夸"评论。不过，政党政治的流行，显然是他只能预料却无法控制的了。

第二节 "小国寡民"与"民主之真相"

道家思想中关于理想社会的构设虽然名称各异，如"小国寡民"、"至德之世"、"建德之世"等等，不过其中的内涵却往往相近。在严复看来，这些虽然都不符合民主的物质文明条件，不过，其中却蕴涵着"民主之真相"。严复曾数次提及和评点《老子》第八十章"虽有舟舆，无所乘之；虽有甲兵，无有陈之；使人复结绳而用之。甘其食，美其服，安其居，乐其俗。邻国相望，鸡犬之声相闻，民至老死不相往来"数句。其一指出：

此古小国民主之治也,而非所论于今矣[23]。

其二指出:

盖太古君不甚尊,民不甚贱,事与民主本为近也。此所以下篇八十章,有小国寡民之说。夫甘食美服,安居乐俗,邻国相望,鸡犬相闻,民至老死不相往来。如是之世,正孟德斯鸠《法意》篇中所指为民主之真相也。世有善读二书者,必将以我为知言矣。呜呼!老子者,民主之治之所用也[24]。

许多学者在评论道家思想时往往批评他们崇古而贱今,以此认为他们主张历史倒退论。这样的主张在进化论流行于中国之后更为突出。冯友兰在其"境界说"中谈到"自然境界"时以《庄子·马蹄》篇中的"至德之世"为例,认为"过原始生活底人,其境界是自然境界"[25],而庄子所谓自然境界中的人可以有"恬愉之乐",是"比自然境界较高底境界底人所想象底,在自然境界中底人的乐。其实在自然境界中底人,并不知有此种乐。既不知有此种乐,他亦不能享受此种乐"[26]。冯友兰批评道家常误将自然境界与天地境界相混,其观点中蕴含了进化论的成分。不过也有学者从另一角度谈到了《老子》"小国寡民"价值,认为"在老子那里,他的本意并非要求人们真的回复到结绳而治的原始时代,……老子真实的意图是悬设一个理想,以之作为标准,凸显现实社会和现实人生的种种病态和不足,并促使人们在享受文明带来的好处的同时,认真地反省由文明和智巧所引发的种种浮躁或弊端"[27]。这一诠释中也显然蕴含了进化论的成分,不过其理解可能更近于《老子》。严复作为近代中国进化论思想传播的先驱,断定《老子》所谓"小国寡民"社会符合于"民主之真相"。乍一看来,甚是令人惊讶。与他同时代的梁启超在评论《老子》的"小国寡民"时指出:

老子曰至治之极,邻国相望,鸡狗之声相闻,民各甘其食,美其服,安其俗,乐其业,至老死不相往来,必用此务,辄挽近世涂民耳目,则几无行矣。启超谨案:老子所言上古之俗也,中国旧论每崇古而贱今,西人则不然,以谓上古则愈野蛮,愈挽近则愈文明,此实孔子三世之大义也。(三世之例由据乱而升平而太平义,主渐进。)所谓邻国相望而老死不相往来者,上古道路未通,所至闭塞,一林之障,一川之隔,则其势不能相通,于是沟然画为一国,故上古之国最多。……老氏自言法令者将以愚民,非以明民,正涂民耳目之磝聒,以上古不得已之陋俗,而指为至治之极,此言荧惑二千余岁[28]。

以古代交通不便和地理阻隔等因素造成"小国寡民",梁启超的观点有相当的合理性,他对道家美化上古社会的指责也有着很大的合理性。不过,与其他人更多关注于"小国寡民"社会在历史进程中的落后性不同,严复明确承认上古人类生存的艰难,他们在面对恶劣环境时的弱小和氏族部落生活的困苦,不过他更注重于道家倡导的"小国寡民"社会中所体现出来的人们生活状态的相对自由自在,当然与后世严密的社会组织和政府机构相比,早期人类的生活或许确实要自由得多。严复对"小国寡民"社会的肯定,并不是肯定其在历史进程中的社会形态,而是肯定其中所体现出来的、随着社会的不断发展人们逐渐丧失的自由、平等、民主等体现个体相对独立性的成分。可以说,"小国寡民"或许并不是人们所要追求的理想社会,但其中具有理想社会中所应有的诸多民主特征。他在评点《老子》第三十五章"往而不害,安、平、太"一句时指出:"安,自由也;平,平等也;太,合群也"[29]。他的诠释或许可以说非常牵强,不过他的意图却于其中表达得十分鲜明。自由、平等及合群或许就可以界定为严复理想社会的民主特征。

在评点《庄子·在宥》篇中"故君子不得已而临莅天下,莫若无为"一段时,严复指出:

法兰西革命之先,其中有数家学说正复如是。如 Laisser Faire et Laisser Passer(译言放任放纵),乃其时自然党人 Quesnay 契尼(号欧洲孔子)及 Gournay 顾尔耐辈之惟一方针可以见矣。不独卢梭之摧残法制,还复本初,以遂其自由平等之性者,与庄生之论为有合也[30]。

Quesnay 契尼即弗朗索瓦·魁奈（1694—1774），被称为"欧洲的孔子"，曾经担任法国国王路易十五的御医；Gournay 顾尔耐即让·克洛德·玛丽·樊尚·德·古尔内（1712—1759），曾任法国商务大臣。两人都是当时法国重农主义经济学派的代表人物，而重农主义的核心主张认为：Ex natura jus ordo et leges, Ex homine arbitrium regimen et coercitio。〔自然产生秩序和法制，人为带来专横的统治和强迫。〕重农主义者被认为是关于个人拥有人身自由和支配劳动与财产自由之权利的自由主义学说的先驱。严复关注的当然不是他们的重农主义经济思想，而是其主张中浓厚的自由主义色彩，与卢梭从人类社会的自然状态中推出自由、平等概念是一致的，更在很多方面与中国道家中庄子的主张颇为相近。这种理想社会中所蕴涵观念大体上认为，人类社会的整体进步建立在"每个人为改善其自身状况而进行的自发努力"的基础之上。或许就严复个人而言，其出发点可能与西方世界当时的自由放任主义有些差异。后者正值西方"开明专制"盛行之时，所谓自由放任主义基本上也是在王权强势的情况下推行的，虽然与重商主义存在经济学观点上的龃龉，不过在自由放任这一点上是一致的。自由放任主义在法国的继续发展最终出现了思想理论与现实政治之间难以回避的重大矛盾，而矛盾最终结果却是君权被推翻和共和制度的建立。李泽厚曾经指出，严复的主张是典型的英国派自由主义政治思想，这与强调平等的法国派民主主义政治思想有所不同，而后者正为当时革命党人所信奉。严复对共和制度兴致缺缺，也未曾想过要推翻清君权，他所要求的却是将民众从封建关系的束缚中解放出来。这就造成了他的思想理论与实际主张之间一个重大的内在矛盾[31]。

严复虽然赋予了道家的理想社会以很浓厚的民主特征，不过这不等于说他同样支持理想社会存在于过去的可能。在这一点上，他显然坚定地坚持着自己的进化论立场。当时国内颇为流行卢梭的民约论思想，卢梭的理想社会观点很容易与道家的理想社会相关联，其彼此之间有着很大的相似性。在某种程度上，对西方思想中能够更大地支持其将道家理想社会与民主相关联的卢梭观点,严复或许应该提供更多的支持,不过恰恰相反,严复对于卢梭的思想提出了明确的批评。严复批评卢梭的观点当然有着更为复杂的因素,但即使是批评卢梭思想,也不妨碍他自己的思想主张有某些方面其实与卢梭甚是相似。不论其思想依据何在,追求人与人之间的自由、平等,在卢梭和严复的思想中都得到了强调。严复对西方社会中一向为世人所认可的希腊、罗马民主制度提出过质疑,至于所谓战争征伐的制度,他认为距离民主的理想社会更为遥远,这其实与卢梭的观点是一致的。严复认为真正的民主社会的实现应当是在"民智最深民德最优"之时。他明确指出,"国既为民主矣,则人类平等,有雇役而无奴虏,而后其义始纯,无牴牾之弊。设有奴婢,则民以贵贱为差而转相隶,必统于一尊,为君主而后可也。故尝谓古无民主,若希腊、若罗马之旧制,乃以权力之均,不相统属,不得已聚族而为之。此谓合众可,谓之民主不可。何则?以其有奴婢故也。又以知民主之制,乃民智最深民德最优时事。且既为民主,亦无转为君主之势。由君主转为民主可,由民主而转为君主不可。其转为君主者,皆合众,非真民主也。又:最与民主背驰者,莫若兵制。故当战伐纷纭,国有额兵动数十万者,亦无真民主之治"[32]。依照严复的观点,其"民智最深民德最优"之时显然不可能出现于过去的社会中,那么,过去曾经出现过的社会不可能是理想的。正如他在评点《庄子·在宥》中"而天下衰矣"一句感慨说:"天下固衰,然而其初亦未尝盛"[33]。真正的理想社会应当还是在未来。

在探讨理想社会的民主特征时,严复特别提到了军队对于民主的不利影响。他在《原富》的案语中指出:"其谓民欲得自由之乐者,必国家行法之权大伸,而辅之以兵力。此当时之事,是二人之所亲见,殆有以使其云然。盖其时所见民主,实非民主,国中强有力数人,聚而号令一国,此谓之以少治众可耳,非真民主之公治也。然试降观北美之政制,则知民果齐心一志,以求治安,将自由之休,不期而自获。其事有明验矣。夫使民志齐同,而人人守法,以此而得自由者,较之以佳兵之权,畀之国主抑所谓主治之官者,其利害安危,相去远矣"[34]！他延续斯宾塞的观点否定了那种通过军队来确保国家民主制度得以实施的理论。本来军队捍卫国家利益,与人民之自由、民主并无直接利害关系。不过军队权力往往掌握在少数人手中,以保卫国家的名义来影响国家制度的建设和法律的实施,极有可能造成国家权力为少数人所拥有,这将会改变了国家的性质,至此民主也就不再存在。他在这里特别肯定了美国当时的民主政治制度,以实例从反面否定了军队对民主社会的不利影响。他所说的"佳兵之权"正出于《老子》三十一章。其中他尤其突出了民众的力量,当然要发动这些民众的力量只能等待"民智最深民德最优"之时。

注　释

[1] 严复于《法意》按语中有:"孟德斯鸠之学之成也,……积数千年历史之阅历,通其常然,立之公例。故其例虽至玄,而事变能违之者寡。"见《严复集》(4)《〈法意〉按语》,第 963 页。

[2] 卢梭的社会契约认为:"要寻找一种结合的形式,使它能以全部共同的力量来卫护和保障每个结合者的人身和财富,并且由于这一结合而使得每一个与全体相联合的个人只不过是在服从其本人,并且仍然像以往一样地自由。"见卢梭《社会契约论》,第 19 页,商务印书馆 2003 年版。自由,是法国启蒙思想家们始终关注的首要问题。

[3] 严复译作《法意》前言为孟德斯鸠所立之传中有,"(孟德斯鸠)渡海抵大不列颠,居伦敦者且二稔,于英之法度尤加意,慨然曰:'惟英之民,可谓自由矣。'"见《严复集》(1)《孟德斯鸠传》,第 144 页。而《法意》中亦有:"以自由之福,属之民主",而"民所自由者,必游于法中,凡所可愿,将皆有其自主之权,凡所不可愿,将皆无人焉可加以相强。……自由者,凡法之所不禁,则吾皆有其得为之权利。"见《孟德

斯鸠法意》,第 219 页,商务印书馆 1981 年版。孟德斯鸠将民主、自由和法律很好地关联起来。其中对自由所申之"自主"之说,则与严复所主"自繇之义,始不过谓自主无罣碍"相合。

[4]章太炎《訄书(重订本)·订孔》提到:"白河次郎曰:老庄派持民主政体,所谓自由主义也。"见《章太炎全集》(3)《訄书》,第 135 页。其中以道家的无为而治与西方的民主观念、自由主义相会通,可知。

[5]《严复集》(4)《〈老子〉评语》,第 1076 页。

[6]普鲁塔克:《希腊罗马名人传》(上),陆永庭、吴彭鹏等译,商务印书馆 1999 年版。

[7]《严复集》(4)《〈老子〉评语》,第 1095 页。

[8]《孟德斯鸠法意》,第 8 页,商务印书馆 1981 年版。

[9]科恩:《论民主》,第 6 页,聂崇信、朱秀贤译,商务印书馆 1994 年版。

[10]《严复集》(4)《〈老子〉评语》,第 1097 页。

[11]《严复集》(4)《〈老子〉评语》,第 1099 页。

[12]《严复集》(4)《〈老子〉评语》,第 1095 页。

[13]《严复集》(4)《〈老子〉评语》,第 1092 页。

[14]《尚书·皋陶谟》。

[15]《孟子·尽心下》。

[16]《荀子·哀公》。

[17]《荀子·大略》。

[18]《严复集》(4)《〈老子〉评语》,第 1079 页。

[19]《老子》第十一章:三十辐,共一毂,当其无,有车之用。埏埴以为器,当其无,有器之用。凿户牖以为室,当其无,有室之用。故有之以为利,无之以为用。

[20]《严复集》(4)《〈老子〉评语》,第 1080 页。

[21]《严复集》(4)《〈老子〉评语》,第 1097 页。

[22]《严复集》(2)《说党》,第 298～308 页。

[23]《严复集》(4)《〈老子〉评语》,第 1099 页。

[24]《严复集》(4)《〈老子〉评语》,第 1091 页。

[25]《三松堂全集》(4)《新原人》,第 510 页。

[26]《三松堂全集》(4)《新原人》,第 513 页。

[27] 冯达文、郭齐勇主编:《新编中国哲学史》上册,第 59 页,人民出版社
     2004 年版。

[28]《饮冰室合集·文集·〈史记·货殖列传〉今议》

[29]《严复集》(4)《〈老子〉评语》,第 1090 页。

[30]《严复集》(4)《〈庄子〉评语》,第 1125 页。

[31] 李泽厚:《论严复》,收入《论严复与严译名著》,第 149～150 页,商务
     印书馆 1982 年版。

[32]《严复集》(4)《〈原富〉按语》,第 891 页。

[33]《严复集》(4)《〈庄子〉评语》,第 1125 页。

[34]《严复集》(4)《〈原富〉按语》,第 899 页。

第六章　逍遥游与自由论

　　人是生而自由的。卢梭此语已经被奉为自由主义之圭臬。其主张之初出,已经带有鲜明的反封建主义色彩[1],这正是 19 世纪晚期处于清封建专制主义治下的中国民众所急需的,故严复有"唯天生民,各具赋畀,得自由者乃为全受"[2],又有"民之自由,天之所畀也"[3]。严复选择翻译穆勒《群己权界论》(今译弥尔《论自由》),正是为了明确地阐发自由之义[4]。除穆勒外,严复的自由主义还多受斯宾塞影响,他概述斯氏的观点说:"人道所以必得自繇者,盖不自繇则善恶功罪,皆非己出,而仅有幸不幸可言,而民德亦无由演进。故惟与以自繇,而天择为用,斯郅治有必成之一日"[5]。自由,不仅与进化论相合,亦为民主所必需[6],其为公例可明矣[7]。不过,严复认为,自由之观念,中国传统思想未有"持民得自由,即为治道之盛者"[8],其相近者,唯黄老清静无扰之术,所以言自由于中国,必关联道家自由思想[9]。

第一节　"自主无罣碍"的自由本义

　　1895 年初严复作《论世变之亟》,其中鲜明地表述了他关于自由的一些观点。他认为西方的"黜伪而崇真"与"屈私以为公"二者本质上与中国理道最初本没有什么差异,但两者在应用过程中境遇却绝不相同,前者"行之而常通",而后者"行之而常病"。为什么会这样? 他认为问题在于"自由不自由异耳"。很显然,严复将自由不自由看作导致东西方发展不同趋向的关键因素所在。他认为："夫自由一言，真中国历古圣贤之所深畏，而从未尝立以为教者也。"这里所流露的应当还有他自留学归国之后满负才具却无所施从的怨愤。他进而指出：

> 唯天生民，各具赋畀，得自由者乃为全受。故人人各得自由，国国各得自由，第务令毋相侵损而已。侵人自由者，斯为逆天理，贼人道。其杀人伤人及盗蚀人财物，皆侵人自由之极致也。故侵人自由，虽国君不能，而其刑禁章条，要皆为此设耳[10]。

严复其时并没有给自由一个定义来，却借用西学来主张自由乃是人自有生命以来天赋予人的。自由乃是人之作为人存在不可缺少的属性之一，人有自由才能称之为"全受"，显然较之于人的其他属性而言，自由具有更重要的地位，没有自由的人便不能称之为完全的人。在享有自由这一点上而言，人人都是平等的，那么即便是国君也无法随意侵夺个人的自由。严复后来再次指出："民之自由，天之所畀也，吾又乌得而靳之！如是，幸而民至于能自治也，吾将悉复而与之矣"[11]。其后严复又考察了中国传统思想中最可能与西学自由相近的"恕"与"絜矩"，不过他认为"谓之相似则可，谓之真同则大不可也"，其中原因在于西学的自由是建立在人人平等的基础上的，而中学的"恕"与"絜矩"则是建立在三纲五常的等级制度基础上的。处于等级制度中的人和人之间是不可能真正平等的，那么也就不可能享有真正的自由。反言之，要想享有真正的自由，只有打破等级制度的束缚。对此，他明确指出："西之教平等，故以公治众而贵自由。自由，故贵信果。东之教立纲，故以孝治天下而首尊亲。尊亲，故薄信果。然其流弊之极，至于怀诈相欺，上下相遁，则忠孝之所存，转不若贵信果者之多也"[12]。此处目的虽有针对"尊亲"，不过严复的重心当在"立纲"，而"尊亲"不过是"立纲"的表现之一。所谓纲，大体上便是封建制度的种种纲常礼教和等级制度，这些正是个人自由的束缚所在。

考察严复当时的境况，他虽然接受过正规西方教育，满负才具，自己也一腔热血想要报效朝廷，却因好发议论而见疏于上司、同事，又受限于非科举出身而徘徊于政治决策圈之外,眼见时局不断恶化、岌岌不堪措想,自己却闲散于北洋水师学堂的教习工作,无所作为。故而,严复当时实有突破现实种种束缚得以自由地一展其所长的强烈愿望。不过,此后十年之间,西学已经大肆流行于朝野上下,而自由之说业已成为口头常谈,其"竺旧者既惊怖其言,目为洪水猛兽之邪说;喜新者又恣肆泛滥,荡然不得其义之所归",严复觉得有为自由正名之必要。

1903年在《〈群己权界论〉译凡例》中,严复对自由之义作了专门厘清。他指出:

中文自繇,常含放诞、恣睢、无忌惮诸劣义,然此自是后起附属之诂,与初义无涉。初义但云不为外物拘牵而已,无胜义亦无劣义也。夫人而自繇,固不必须以为恶,即欲为善,亦须自繇。其字义训,本为最宽。……自繇之义,始不过谓自主而无罣碍者,乃今为放肆、为淫佚、为不法、为无礼,一用其名,恶义坌集,而为主其说者之诟病乎!……柳子厚诗云:"破额山前碧玉流,骚人遥驻木兰舟,东风无限潇湘意,欲采苹花不自由。"所谓自由,正此义也。由、繇二字,古相通假。今此译遇自繇字,皆作自繇,不作自由者,非以为古也。视其字依西文规例,本一玄名,非虚乃实,写为自繇,乃略示区别而已[13]。

由、繇二字虽然可以通假,不过严复却坚持要略示区别,又声称自己并不是想复古,那么严复的意图似乎也就很鲜明了。自由之说,人们向来喜欢将它与道家《庄子·逍遥游》和魏晋风度相关联,而后者往往又与放肆、淫佚、不法、无礼等印象密切相关,因而历代以来大凡此类思想主张者往往容易被视作异端,而为正统思想所频繁攻讦。严复鼓吹自由,是希望应用于全体社会,作为每个公民都享有的权利,他自然要摆脱自由思想可能导致的异端趋向。此外,严复自己从小便深受儒家正统经学教育,留学欧洲时也是接受了正统的西方教育,他本身便对社会正统之外的思想抱有一定的否定意识,这也是他回国后屡次赴考科举意图将自己融入主流社会的动机之一。严复剔除自由之义中那些容易被主流社会思想所诟病的成分，显然是要为吸收西方的自由思想扫清障碍。即使在西方思想中，自由也并不意味着放肆、淫佚、不法、无礼等越出日常社会秩序的行为，故而他明确指出自由的本义即是"不为外物拘牵"、"自主无罣碍"。他认为，穆勒所谓自由之义，"祇如其初而止"，也是围绕其本义来展开的。对自由本义的强调使得他找到了中西自由思想的共性，同时，对自由本义的强调也就把旧有的社会秩序和制度明确地推到了社会变革运动的对立面。

严复对自由之义的界说，主要是通过对待之义的方式体现出来的。他在《〈群己权界〉译凡例》中即指出："里勃而特原古文作 Libertas。里勃而达乃自由之神号，其字与常用之 Freedom 伏利当同义。伏利法者，无罣碍也。又与 Slavery 奴隶、Subjection 臣服、Bondage 约束、Necessity 必须等字对义"[14]。他于《政治讲义》亦曾指出："从其常用字义言之，自由亦无安舒、畅乐、不苦诸意义。自由云者，不过云由我作主，为所欲为云尔。其字，与受管为反对。……受管者，受政府之管也，故自由与政府为反对。然则自由充类至尽，不止与政令烦苛、管治太过为反对也，实与政府、管治为反对"[15]。人生本无完全十足之自由，故而卢梭亦说"人是生而自由的，但却无往不在枷锁之中"[16]。所谓自由之说，其本意也并不是指完全自由之事。严复认为，个人进入社会以后，其一生之行为举止通常分为两部分，其一受命于他人之心志，其一自制于一己之心。因此，自由之说，实指其多自制于一己之心者。就其政界自由而言，严复认为，其最初义为无拘束、无管治，而其引申义则为拘束少，而管治不苛，后者即国民所实享之自由。

严复力陈自由之本义，其意除了从正面支持自由外，其中也自然蕴含了对于无管束、无节制的自由观的强烈反对。事实上在自由思想流行于中国的过程中，那种无管束、无节制的自由观也曾有所流行。严复曾指出："向之所谓平等自由者，适成其蔑礼无忌惮之风，而汰淘之祸乃益烈，此蜕故变新之时，所为大可惧也。"严复对此大加批评。从而对其自由思想有所调整，即突出自由之能力要求。而究其原因，严复认为，虽然"平等自由之理,胥万国以同归;大同郅治之规,实学涂之究竟",不过"中间所有涂术,种各不同。何则?以其中天演程度各有高低故也"[17]。换句话说,人们享受自由的"自主无罣碍"程度是与社会发展的文明程度相一致的。因此,一方面要教育民众,让他们意识到自由之权利;一方面也要注意让民众意识到自由是一种能力。在近代中国社会中,不可能有与西方资本主义社会同等的自由程度。强调自由是一种能力,并不是严复个人的主张,而是西方古典自由主义的主张。或许可以说,严复之所以将《自繇释义》改名为《群己权界论》正出于此种考虑。

第二节 "自脱于拘虚、囿时、笃教"与言论自由

自历史事实而言,个人于社会中所受拘束、管治极其不堪;尤其在清政府统治下,不论是思想言论、还是行为举止,国人都处于诸多的束缚之中。诸多自由之中,严复极其关注思想自由,他指出:"须知言论自繇,只是平实地说实话真理,一不为古人所欺,二不为权势所屈而已,使理真事实,虽出自仇敌,不可废也;使理谬事诬,虽以君父,不可从也,此之谓自繇"[18]。在封建专制统治下,主张个人所应享的自由权利,其思想主张本身便可能要冒极大的风险,且不说个人自由权利能否实现,首先得创造一个阐述其政治主张的思想环境。严复借《群己权界论》指出:

凡在思想言行之域,以众同而禁一异者,无所往而合于公理,其权力之所出,无论其为国会,其为政府,用之如是,皆为悖逆[19]。

无论人们提出什么样的主张,都是其思想言论自由的体现,任何权力机关都不能予以打击、迫害。除了直接主张思想言论自由的权利,严复更多地关注了人们思想言论的非自由状态。在肯定人们拥有思想言论自由权利同时,也要让人们意识到他们现在的思想言论处在非自由状态。这不但体现在人们的思想视阈有限,也存在于其方法论的弊端。换句话说,

通过阐述传统思维模式中存在的种种问题，来揭示人们思想的非自由状态。思想上的种种非自由状态，严复将之概括为两方面，即：其一，拘虚、笃时、束教；其二，随其成心以为之说。

拘虚、笃时、束教，是从思想的视阈和境界而言，严复将之列入修道为学时必须严厉加以禁止的弊端。《庄子·秋水》篇中此处郭注为"夫物之所生而安者，趣各有极"[20]，其意旨主要是承认人们在此世界之中出现和生存，其视阈和能力都有着各自的极限，而时空的无穷性和物事变化的不确定性使得彼此之间视阈和能力是相对的。而传统注家的重心也大多着力于其中相对性观点。严复对此作了自己的独特注解，在评点《庄子·秋水》篇中"井蛙不可以语于海者"一段时，他指出：

拘虚、笃时、束教，三者皆学道之厉禁。拘虚者，所处之地不同也；笃时者，所处之时不同；束教者，所受范之外缘异也。井蛙夏虫，曲士之智，皆知其一不知其二者也[21]。

严复基本上沿用了对于"拘虚、笃时、束教"的传统解释，不过其注解已经从传统着力点发生了偏离，严复对其中的相对性观点并无特别兴趣。传统注解里，大多直接解出语词意思，如"拘虚"多注为"虚，墟也。言井鱼拘于所居"；"笃时"多注为"笃，固也。言拘限于时"，注解之中凸显了阈限所造成的相对性。严复延续了这些理解，又以"所处之地不同也"、"所处之时不同也"、"所受范之外缘异也"这样的方式将注解的着力点转移到"不同"、"不同"、"异"上，从而凸显了这些阈限本身的可突破性。严复将这些阈限的存在看成人们自由的樊篱，樊篱之内的人们都处于非自由状态，他承认人们天生便受制于既有的地域、时代和学术传统的影响，不过他已经暗示了人们可以突破那些既有的地域、时代和学术传统的影响，从非自由状态转入自由状态。对于中学说来，也就是要超越既有的中华文化圈和学术发展理路，放眼全球，吸收中学以外的思想精华，并将之融会贯通，这样就能促成中学自身的思想突破和更广阔的发展空间。严复在评点老庄时明确指出了道家在这方面的卓识之见。

在总评《老子》前三章时,严复将《老子》篇章次序与《庄子》的篇章次序进行了比较,并指出:

> 《南华》以《逍遥》为第一,《齐物论》为第二,《养生主》为第三;《老子》首三章亦以此为次第。盖哲学天成之序也。人惟自知拘虚,大其心,扩其目,以观化,而后见对待之物论无不可齐,而悟用力最要之所在也[22]。

不论严复所认为的《庄子》前三章与《老子》前三章次第安排的相似性是否合理,严复在此明确表达了其自由思想的理路,即是要求人们了解其自身处境的非自由状态后,突破现实的樊篱转入自由的无限天地,以道观天下,齐物平等,如此人们便可以实现长生久视、长治久安。突破人生之非自由状态,可以说是严复自由思想的主题,他在其文论的各处多次进行了阐述。他认为追求自由应当是万物天赋的本能,是符合于道之精神的,也是与天演进化相一致的。在评点《庄子·应帝王》篇中"且鸟之高飞,以避矰弋之害"一段时,他指出:

> 岂可束缚驰骤于经式仪度之中,令其不得自由、自化[22]?

在严复的观念里,自由甚至与万物自身的生存关联起来,它并不是附加于万物属性的额外追求,而是万物生存的本能欲望。鸟兽虫鼠尚且能为谋其自身生存而尽可能地突破其生命之非自由状态,作为智慧远远优越于鸟兽虫鼠的人类怎么能长期居处于樊篱之内,受制于既有的地域、时代和学术传统的影响,而不去追求人类自身的自由发展呢? 空间的樊篱是可以突破的,人类社会从最初原始社会部落群体发展到当今的国家甚至世界组织,本身便已经经历了社会空间的不断突破、不断扩大,在不远的将来人类甚至可能真正突破星球的樊篱在无限的星际太空之间追求人类的自由发展。时间的樊篱是可能突破的,作为个体的人生虽然短暂,但是整个人类社会的历史发展已经极其漫长,更广泛地说来,整个的星球上生命的进化也是一个极其漫长的过程,甚至在生命出现以前,宇宙的发展至今也是难以确实估量的漫长过程,通过有效的途径,人类完全可以突破自身个体生命的局限,从更漫长的时间段里,站在更高的层次上来把握其自身的发展。文化传统的樊篱是可以突破的,一旦人类突破时空的樊篱,则自可以注意到自身之外的其他物事有着各自的发展历程,有着其各自的文化传统,能够对此不因地域和时代的限制而妄加评议,则自然可以发现其他物事文化传统的优良成分,并将之吸收进自身的文化传统,促成自身的进一步发展。

诚然如此,虽然非自由状态是可以突破的,但是严复仍然意识到真正获取突破也是很艰难的,或许要付出极大的代价。他曾借庄子的口指出:"庄周曰:'生于齐者,不能不齐言,生于楚者,不能不楚言'"[24]。严复对国人居处于非自由状态的樊篱之内不思进取而感慨万分,他指出:"东方学者,闻见囿于一隅,于彼所言,将嫌渺不相涉。虽然,寓言十九,皆筌蹄也。寓言交臂成故,所寓历古犹新,使学者有所住而生其心,则所论者虽取本国目前事实,犹无益耳"[25]。在《法意》、《穆勒名学》等译作的按语中,严复的这种感慨情绪得到了更多的流露,如:

拘于墟,囿于习,束于教,人类之足以闵叹,岂独法制礼俗之间然哉?吾国圣贤,其最达此理者,殆无过于庄生。即取其言,以较今日西国之哲家,亦未有能远过之者。故其著说也,必先为逍遥之游,以致人心于至广之域,而后言物论之本富,非是之生于彼此。……譬如与人言一事理,欲辨其理之是非,不得如前者之则古称先,但云某圣人云然,某经云尔,以较其离合也;亦不得已公言私言为断,必将即其理而推其究竟,使其终有益而无害于人群,斯其理必是。是者何?是于此世界之人道也。否则其说为非。非者何?亦非于此世界之人道也。居是世界,以人言人,不得不以此为程准也。呜呼!人自用其思想,而徒则古称先。而以同于古人者为是非。抑异于古人者为是非,则不幸往往而妄。即有时偶合而不妄,亦不足贵也[26]。

心习之成,其端在此;拘虚束教,囿习笃时,皆此例所成之果。而《庄子》七篇,大抵所以破此例之害者也。……中国人士,经三千年之文教,其心习之成至多,习矣而未尝一考其理之诚妄;乃今者洞牖开关,而以与群伦相见,所谓变革心习之事理纷至沓来,于是相与骇愕而以为不可思议[27]。

每一个人自其出生伊始,便被置于一个既定的历史时空之中,其实是不自由的。每一个人自其睁眼接触这个世界伊始,便被周围的各色人等灌输着各种各样的思想,倘若说在其懵懵之际并没有意识到他当有自己的选择自由,及其长成之后自觉地进行选择时,其选择的范围仍然是有限的,且不说其自小开始的长期教育灌输,即使他试图跳出自身的教育传统,却也只能在当时社会上已经存在的诸多思想流派之间作出选择,而其中也还存在着主流和异端之间的思想分歧,想要跳出已有思想体系显然是极其艰难的。严复对此感触良多,这固然也与他自身的经历有关,却也是当时社会上的普遍现象。严复并没有否认在西学之中也存在着非自由的樊篱,不过他的意图显然更多在于希望中学能跳出自身的樊篱来接纳西学。故而在《法意》按语中他指出:

凛天下事理之无穷,知成心之必不可用,孔曰毋固,佛曰无所住而生其心,惟日孜孜以从事于下学,以自脱于拘虚、囿时、笃教三者之弊而已[28]。

与其自身在传播西学中的艰难相比,严复对庄子的自由思想也就抱有更大的欣赏了。严复甚至曾经认为,要摆脱"拘虚、囿时、笃教"的弊病,当读《庄子》。他指出:"吾尝谓中国学者……但求《齐物》、《养生》诸论,熟读深思,其人断无顽固之理"[29]。而他自己,尤其对《庄子》文中多有"游"字有着较为特别的兴趣,在评点《庄子·大宗师》篇中"故圣人将游于物之所不得遁而皆存"一句时,他指出:

庄子文中,多用游字。自首篇之名《逍遥游》以下,如"游于物之初","游于物之所以不得遁","游乎之一气","游于逸荡恣睢转徙之涂","此所游已","圣人有所游","乘物以游心","入游其樊","游刃","游乎四海之外","游方之外","游方之内","游无何有之乡","游心于淡","游于无有","而游无朕"[30]。

这其中自然表达了严复自己对自由的极其向往,不过限于他自身的特别处境,他自己却始终很是抱憾。他对自由的宣传,希望国人能够突破其人生之非自由状态的樊篱,同时也希望别人能够理解他自己举步维艰的难处,他借《庄子》文中关于孔子的评论表达了自己的感受,在评点《庄子·大宗师》篇中"孔子曰,彼游言之外者也"一段时指出:

> 孔子知子桑户诸人,皆游于方之外,诚不能以世俗之礼为之拘拘。然而使己弃方之内,而从之游,则又不为也。故曰,吾与汝共之,勉之之辞也。且鱼之生也,不能去水,人之生也,岂能离道? 不能离道,则方内外皆可相忘,又何必求为畸人之侔于天而畸于人乎? 庄子盖知孔子之深处,故能言之如此。嗟乎! 当其栖栖之时,孔子自知为天之戮民久矣[31]。

每个人与其所处时空之间的关系就好比鱼和水的关系,鱼不能离开水而生存,人同样不能离开时空而独处。与其试图努力跳出时空的界限来追求其人的绝对自由,不如处于时空之中进行努力的改变,改变自己,改变他人,或许其实现成功的希望很渺茫,但毕竟在改变中人们可能获得相对的自由。与其说庄子知孔子之深处,不如说严复的切身体会正是如此。严复曾借其译作《群己权界论》一书指出:"凡今世民智之所及,所可致者吾既已致之矣,吾未尝为之垣宇藩篱,拒真理使不吾至也。吾且廓抱开襟,使来日而真理形焉,吾之心犹足以受之,而不至于相绝"[32]。"廓抱开襟"、"未尝为之垣宇藩篱",正是人们突破"拘虚、笃时、束教"之非自由状态所应有的。

心成之说,是从思想的路径而言。严复在将传统学术的影响视作思想自由的樊篱后并不止步于此,他进一步对传统学术自身的有效性进行了批判。旧学的传统中大多甚喜严守"古训",不问物事的依据是否可靠而盲目予以崇信,在严复看来,这显然是不合理的,其言论自繇首先便是"不为古人所欺",故而他指出:"不实验于事物,而师心自用,抑笃信其古人之说者,可惧也夫"[33]! 事实上,任何学术思想都要经过实证检验其可靠程度才能考虑是否接受,这并非只是针对新学而言,其中也包括了作为

"古训"的旧学。严复认为,旧学本身就存在很大的问题,它们大多是"心成之说"。"心成之说"的最大特征就是"师心自用"。在评点《庄子·人间世》篇中"犹师心者也"一句时,严复解释道:

> 言其术成于己,而于物不谋,故曰师心,于下下虚以应物相应[34]。

用现代的语言表述,"师心自用",其学问之根基主要形成于个人主观的臆想,而缺乏外在物事的观照,其说虽然指向外在物事,不过却只是虚应其事而已。这正是一种主观唯心主义。显然严复对此有着很清楚的看法,在评点《庄子·德充符》篇中"以其知,得其心"一段时,他指出:

> 屈大均曰,心从知而得,知之外无所谓心也。常心从心而得,心之外无所谓常心也。知即心,心即常心,大抵圣愚之分在知不知,知即有物皆心,不知即有心皆物。庄生之齐物,亦齐之于吾心尔。知心之外无物,物斯齐矣。屈氏所言,乃欧西惟心派哲学,与科学家这惟物派大殊,惟物派谓此心之动,皆物之变,故物尽则心尽,所言实凿凿可指,持惟心学说者,不可不深究也[35]。

一切思想主张固然都通过心的活动呈现出来,这其实是人不断地与外在物事进行接触的结果。如果因为思想呈现于人的内心之中而就此认定离了心便一切外在物事不能独存,将作为思想主张活动场所的心无限扩大和凸显,便必然会陷入主观唯心主义的境地。严复显然认同唯物主义认为一切思想主张不过是对外在物事变化的反映而已,唯物主义的实证性较之于唯心主义的虚妄自不可同日而语。严复进而认为中国的鬼神之说、西方的上帝观念其实都是一种"心成之说"。在评点《庄子·齐物论》篇中"夫随其成心而师之,谁独且无师乎"一段时,他指出:

> 世人之说幽冥,宗教之言上帝,大抵皆随其成心而师之之说也。曰福善祸淫而不容,事偶而赦罪宥眚;中国之想像,则衮冕而圭璋;西人为之容,则袒裸而傅翼。凡此者,皆随其成心以为之说。至其真实,则皆无据[36]。

鬼神、上帝的存在向来没有实证,而各个民族中鬼神、上帝的形象也各各相异,中国人的鬼神则"衮冕而圭璋",而西方的上帝则"袒裸而傅翼",不过都是"随其成心"主观设想出来的罢了。在中国旧学之中,作为"心成之说"的最典型表现,在严复看来,就是陆王之说。他指出:

> 夫陆王之学,质而言之,则直师心自用而已。自以为不出户可以知天下,而天下事与其所谓知者,果相合否?不径庭否?不复问也。自以为闭门造车,出而合辙,而门外之辙,与其所造之车果相合否?不龃龉否?又不察也。向壁虚造,顺而非泽,持之似有故,言之若成理。……盖陆氏于孟子,独取良知不学、万物皆备之言,而忘言性求故,既竭目力之事,唯其自视太高,所以强物就我[37]。

"师心自用"、"强物就我",可以说是陆王学说弊病的关键所在,而"不复问"、"又不察"等更是充分展现了陆王学说的主观唯心主义特征。为了说明陆王之学的"师心自用",他援引陆王之学中的"吾心即理,心外无物"主张进行了直接的驳斥。

> 王子尝谓:"吾心即理,而天下无心外之物矣。"又喻之曰:"若事父,非于父而得孝之理也;若事君,非于君而得忠之理也。"是言也,盖用孟子万物皆备之说而过,不自知其言之有蔽也。今夫水湍石而硏訇作焉,求其声于水与石者,皆无当也,观于二者之冲击,而声之所以然得矣。故论理者,以对待而后形者也。使六合旷然,无一物以接于吾心,当此时也,心且不可见,安得所谓理哉。是则不佞所窃愿为阳明诤友者矣[38]。

以水流冲击岩石所发出的声响作为例证,严复以此来阐明一切思想、知识都要在心与物、主观与客观之间不断地相互印证中才能成为真理。陆王学说将心无限扩充,并试图将之从心与物的关系中剥离出来,其结论必然是荒谬的。"心成之说"的弊端之大,难以估量,严复于其译述中多对此有所批评。如:

> 夫已进之化之难与为狉榛,犹未辟之种之难与跂文明也。以春秋战国人心风俗之程度而推之,向所谓三代,向所谓唐虞,祇儒者百家其意界中之制造物而已,又乌足以为事实乎?思囿乎其所已习,而心常冀乎其所

不可期。此不谓之吾国宗教之迷信，殆不可已[39]。

所谓"儒者百家"意界中之制造物，乃是指中国传统思想中所谓唐虞三代的理想模式多为"心成之说"，不可验之于事实，而后世之学者又囿于前人之说，以致流传至今，这与宗教迷信在实质上其实是一致的。西方思想对于"心成之说"也是极其反对的，严译《群学肄言》中明确指出：

自夫人师其成心，而牵于私利，故考核之际，宁置其有征，而取其无据，其远则布诸简策，其近则散于风谣，而吾学必得其真，而后有以会通而立公例者难矣。……其淆乱失实如此，又况求诸往古，时违事异，将其难又何如[40]？

与陆王学说相比，西方科学的成功正在于对于外在物事的肯定，其一切思想主张最终都要通过客观物事的检验印证方才可能成为为人们所普遍接受的真理。要摆脱"心成之说"，严复认为，须合于道，而合于道的表现便是首选要格物致知，只有真正认识和把握了世界之间的物事，人们的思想才能获得真正的自由。

严复认为如果思想的视阈有限，其思想路径也存在问题，两种弊端结合在一起，则其导致的后果可能是极其严重的。严复曾明确指出：

所考求而争论者，皆在文字楮素之间，而不知求诸事实。一切皆资于耳食，但服膺于古人之成训，或同时流俗所传言，而未尝亲为观察调查，使自得也。少日就傅读书，其心习已成牢锢，及其长而听言办事，亦以如是心习行之。是以社会之中常有一哄之谈，牢不可破，虽所言与事实背驰，而一犬吠影，百犬吠声之余，群情汹汹，驯至大乱，国之受害，此为厉阶[41]。

严复的言论虽然是就当时的教育问题而发，不过却指出了思维模式中存在的弊端可能造成的严重后果，不只是简单的社会问题，还会对整个国家带来灾祸。中国传统思想的弊端不断积累至近代，显然应当为近代中国在对待西方社会的器物、制度和思想文化等方面的不当主张承担责任。那些顽固守旧的主张妨碍了近代中国的思想转型与发展。

第三节 "顺物自然"与"行己自由"

以上主要阐述了严复以道家的"自脱于拘虚、囿时、笃教"来传播和会通言论思想自由。严复极为看重自由的意义所在,强调民众对天赋自由的享有,并将道家的"顺物自然"与西方"行己自由"相关联。其译作《群己权界论》中有,"以小己居国群之中,使所行之事利害无涉于他人,则不必谋于其群,而其权亦非其群所得与,忠告教诲,劝奖避绝,国人所得加于其身者尽此。过期以往,皆为蔑理,而侵其应享之自繇权者也。此所谓行己自繇之义也。乃至小己所行之事,本身而加诸人,祸福与人共之,则其权非一己所得专,而于其群为有责。使国人权利,为其所见侵,则清议邦典,皆可随轻重以用事于其间,于以禁制其所欲为,俾其人无由以自恣,此所谓社会干涉之义也"[42]。此处对于"行己自由"和"社会干涉"有明确表述。

在评点《庄子·应帝王》篇时,严复指出:

此篇言治国宜听民之自由、自化,故狂接舆以日中始之言为欺德。无名人之告殷阳曰,顺物自然,而无容私焉,而天下治矣。老聃告阳子居曰,明王之治,功盖天下,而似不自己,化贷万物,而民弗恃。郭注云,夫无心而任乎自化者,应为帝王也。此解与挽近欧西言治者所主张合。凡国无论其为君主,为民主,其主治行政者,即帝王也。为帝王者,其主治行政,凡可以听民自为自由者,应一切听其自为自由,而后国民得各尽其天职,各自奋于义务,而民生始有进化之可期[43]。

"不为外物拘牵"、"自主无罣碍",其实是就其自由拥有者的主体角度而言的,而听民自由、自化、自为,则显然与此不同,当是自其上层统治者角度而言的。不过,其内涵确实可以说是一致的。如前所说,严复的自由思想与进化论十分密切,其有:"治道以演进为期,而演进在民之各成其所异，故必扶植裁成其所异，其民之性量以完，而郅治之馨香以至"[44]。而借斯宾塞之口又有："斯宾塞伦理学《说公》(Justice in Principle of Ethics)一篇，言人道所以必得自繇者，盖不自繇则善恶功罪皆非己出，而仅有幸与不幸可言，而民德亦无由演进。故惟与以自繇，而天择为用，斯郅治有必成之一日"[45]。因此，道家老庄所谓"听民自为、自由者"，正在于让每一个民众都能够充分享有其"行己自由"，以"完其性量所固有"。石元康在讨论哈耶克的自发秩序和道家的无为而治时指出："道家所谓的治，乃是要让人民能够顺性去发展，任何干预所带来的后果都是对这种可能性的破坏，这种想法与弥尔（严译为穆勒）在《论自由》中的想法是极吻合的"[46]。这可算得上是对严复用道家的"顺物自然"来与弥尔的自由主义相会通的一种支持了，其中还间接地以哈耶克的自发秩序作了旁证。不过就其仅仅指出人民的"顺性"而言，则还没有达到严复所要求的"完其性量所固有"程度。

"不为外物拘牵"、"自主无罣碍"，既是针对自由拥有者的主体角度而言的，然则自由之主体为何？严复大体上认同穆勒的观点，穆勒认为："今夫人类，所可以己干人者无他，曰吾以保有吾之生云耳。其所谓己者同人可也，一国可也；其所谓人者，一人可也，一国可也；干之云者，使不得惟所欲为；而生者，性命财产其最著也。然则反而观之，凡国家所可禁制其民者，将必使之不得伤人而已。所据惟此，乃为至足。若夫与人为善之义，云欲益于其人之身心，以此干之，义皆不足。……是故一人之言行，其不可不屈于社会者，必一己之外，有涉于余人者也。使其所为于人无与，于是其自主之权最完，人之于其身心，主权之尊而无上，无异自主之一国也"[47]。可见自由之主体，或可以是个人，或可以是国家；而自其前者，则为"小己自由"，自其后者，则为"国群自由"。

严复认为，世俗所说自由，大抵不出三义：一，以国之独立自主不受强大者牵掣干涉为自由；二，以政府之对国民有责任者为自由；三，以限制政府之治权为自由。自由之第一义中的国家独立自主显然是严复主张"己轻群重"的重要依据。近代以来中华民族处境艰难,民族危机日渐加剧,亡国灭种随时可能,"国群自由"尚且不能得到保证,则个人自由更无从谈起。严复对此有着十分清醒的认识,这同样得到了近代其他启蒙思想家的普遍认同。实现民族的独立、富强是国人获得个人自由的重要前提。当然,要想实现民族之独立、富强,其任务的艰巨可能是难以想象的,它甚至要求中华民族儿女付出几代人的个人自由之代价。严复遗嘱中"己轻群重"的主张,其思想深处正是在这样特殊的历史背景条件下从救亡图存的民族大义出发的。现代学者在考察严复的"国群自由"时往往忽视了中华民族惨痛的历史经验,而过多地强调其自由之第二义中政府对个人之责任,从而在理解严复思想时容易走向歧途。毕竟在今天,民族、国家的独立已经实现多年,而国内各方面的制度建设正在逐步展开,而自由之第三义则逐渐上升为人们关注的主要目标,对严复思想中群己权界的解读也有着较鲜明的针对性[48]。

严复虽然在特殊的历史处境下主张"己轻群重",国群自由优先于小己自由,不过就其思想的主体来说,小己自由显然是他更为重要的关注对象。对小己自由的宣扬虽然在中国思想史上屡有呈现,但它始终与中国思想正统存在龃龉,对"私"利的追求向来被作为批判的对象看待。严复要将西方自由主义引入中国就必须对传统思想文化中的某些方面进行改造。杨朱"为我"主张向来备受正统思想非议,而严复便多次试图为之正名。在评点《庄子·在宥》篇中"故我修身千二百岁矣"一段时,他指出:

郭注云,人皆自修而不治天下,则天下治矣! 故善之也。此解深得庄旨,盖杨朱学说之精义也。何则? 夫自修为己者也,为己学说既行,则人人皆自修自治,无劳他人之庖代。世之有为人学说也,以人类不知自修自治也。使人人皆知自治自修,则人人各得其所,各安其性命之情。孟子诋杨,其义浅矣[49]。

在评点《庄子·天下》篇中"关尹老聃闻其风而悦之"一段时,他又指出:

为我之学,固原于老。孟子谓其拔一毛利天下而不为,固标其粗,与世俗不相知之语,以为诟厉,未必杨朱之真也[50]。

杨朱之学的恶名可以说与孟子的诟厉有很大的关系,故而严复的正名首先便是从孟子的诟厉入手。严复认为孟子对杨朱的认识是肤浅的,并且有着学派的偏见。他曾引古希腊哲学中伊壁鸠鲁派作说明:"其学以惩忿窒欲,遂生行乐为宗,而仁智为辅。所讲名理治化学者,多所发明,补前人所未逮。后人谓其学专主乐生,病其恣肆,因而有豕圈之诮。"伊壁鸠鲁派之学在西方易被人误解或利用,故而曾经被指责为享乐主义和纵欲主义。且伊壁鸠鲁派之学中有鲜明的个人主义倾向,更多地关心个人的快乐,而不是社会的福利,并认为达到个人快乐的途径与社会服务和利他行为无关。严复评述伊壁鸠鲁派之学时观照了中国传统思想,认为伊壁鸠鲁派的遭遇,"犹中土之讥杨、墨,以为无父无君,等诸禽兽"[51]。并认为其他诸派对他们的指责都属于"门户相非,非其实也。实则其教清净节适,安遇乐天,故能为古学一大宗,而其说至今不坠也"[52]。既然孟子的诟厉不过是门户之见,则其诟厉之说自不能取信于人。因此,要评价杨朱"为我"是否真的不堪,必须切实考察其思想本身。

严复认为,世间之所以有"为人"之学说,是由于人们不能够普遍认识到"自治自修"的好处,如果人人都可以"自修自治",则不但可以利己之长生,而且可以利国之安定。将杨朱"为我"主张诠释为"自修自治",近于道家,较之于孟子所注重其可能最坏之结果,则严复显然注重其理想的结果,其出发点虽不相同,不过最终在试图提高个人修养和促进社会安定上其实是一致的。况且严复将杨朱"为我"理解为"自修自治",这正与他一向所主张的"民智最深民德最优"也是一致的。

此外其译作《群己权界论》中对行己自由和社会干涉予以阐述时有:

以小己而居国群之中,使所行之事,利害无涉于他人,则不必谋于其群,而其权亦非其群所得与,忠告教诲,劝奖避绝,国人所得加于其身者尽此。过斯以往,皆为蔑理,而侵其应享之自繇权者也。此所谓行己自繇之义也。乃至小己所行之事，本身而加诸人，祸福与人共之，则其权非一己所得专，而于其群为有责。使国权利，为其所见侵，则清议邦典，皆可随轻重以用事于其间，于以禁制其所欲为，俾其人无由以自恣，此所谓社会干涉之义也[53]。

就其最坏的情况而言，杨朱"为我"如孟子所谓，则其言其行囿于一己之内，而利害与他人无关，亦不过是他行己自由之权利罢了。他人可能难以接受，则忠告劝诲、劝奖避绝是可以的，但强迫其人改变其主张和言行，则是对其行己自由的干涉了。故而《群己权界论》中认为：

一民行事，吉凶利害，止于其身，而与余人为无涉，或虽涉之，而其事由其人之自甘，而非行事者之誅诱而抑勒，则无论事居何等，前者之议，皆不可行[54]。

也就是说，其人固然主张"为我"，只有其言行举止，止于其一己之身，则他人或可作"劝奖避绝"，而强行干涉则不可，而孟子诟厉之言显然已有干涉之嫌。这只是就其所享有的行己自由而言，或许可以作为一种极端的情形实例。换句话说，所谓"拔一毛利天下而不为"的利己主义，也不过是自由主义的一种极端情形而已。

为传播西方自由主义，而替一向被正统所诟厉的杨朱"为我"正名，严复显然冒着很大的风险。当然，强调"为我"确实可能走向纯粹的利己主义，对此严复也有着清醒的认识。于是，严复试图通过论定杨朱即庄周来淡化和消解杨朱"为我"思想中过于激烈的成分。他在评点《庄子·在宥》篇中"敢问治身，奈何而可以长久"一段时指出：

此乃杨朱为我，三摩地正眼法藏。尝谓庄子与孟子世当相及，乃二氏从无一言，互为评骘，何耶？颇疑庄与杨为叠韵，周与朱为双声，庄周即孟子七篇之杨朱[55]。

在评点《庄子·在宥》篇中"我守其一……而人皆以为有终"一段时他又指出：

庄周吾意即孟子所谓杨朱，其论道终极，皆为我而任物，此在今世政治哲学,谓之个人主义 Individualism。至于墨道,则所谓社会主义 Social-ism[56]。

如果真的能够证实杨朱便是庄周,则其所谓"为我"主张自然用不着作过多的解释。毕竟很少有人会认为庄子思想可能导致严重的利己主义结果。诚然如此,杨朱即庄周始终只能停留在可能性猜测层面,要证实这一结论几乎是不可能的。如果继续坚持杨朱即庄周的论断,则其前的种种诠释便可能一无是处了。不过,严复虽然最终承认杨朱可能真的并非庄周,不过他仍然坚持杨朱的"为我"思想和庄周的养生思想是一致的。他又将"为我"主张从杨朱引向庄周,从而认为庄子思想其实真正是"为我"之说,其间又分析了杨朱为我思想的激进之处所在。他在总评《庄子·庚桑楚》全篇时指出:

庄周即不为杨朱,而其学说,则真杨氏为我者也。故《庚桑楚》之所欲得者,全其形生而已,而南荣趎所愿闻于老聃者,卫生之经而已。即其初见之为问,其所苦于智仁义者,则愁我躯也,愁我身也,愁我己也。由此言之,则师弟之所谓至德要道,嗛嗛于为我,不亦既著矣乎!且不仅是篇为然,盖其所言,莫不如是。是以残生伤性,等伯夷于盗跖。而黄帝之问广成子也,虽求至道之精,将以养人民,遂群生,而广成子且訾以质残,不足以与于至道,独问治身何以长久,而后蹶然善之。是故极庄之道,则圣人生天行,死物化,去知与故,循天之理,于以无天灾,无物累,无人非,无鬼责而已。至于儒墨所谓仁义,则指为不安性命之情,而为桀跖嚆矢者矣。孔曰,杀身成仁;孟曰,舍生取义;则为其道之所薄,而以为殉名,非不仁义也。以仁义之不及于道德,而使天下大絿也。是故杨之为道,虽极于为我,而不可訾以为私。彼盖亲见人心之债骄,而民于利之勤,虽以千年之礼法,祗以长伪而益乱,则莫若清静无为,翛往侗来,使万物自炊累也[57]。

或许他意识到将"为我"之说仅仅引向庄子可能是不足够的,因而他进一步将杨朱"为我"之说同老子关联起来。他在总评《老子》第十三章时指出:

此章乃杨朱为我，庄周养生之所本[58]。

这样，通过一系列的正名，杨朱"为我"不但可以远离孟子的诟厉非议，而且关联上庄子的养生之学，最终又同老子建立起联系，严复可谓是用心良苦。学者向以为，中国是一伦理社会，故而社会中的每一个人，时时刻刻都承担着其应有的伦理责任，儒家将这种外在的责任内化成人的主体能动性，其所谓"内圣外王"之说中"内圣"不过是为其"外王"的心理准备而已。而道家则试图将个人从日常人伦关系的伦理责任中挽救出来，而还人之周全本性。在这一点上，道家思想与西方自由主义确实有着惊人的一致性，严复的把握也确实相当敏锐。当然，要将这一西方自由主义引入中国，严复颇得费一番工夫。他的这一点替杨朱"为我"正名的言论，固然有利于西方自由主义的传播，不过却替利己主义打上了自由主义的旗号，为后者在现代的传播也有着推波助澜的效果。这其实也正符合严复对在民智低下、民德衰弊的情形下推行西方自由主义的一贯担忧。

严复阐述其自由思想时，多次明确申明西方自由主义的主张："人得自繇，而必以他人之自繇为界"[59]。"群己权界"，严复以此命名穆勒《论自由》的中文译本，乃是于新旧势力之间的调和，故而称"自繇之说多矣，非穆勒是篇所能尽也"[60]，以补益穆勒之书中所未说之意。严复也相应地为自由设置了条件，即自由不仅是一项权利，还是一种能力，在很多时候能力甚至较其权利更为重要。这其实延续了西方古典自由主义的主张。严复指出："政欲利民，必自民各能自利始；民各能自利，又必自皆得自由始；欲听其皆得自由，尤必自其各能自治始；反是且乱。顾彼民之能自治而自由者，皆其力、其智、其德诚优者也"[61]。强调自由是一种能力，民众在享有其自由权利之前，必须先有自治之能力。后来在批评卢梭学说时，严复更是明确指出："（新生之孩）是呱呱者，尚安得自由之能力乎"[62]？这里已经明确将自由作为一种能力来对待了。无论如何，自由作为一种能力是为其自由主体者所拥有，与其他外在客体无涉，因而没有任何其他理由能够对民众的自由予以制约。故而严复指出："更骛其余，所谓'代大匠斲,未有不伤指'者也"[63]。

在评点《庄子·天道》篇中"上必无为而用天下,下必有为为天下用"一段时,严复指出:

> 上必无为而用天下者,凡一切可以听民自为者,皆宜任其自由也。下必有为为天下用者,凡属国民宜各尽其天职,各自备于其应尽之义务也[64]。

不管国家采取何种政体,或君主,或民主,作为统治者,在管理国家过程中,都应该确保普通民众所应享有的自由权利,只有这样才能调动普通民众的积极性,推动他们努力进取,各尽所能,社会才能向前发展进步。故而,在评点《老子》第十九、二十章时,严复指出:

> 今日之治,莫贵乎崇尚自由。自由则物各得其所自致,而天择之用存其最宜,太平之盛可不期而自至[65]。

让每一个人都能充分享有他的天赋自由,则物事都能顺应其天性的发展方向,这是与进化论相一致的,能够实现如此目标,则天下大治的太平盛世将会随时到来。其实话反过来说就是,自由是合乎道的,是进化论发展的必然,不予人民以天赋的自由则是不合乎道和违背进化论发展趋势的。

大体说来,两个不同民族思想文化之间的会通应当是在其主流思想之间进行的,只有这样才能真正促进不同思想文化之间的会通,乃至促进民族之间的融合。而一民族内作为主流的思想自当有其作为主流的合理性,维护社会秩序的正常运行当是其中重要的因素,儒家思想作为中华民族传统思想文化中的主流有此。不过,不同民族思想文化之间要想实现其主流思想之间直接会通则比较困难,毕竟一思想能够作为其民族思想文化中的主流并非短时期内实现的,而是经过了长期的思想体系建构、整合和不断完善才得以最终确立的。其延续的时间越长,则其思想体系愈加严密,虽然在其历史的发展进程中也曾多次融合了其他思想文化,不过随着其思想体系的最终完成,其内在架构的完备和严整便使得它对其他不同的思想文化态度越来越严厉,所谓主流思想的排他性观点便由此而生。儒家思想在中国传统思想文化中主流地位的获得不是偶然的,其发展的进程中便曾经历过几次大规模地同如道家、墨家、法家、佛家等的其他非主流思想文化之间的融合,不过进入明清以来,儒家哲学体系的不断完善,在对待其他思想文化的问题上,儒家哲学大体上持批评论点,甚至以为异端,而运用统治力量予以解决。西方基督教文化在明清时期曾得到了较大的传播,且较之于唐代景教传播的不同,明清传教士们很清醒地意识到了儒家思想在中国社会的地位,并做出了相当的调适,不过它同儒家思想之间的矛盾冲突最终导致了"礼仪之争",由此受到清廷的打压。主流思想由于其对社会正常秩序的维护使得它与后者密切关联在一起,一旦社会秩序出现动荡,则与之相关联的主流思想将出现危机。明清以来,西方列强不断加深的对华侵略给传统社会秩序带来了强烈的冲击,儒家思想因其回应无力而备受人们的质疑,甚至承担了造成明清以来中国落后于西方的责任。人们对于儒家思想信任度的不断丧失,都使得作为中国传统思想文化主流的儒家都没有能够承担起直接会通西方思想文化的责任。同时,面对西方思想文化的强势冲击,许许多多的处于正统地位的儒家官僚、士绅还抱持着保守观点,拒绝和排斥着西方思想文化的传播,更是加剧了儒家思想的危机。

非主流思想的存在本身便代表了人性之中的那种不安定特质。人们一方面极力构建一个正常稳定的社会秩序来维护绝大多数人的生存和发展。然而一旦正常而稳定的社会秩序得以形成,人性却有了更高的欲望需求,而现有的社会秩序便逐渐成为了人性进一步发展的樊篱,对现有社会秩序的不满越来越迫使人们开始寻找新的出路。于是另一方面人们试图从正常而稳定的社会秩序中挣脱出来,以追求其自身个性的发展。道家、墨家、法家可以说体现着人们对于作为主流的儒家思想所代表的社会秩序的反叛。每一次社会平衡秩序的被打破,对于其主流思想而言是危机,而对于非主流思想而言则是又一次大发展的机会。近代以来,西方列强的侵略打破了中国传统社会的平衡,处于思想主流的儒家所面临的危机为子学的复兴提供了良好的机遇。在其时儒家尚且对西方思想言论抱持拒绝和排斥时,子学很快适应了西方思想文化不断深入中国的趋势,并为中西思想文化方面的会通做出了初步准备。道家思想便在近代承担了这样的角色,同样严复运用道家思想资源去会通西方思想文化便是当时这一形势的反映。

不同思想文化之间的会通大体上应当包含两个层面,即会其同和较其异。较其异可以彰显不同思想文化各自的民族特色,随着其会通程度的不断加深而逐渐突出;不过,在不同民族交往的初期,强调其思想文化之间的差异则不利于民族交往的深入。近代以来,西方列强试图以其政治、经济、军事等方面的强势而迫使人们承认和接受其思想文化的先进性,而儒家官僚、士绅以传统夷人的态度看待西方列强,在逐渐接受西方物质文明的过程中由强调东西思想文化之间的差异而抱持儒家传统,这些都不利于中西会通的深入展开。会其同当是不同民族交往初期其思想文化方面更主要的内容,这是普通民众接受外来思想文化时必要的心理缓冲。在中外文化交流史上,佛教流行中国初期、景教在华的早期传播等方面,寻找中外思想文化之间的共通之处是其主要工作,进入近代以来,"西学中源"说对中西思想文化各个层面可能存在的相通之处做了较为详细的检讨,其内容虽稍嫌繁琐零碎、附会牵强,不过对于中西会通的进一步深化作了铺垫。在进行中西会通的过程中,道家思想往往很轻易地被纳入人们考察的范围,并作出了相当的贡献。严复以道家思想资源来会通中西思想文化大体上从两个层面展开:其一指出中西思想文化都属人事而已,都是围绕着人的生存和发展而展开的,这就奠定了其会通中西的根基;其二,一切学问都经历了不断发展嬗变的过程,溯逆其思想发展的源头,再结合前面一点,则可以找到中西思想文化的共同本原,以此向下推衍,便可全面把握中西会通。而这一会通的本原,在严复看来便是"道"了。不论严复如何设定其"道"所可能包含的内容,"道"的道家特色显然是不可回避的。其文亦从"道"的本原出发,推衍了严复会通中西的思想理路,其间道家思想资源的运用可以说是非常普遍的。而严复对"道"具体内容的不断添加,又为他在晚年回归到儒家传统提供了方便。进入现代以来,中西思想文化之间的会通更多地在儒家思想主流与西方现代思想文化之间展开,不过其间的种种会其同、较其异则与近代往往相似,其理路上的尝试也延续了严复运用道家思想资源时的思考。而且,即是今日,在中西思想文化会通过程中,道家仍然是一个不可或缺的思想资源。

注 释

[1] 何兆武于《社会契约论》此处附其译注指出:"人是生而自由"这一命题系针对王权专制论者"人是生而不自由的"命题而发的。"费尔玛的体系所根据的理由则是:没有人是生而自由。""费尔玛的根本立场是'人是生而不自由的',这就是他的绝对君主制所赖以建立的基础。"见卢梭《社会契约论》,何兆武译,第 4 页,商务印书馆 2003 年版。

[2] 严复于《〈群己权界论〉译凡例》中对卢梭的"生而自由"有所批评:"卢梭《民约》,其开宗明义,谓斯民生而自繇,此语大为后贤所呵,亦谓初生小儿,法同禽兽,生死饥饱,权非己操,断断乎不得已自繇论也。"不过,其批评乃是为"自繇之乐,惟自治力大者为能享之"所发。《群己权界论》中有"自繇之义,不及格之成人设也,若幼稚,若未成丁,举不得已自繇论。但使其人不为他人所顾复,外患已孽,悉可害生,则皆为未及格者,此自文明之社会言之也。若夫混沌狉榛之民,其一群无及格者,虽以为皆幼稚可也。夫人群进化,本其自力最难,故当此时,而有宣聪明之元后,则出其化民之具,以鼓进之,是故不可以前理论,何则?其心固出于至仁,而文明之幸福至难致也。"见《群己权界论》,

第 11 页。又有："自繇之义，本以论丁壮已年及年格之人，有分别是非之常识者，其人无论对于国家法律，对于舆论，皆宜享完全自繇，自为造因，自受报果，决非局外之人，所得拘束牵绊之也。"见《群己权界论》，第 82 页。可见，严复之批评与卢梭之主张，二者所论，其实并非一物。不过，自由，乃人之第一要义，就此而言，二者之间的一致其实无庸置疑。

[3]《严复集》(1)《辟韩》，第 35 页。

[4]《〈严复集〉补编·与熊季廉书》有，"《自繇释义》易名《权界论》"。第 242 页。

[5]《严复集》(1)《〈群己权界论〉译凡例》，第 133 页。

[6] 孟德斯鸠《法意》主张"民主不可无道德"，有"为民主之制，以自厚其生，知其所恃为长城者，民德而已。"见《孟德斯鸠法意》，第 30 页。

[7] 严复译《群己权界论》一书明确指出，"夫不佞此书，所以释自繇者也，即所以明此公理立此大法者也。"见《群己权界论》，第 10 页。

[8]《严复集》(5)《政治讲义》，第 1279 页。

[9] 譬如汪晖认为："严复的自由观不仅渊源于穆勒，而且植根于《周易》、老子和庄子思想。"见汪晖：《现代中国思想的兴起》，第 877 页，北京三联书店 2004 年版。

[10]《严复集》(1)《论世变之亟》，第 3 页。

[11]《严复集》(1)《辟韩》，第 35 页。

[12]《严复集》(1)《原强(修订稿)》，第 31 页。

[13]《严复集》(1)《〈群己权界论〉译凡例》，第 132 页。

[14]《严复集》(1)《〈群己权界论〉译凡例》，第 132 页。

[15]《严复集》(5)《政治讲义》，第 1287 页。

[16]《社会契约论》，第 4 页。

[17]《严复集》(3)《与胡礼垣书》，第 594 页。袁伟时以此认为："显然，'晚年见道'的严复已悔'故吾'力倡'万国以同归'的自由平等之

理。"正是忽略了严复的自由其实不只是一项权利,更是一种能力。见袁伟时:《严复思想遗产三问》,收入《中国现代思想散论》,第213页,广东教育出版社1998年版。

[18]《严复集》(1)《〈群己权界论〉译凡例》,第134页。

[19]《群己权界论》,第17页。

[20]《庄子集释》,第564页,中华书局1961年版。

[21]《严复集》(4)《〈庄子〉评语》,第1130页。

[22]《严复集》(4)《〈老子〉评语》,第1076页。

[23]《严复集》(4)《〈庄子〉评语》,第1118~1119页。

[24]《严复集》(1)《〈英文汉诂〉叙》,第151页。不过此语似不是典出庄周,而是典出西汉贾谊,《汉书·贾谊传》有:"夫习与正人居之,不能毋正,犹生长于齐不能不齐言也;习与不正人居之,不能毋不正,犹生长于楚之地不能不楚言也。故择其所耆,必先受业,乃得尝之,择其所乐,必先有习,乃得为之。"

[25]《群学肄言·译余赘语》,第Ⅻ页。

[26]《严复集》(4)《〈法意〉按语》,第988页。

[27]《严复集》(4)《〈穆勒名学〉按语》,第1050页。

[28]《严复集》(4)《〈法意〉按语》,第1024页。

[29]《严复集》(5)《政治讲义》,第1254页。

[30]《严复集》(4)《〈庄子〉评语》,第1117页。

[31]《严复集》(4)《〈庄子〉评语》,第1118页。

[32]《群己权界论》,第23页。

[33]《严复集》(4)《〈穆勒名学〉按语》,第1032页。

[34]《严复集》(4)《〈庄子〉评语》,第1111页。

[35]《严复集》(4)《〈庄子〉评语》,第1115页。

[36]《严复集》(4)《〈庄子〉评语》,第1107页。

[37]《严复集》(1)《救亡决论》,第44页。

[38]《严复集》(2)《〈阳明先生集要三种〉序》,第 238 页。

[39]《严复集》(4)《〈法意〉按语》,第 940 页。

[40]《群学肄言·物蔽》,第 67 页。

[41]《严复集》(2)《论今日教育应以物理科学为当务之急》,第 281 页。

[42]《群己权界论》,第 100 页。

[43]《严复集》(4)《〈庄子〉评语》,第 1118 页。

[44]《群己权界论》,第 69 页。

[45]《群己权界论·译凡例》,第 121 页。

[46]石元康:《自发秩序与无为而治》,收于《当代西方自由主义理论》,第 133 页,上海三联书店 2000 年版。

[47]《群己权界论》,第 11 页。

[48]严复思想中"国群自由"与"小己自由"之间的关系曾经在学界聚讼不已。学者多重严复遗嘱中"己轻群重"之说,以及他译穆勒《论自由》而改其书名为《群己权界论》等,在此基础上论证其国家主义倾向。这其实对严复有很大的误解,忽视了其言论发生的历史背景,换句话说,严复的"己轻群重"其实有着鲜明的指向。早在《天演论》中,严复就指出,赫胥黎之书"于自强保种之事,反复三致意焉",于此书按语中,严复提出自强保种三大例,其中便有"群己并重,则舍己为群"。见《严复集》(5)《天演论·论十五·演恶》,第 1393 页。而在《法意》按语中,他曾指出,"特观吾国今处之形,则小己自由,尚非所急,而所以祛异族之侵横,求有立于天地之间,斯真刻不容缓之事。故所急者,乃国群自由,非小己自由也。求国群自由,非合通国之群策群力不可。欲合群策群力,又非人人爱国,人人于国家皆有一部分之义务不能。"见《严复集》(4)《〈法意〉按语》,第 981 页。又有"故前妄言,谓小己自由,非今日之所急,而以合力图强,杜远敌之觊觎侵暴,不自存之至计也。"见《严复集》(4)《〈法意〉按语》,第 985 页。在《民约平议》中,他又指出,"自不佞言,今之所急者,非自由

也,而在人人减损自由,而以利国善群为职志。"见《严复集》(2)《〈民约〉平议》,第337页。诸多言论,足可明见严复所谓国群自由优先于小己自由主张背后鲜明的挽救民族危亡的历史背景。

[49]《严复集》(4)《〈庄子〉评语》,第1125页。

[50]《严复集》(4)《〈庄子〉评语》,第1147页。

[51]《天演论·论十二·天难》,第83页。

[52]《严复集》(5)《〈天演论·论十二·天难〉案语》,第1387页。

[53]《群己权界论》,第100页。

[54]《群己权界论》,第82页。

[55]《严复集》(4)《〈庄子〉评语》,第1125。

[56]《严复集》(4)《〈庄子〉评语》,第1126页。

[57]《严复集》(4)《〈庄子〉评语》,第1138页。

[58]《严复集》(4)《〈老子〉评语》,第1080页。

[59]《严复集》(1)《〈群己权界论〉译凡例》,第132页。严复于《天演论》按语中亦有,"各得自由,而以他人之自由为域。"见《严复集》(5)《天演论·论十五·演恶》,第1393页。又有,"人得自由,而以他人之自由为界。"见《严复集》(5)《天演论·论十五·演恶》,第1348页。

[60]《严复集》(1)《译〈群己权界论〉自序》,第132页。其实穆勒立群己权界之意,本在于"以小己听命于群,而群之所以干涉吾私者,其权力不可以无限也。必立权限"(《群己权界论》,第6页)。个人在社会之中是极其渺小的,其自由之权利随时有被侵夺之可能,穆勒认为"太半之豪暴,无异于专制之一人",在很多时候,所谓多数人的意见对个人自由的威胁尤甚于君主之专制。所以穆勒设立群己权界,在更多时候,其实是为了保护小己自由。严复虽然于《群己权界论》中没有按语,不过对于文中段落大意则都予以概括指出。于其概括言论中稍稍枚举一二,便可明穆勒立群己权界以护小己自由之意。譬如"言社会所不可干涉小己之私者"(《群己权界论》,第90页),

"言社会干涉小己,其流弊之事证"（《群己权界论》,第 91 页）,"言虽有民主,不得夺小己之自繇"（《群己权界论》,第 93 页）,"言不得借口社会权利之说,而侵人自繇"（《群己权界论》,第 94 页）,"言社会不得徒以受损而干涉"（《群己权界论》,第 100 页）。故而《群己权界论》多言政府不可干涉民众的日常生活,有"今世国家政府其最重之天职,在扶植国民,使有独立自治之能,而不为之沮梗,害之所由兴者,以一方之事,国下听其民之自为,夺其权而代其事也"（《群己权界论》,第 119 页）。于此,则穆勒所主张之政府行为,恰与道家老庄的主张极其一致。

[61]《严复集》(1)《原强(修订稿)》,第 27 页。

[62]《严复集》(2)《〈民约〉平议》,第 336 页。

[63]《严复集》(1)《辟韩》,第 35 页。又《老子》第七十四章有:"常有司杀者杀。夫代司杀者杀,是谓代大匠斲。夫代大匠斲者,希有不伤其手矣。"

[64]《严复集》(4)《〈庄子〉评语》,第 1129 页。

[65]《严复集》(4)《〈老子〉评语》,第 1082 页。

第七章　章、王、冯对道家思想资源的运用

在《〈老子〉评语》的序言中,夏曾佑试图找寻出严复以为《老子》"其说独与达尔文、孟德斯鸠、斯宾塞相通"的合理性,在严复"道通为一"的立场之外另辟蹊径,注意到时代背景对于个人思想的影响,从而指出"其所观感者同,则其所意念者亦同"[1]。虽然夏曾佑对老子、斯宾塞与严复三人时代背景之相似性的阐述颇有些牵强,但这并不影响和消解他的这一论断的价值。以此论之,不论是个体人生际遇上的坎坷使得严复试图在道家思想那里找寻自己的精神慰藉,还是严复为传播和会通西方思想文化而积极地从道家思想那里找寻必要的思想资源,严复与道家之关系的背后,显然是在面临千年变局的近代中国思想发展与转型过程中道家思想所发挥的思想资源作用,换句话说,严复与道家之关系也为道家思想的这一思想资源作用提供了十分重要的例证。事实上,道家思想的这一思想资源作用,在诸多近代启蒙思想家那里都能找到相关的印证。有必要指出的,即使在严复的思想里,肯定道家思想的影响,并不意味着会消解其中儒家思想的地位。长期以来,在中国传统士人的思想意识中,儒道共存的情形并不少见,况且在严复那里,儒家思想与道家思想都是中国传统思想文化的重要组成部分。在诸多近代启蒙思想家那里,其情形当与严复相似,也就是说,肯定其中道家思想的影响,并不意味着要否定其他流派的思想地位,换句话说,并不是一定要强调道家思想的主导地位才意味着道家思想的思想资源作用;同时,忽视道家思想的影响,则不得于全面而真实地把握诸多近代启蒙思想家的思想;进而言之,很难真正把握中国近代思想的发展与转型。下文正是以章太炎、王国维、冯友兰为例,通过他

们对道家思想资源的运用,来揭示在中国近代思想发展与转型过程中道家思想的思想资源作用,并以此来照应严复与道家思想之关系。

第一节 章太炎与道家思想

研究章太炎先生思想的学者稍加考察就可以轻易发现,在中国思想史上的诸多人物和学派中,章太炎始终对于庄子怀着独特的喜爱,一直都给予很高评价。在《訄书》中他便针对"庄氏足以乱天下"阐发了自己的观点:"夫庄周愤世湛浊,已不胜其怨,而讬厄言以自解,因以弥论万物之聚散。其于治乱也何庸"[2]?为了规避老子思想中的权谋之术对庄子的影响,他甚至一反传统学术史的做法,力辨庄子并不同于老子,在《诸子学略说》中他认为"庄子晚出,其气独高,不惮评弹前贤,愤奔走游说之风,故作《让王》以正之;恶智力取攻之事,故作《胠箧》以绝之。其术似与老子相同,其说乃与老子绝异,故《天下》篇历叙诸家,已与关尹、老聃裂分为二。……其裂分为二者,不欲以老子之权术自污也"[3]。而在《庄子解故》中他更是毫不掩饰其对庄子的褒美,"若夫九流繁会,各于其党,命世哲人,莫若庄氏;《逍遥》任万物之多适,《齐物》得彼是之环枢,以视孔墨,犹尘垢也"[4]。至于其他各处只言片语之间所流露出来的对庄子的喜爱和褒美更是不可枚举。

一、"一字千金"的《齐物论释》

在《庄子》诸篇中,章太炎素来看重《齐物论》,甚至提出"言兵莫如《孙子》,经国莫如《齐物论》"[5]。《孙子》在兵学上的重要性自不必由章太炎来特别主张,不过将庄子的《齐物论》提到这样的高度却恐怕是章太炎的首创了,他认为"《庄子·齐物论》则未有知为人事之枢者。由其理趣华深,未易比切,而横议之士、夸者之流又忌其害己,是以卒无知者。余向者诵其文辞,理其训诂,求其义旨,亦且二十余岁矣,卒如浮海,不得折鼂。涉历世变,乃始謰然理解,知其剀切物情"[6]。1908 年章太炎为许寿裳、朱希祖等人讲学时,曾专门讲授《庄子》,并最后于此写成《庄子解故》一书,其书首题记中提到"微言幼眇,别为述义,非《解故》所具也"[7]。这"微言幼眇,别为述义"显然便指的是《齐物论释》。

据章太炎的自定年谱,《齐物论释》写成于 1910 年。其前,章太炎因苏报案囚禁于上海租界提篮桥狱时,狱中不得看书和报纸,惟有新旧约和佛经除外,章太炎以此在往日的基础上对于佛法经论作了极为深入的研诵,甚至在他出狱之后也没有放弃。1906 年章太炎出狱,再次东渡日本并成为《民报》主编,力陈排满革命、建立民国之义,与改良派、保皇派及革命投机分子等针锋相对。而佛教对于章太炎的影响也逐渐显现出来,在东京留学生欢迎会上章太炎便极力主张:"第一,是用宗教发起信心,增进国民的道德,第二,是用国粹激动种性,增进爱国的热肠"[8]。他所提倡的宗教显然就是佛教了。其后他更是著文《革命之道德》来力陈道德对于革命的重要性,以为戊戌维新运动、自立军起事等的失败乃是道德腐败所致。至于道德的主要内容,除了顾炎武的"知耻、重厚、耿介"外,章太炎极力主张"必信",他认为革命党人如果能够"则而行之,率履不越,则所谓确固坚厉、重然诺、轻死生者,于是乎在"[9],那么革命事业的成功也就指日可待了。章太炎试图用革命道德来改造和建设革命党,团结和融洽革命党人,组织和壮大革命力量,以达成革命事业建立"国民平等之制"的最终目的,实现"四万万人一切平等,国民之权利义务无有贵贱之差,贫富之别,轻重厚薄,无稍不均"[10]的革命理想。这些理想在佛教和国粹中都能找到相关依托,将两者关联起来考察,那么章太炎的主张也就自然具备了它所应有的合理性了。正是在这样的背景下,章太炎力陈排满革命而个人几经险难,历睹革命种种变故并屡屡与革命同志发生龃龉,苦苦思索革命各种难题寻求答案,《齐物论释》的完成无疑正是他长期思考的结果。

章太炎后来在《自述思想变迁之迹》中指出：

顷来重绎庄书，眇览《齐物》，芒刃不顿，而节族有间。凡古近政俗之消息，社会都野之情状，华梵圣哲之义谛，东西学人之所说，拘者执箸而鲜通，短者执中而居间，卒之鲁莽灭裂，而调和之效，终未可睹。譬彼侏儒，解遘于两大之间，无术甚矣。余则操"齐物"以解纷，明"天倪"以为量，割制大理，莫不孙顺[11]。

于此可见章太炎对于自己这一著述的自负态度，他甚至认为"千六百年来未有等匹"[12]，"可谓一字千金"[13]。不过，章太炎对于此作的看重，并不仅仅是其《齐物论释》"精要之言，不过四十万字，而皆持之有故，言之成理，不好与儒先立异，亦不欲为苟同"[14]，而似乎更在于其写作意图的实现。章太炎在《齐物论释》序言中开篇便指出庄子著述的特殊时代背景，"苍姬迄录，世道交丧，奸雄结轨于千里，烝民涂炭于九隅"[15]，庄子"其有忧患乎"个中所表达的其实也是他自己处于清末民初之际内心所包含的强烈的忧患意识。这也基本上将他写作《齐物论释》的内心意图表露无遗。章太炎就平等与革命的关系曾经作出解释："有的说佛教看一切众生，皆是平等，就不应生民族思想，也不应说逐满复汉。殊不晓得佛教最重平等，所以妨碍平等的东西，必要除去。满洲政府待我汉人种种不平，岂不应该攘逐"[16]？结合前文中《齐物论释》的写作背景，可以明确地说，章太炎之所以极其看重《齐物论释》的成就，更多的不是他自身渊博学问的展现，而是他完成了民主革命的形而上论证。他的自负当在于此，他的期望恐怕更多的也在于此了。

二、"一往平等"的齐物之用

《齐物论释》的思想资源中，道家的成分自不必赘述，不过就全文始终而言，佛学的成分却更著痕迹，除此外，便是当时日渐深入中国的西学了。章太炎在篇首释题首先就明确点出了其文的主题："齐物者，一往平等之谈。详其实义,非独等视有情,无所优劣。盖离言说相,离名字相,离心缘相,毕竟平等,乃合齐物之义"[17]。"平等",显然就是章太炎意图通过《齐物论》所理解的主题,用他白话的解释是"及到庄子《齐物论》出来,真是件件看得平等";而"离言说相,离名字相,离心缘相"则便是章太炎意图达成对"平等"的真正意义予以理解的方法。平等的真正意义,章太炎有着更通俗的白话说法:"近人所谓平等,是指人和人的平等,那人和禽兽草木之间,还是不平等的。佛法中所谓平等,已把人和禽兽平等。庄子却更进一步,与物都平等了。仅是平等,他还以为未足;他以为'是非之心存焉',尚是不平等。必去是非之心,才是平等。庄子临死有'以不平平,其平也不平'一语,是他平等的注脚"[18]。这里所涉及的其实便括尽了西学、佛家和道家各自对平等之义的理解,在章太炎看来,西学资本主义的平等观念主张一切人生来都是平等的,只是人和人之间的平等,这是远远不够的;而佛家等视有情,将平等扩张到一切生命体之中,让禽兽草木获得和人一样平等的权利,虽然是一个重大的进步,却仍然是不够的;只有道家庄子的齐物主张,将平等扩大到一切天地万物之中,才可以说称得上真正的平等意义所在。从人类这一物种内部到囊括人和禽兽草木的一切有生命体,再到道生万物的一切天地万物,章太炎似乎在追寻一种绝对的平等观。到此为止,章太炎的平等意义超越了西学和佛家的平等观念,而最终立足于道家的齐物观念上。不过,在如何把握此平等观念时章太炎则没有简单地采用道家的"以道观之",而是吸收了佛家的破立之说,即"离言说相,离名字相,离心缘相",然后其破立的根本便落在了"是非之心"的"心"上了,也就是文中他处所说的"观察名相,会于一心"。那么,章太炎的整个逻辑理路就可以简化为一句话:通过"心"来"离言说相,离名字相,离心缘相"而实现"平等"。于此显见,道家庄子的"平等"是整个形而上论证的宗旨所在,佛家的名相破立便是整个形而上论证的方法所在,西学的诸多概念则大多不过是为其方法和宗旨提供有益的佐证罢了,而其间章太炎也频频引用《庄子》其他诸篇文字以资佐证,这又使得《齐物论释》所涉范围其实已经远远不只是《庄子·齐物论》一篇,而是涵及了《庄子》全篇。

　　章太炎既有平等的主张,其应用实践并不仅限于以此来推翻当时的清政府,他还试图用此来应对当时西欧资本主义国家在全球的侵略扩张。他颇有感慨地说过:"向令《齐物》一篇方行海表,纵无减于攻战,舆人之所不与,必不得借为口实以收淫名明矣"[19]。近代自由平等观念本来便是从西欧资本主义社会向世界其他民族和地区不断传播的,不过伴随于此的西欧资本主义国家在全球的侵夺攻伐,在章太炎看来他们其实正是进行着违背自由平等之事,"始创自由平等于己国之人,即实施最不自由平等于他国之人"[20],"综观世界所谓文明之国,其屠戮异洲异色种人,盖有甚于桀纣"[21]。章太炎对于深受西欧资本主义列强野蛮侵略的亚非拉弱小民族和地区所遭受苦难的同情,个中其实也有着对近代饱受西方列强侵略的中国的浓厚感情。进化论在近代中国的流行固然有助于振奋和激起中华民族的复兴,但在章太炎看来,进化论所包含的许多内容诸如优胜劣汰、物质文明进步等显然也为西欧资本主义列强的兼并侵略提供似乎正当的理由,他特别指出:"怀着兽心的强国,有意要鲸吞弱国,不说贪他的土地,利他的物产,反说那国本来野蛮,我今灭了那国,正是使那国的人民获享文明幸福"[22]。他没有完全接受西方进化论的观点,而是提出了自己"俱分进化论"的主张,其思想深处所蕴涵的仍然是道家庄子的齐物平等思想。他以此来主张打破西学中对文明与野蛮的区分,"应务之论,以齐文野为究极"[23]。文明与野蛮的区分本身就是进化论主张的体现,而进化论显然又是西方列强社会发展的张本,它忽视和否定了那些弱小民族自身的文化发展进程,同时也抹杀了他们各自长期社会发展积累的文化成就,它实质上也否定了弱小民族存在的合理性,这显然同西方列强自身所宣扬的自由平等是相违背的,但又是西方列强一向用来辩解其侵略的借口:"志存兼并者,外辞蚕食之名,而方寄言高义,若云'使彼野人获与文化'。斯则文野不齐之见,桀跖之嚆矢明矣"[24]。不过,在近代西方资本主义列强处于绝对强势的情形下,想要彻底改变人们的社会进化论观念则又是极其困难之事,章太炎对此也无可奈何:"文野之见,尤不易除。夫灭国者假是为名,此是梼杌、穷奇之志尔。如观近世,有言无政府者,自谓至平等也,国邑州间,泯然无间,贞廉诈佞,一切都捐,而犹横著文野之见,必令械器日工,餐服愈美,劳形苦身,以就是业,而谓民职宜然,何其妄欤"[25]!进化论之说显然已经深入到许多人的意识中去了,便是向来主张与现代文明相对抗的无政府主义者,在他们构设的理想社会中也已经刻上了进化论的深刻烙印。不过章太炎还是表达了他对齐物平等观念得以实践的理想社会充满了期待,他认为:"原夫《齐物》之用,将以内存寂照,外利有情,世情不齐,文野异尚,亦各安其贯利,无所慕往"[26]。他还引述了《庄子·至乐》篇中"鲁侯养鸟"的事例,来表达了齐物平等的最终落脚处:"野者自安其陋,都者得意于娴,两不相伤,乃为平等"[27]。他的落脚处显然便是出于对中国华民族在近代绝对弱势处境的深刻感情,而对于西方列强势力的种种侵略干涉则流露了他的强烈不满。

三、"会于一心"的名相排遣

以佛释庄、以庄印佛显然是《齐物论释》的主要特色,不过个人认为,从整体上说来,佛法理论在章太炎的论证过程中只是充当了名相分析的工具,而《齐物论释》最后却是以"排遣名相"终结。就名相破立而言,章太炎的目的既然是要为民族民主革命论证推翻清政府、建立民国的合理性,其方法上显然要以破为主,从而打破清政府赖以存在的诸多合理性,并为新的国家制度构建其合理性的基础。《齐物论》在"排遣名相"时显然更多地借助于道家庄子的相对主义思想。章太炎先是以佛法理论的辨名析理来括尽人们认识物事、分析和把握物事的各种可能方法,然后痛陈此诸多方法所存在的局限,进而否定了诸多方法在本质上的相对性,然后将所有问题最终逐渐地归结到"人心"本身,而章太炎的"排遣名相"至此也基本完成。

以佛释庄的方法在《齐物论释》的篇首释题时章太炎便已经以明确的方式予以提出，即"离言说相，离名字相，离心缘相，毕竟平等"，基本上整个《齐物论释》的论证主要就是从此三方面得以展开。

离言说相。章太炎借老聃之言说："愤骄而不可系者，其唯人心乎"[28]！此语并不出于《老子》，实在是《庄子·在宥》篇与崔瞿对话的老聃，不过这似乎并不重要，章太炎所关注和认同的是"人心"，人心一旦发动便是不可羁縻禁止的，此后种种物事、诸多名相不过是人心发动的结果而已。章太炎一开始便将名相所致的根源严密地归依于人心之动，本质上为他后面关于辨析名相的相对性从根基上设下了阈限，也为他在"排遣名相"之后重新归依人心作下了铺垫。人心之动所触发的种种物事，章太炎借佛法理论将之概括为三事，正如他所言："人心所起，无过相名分别三事，名映一切，执取转深"[29]。换句话说，人心所动，发于外，不外乎指向一切物事的现象，又随象所动而形成关于一切物事的观念，并由此而生出种种分别之心。三者之中，名的影响最为显著，无论言说思考都得依名而行，于此章太炎引入《瑜伽师地论》的佛法理论，将之概括为四种寻思，即：一者名寻思，谓于名唯见名；二者事寻思，谓于事唯见事；三者自性假立寻思，谓于自信假立唯见自信假立；四者差别假立寻思，谓于差别假立唯见差别假立。由四种寻思引出四种如实智，即：名寻思所引如实智，事寻思所引如实智，自性假立寻思所引如实智，差别假立寻思所引如实智。此四种如实智试图括尽人们关于一切物事的思考模式，思想的展开必须依从概念而行，没有概念则种种思考念想无法展开，进而诸多观点立场亦无从出现，没有了观点立场则种种语言议论也就不会存在；概念既立，则种种物事念想由此而发动，诸多语言议论亦由此而作起，而语言议论指向的物事念想只是其现象假立，并非其自性本体，故而种种语言议论之间的差别存在只是观点立场上的不同而已，并非真理谬误之别。对此四种如实智如果能够真正理解，则应当明白种种语言议论都是相对的，如果知其中破立,则可有,可无,非有,非无,都可以通过这些道理加以把握,其中差别相对,了然于心,对于各种语言议论便都可以平等对待。通过对四种寻思、四种如实智的考察,最后章太炎认为,平等并不应当只是一个语言概念,而是一种态度方法。换句话说来,就是要想真正理解平等,是不可能通过种种语言概念的分析论证获得的,这其实已经初步否定了关于平等诸多概念阐述的普遍性。其后,章太炎引《大乘入楞伽经》的"一切诸法离文字故,非不随义而分别说"对以上论证作了归结,并将它与道家思想作了照应,他认为此论正合《庄子·寓言》篇的宗旨,即"言无言,终身言,未尝言,终身不言,未尝不言"[30]。实质上将他的佛法论证理路最终还是回到道家思想的立场上了。

离文字相。虽然前文中章太炎通过论证言说的相对性指出平等作为一种态度方法是不能直接通过语言概念予以把握的,但恰如前文所论,念想一起,则概念必作,对平等的把握仍然无法离开语言概念进行。章太炎进而从两个角度对语言概念作了一番考察。

概念之名既然已经存在,那么想要把握其指向的实在就必须作一番训释。大体上说来,训释之法主要从三方面进行,即:说其义界,责其因缘,寻其实质。说其义界,其实就是借助概念训释概念。比如训释"一"时,可以说是"二之半"或"半之倍";而训释"二"时,则说"一之倍";训释"半"时则说"一分为二";"二"与"半"都需依赖于"一"才能加以训释,也就是训释"一"时并没有真正把握"二"或"半"。以一个概念对另一个概念进行训释,这种相互为训的做法显然并不能把握概念所指向的实在。责其因缘,其实就是借助物事的因果关系来予以训释。比如说人身上的细胞都是运动的,要解释细胞为什么能够运动。依此法则可以说,万物都是运动的,细胞是万物中一种,所以能运动。进而问万物为什么能够运动,则可以说万物之中都含有动力的缘故。再问动力为什么能够动,则可以说动力自然能够动。至此语言穷尽,则人身上的细胞为什么能够运动的解释可以说就是因为它能够运动所以能够运动。这显然没有找出其真正的原因来。也就是说，通过因果关系的探究显然不能把握概念所指向的实在。寻其实质，其实就是试图直接把握实在。章太炎此处引入物质本原以为例证，四大种子如阿㮛、钵罗摩怒、电子、原子，如果根据物质无限可分的观点，则四大种子仍然可以继续无限剖分，那么物质本原也就不存在。根据物质有限可分的观点，佛家有假设而立的坚湿煖轻四大种子，不过离开人的五官感觉之外来把握此四大种子是不可能的。故而试图直接把握实在，也是不可能的。这是章太炎的第一个角度，就名与实的关系来论证概念的相对性，认为试图通过对概念的训释来把握其指向的实在是不可行的，训释只能在文字之间纠缠，而实在是不可能通过文字显现的。

以上论证了想要把握概念所指向的实在显然不可以通过文字训释的方式完成，其实概念本身与实在之间并不相称，章太炎从三个方面对此进行了论证，即本名，引申名，究竟名。所谓本名，譬如说水是水，说火是火，但考察说水是水，说火是火的缘由却无有依归。进一步说来，水准、火毁的说法都是从其本名上滋生的，似乎有所依据，本名既无依归，则其所滋生的概念就如同临空作画，无所依归。此外不同地域或不同语言里对于同一物事所立的概念往往大不相同，换句话说，很可能有许多个概念其实指向同一实在，两者之间显然并不相称。所谓引申名，通过不同概念之间的组合或假借等方式，赋予原有概念以新的意义，这就使得往往同一概念可能指向不同的实在，譬如鸿胪，本义是大雁、肥腹，而引申后的意义则是主宾赞官；尤其在音译异国语言过程中使得原有概念获得新的意义，譬如"言娑洛者，显目坚实，密诠流散"[31]。此外学术界更是经常赋予一些概念以新的意义，更是使得概念与实在之间不能相称。所谓究竟名，诸如道、太极、实在、本体等等一类终极性概念，道本义是路，但是在道的所有终极性的意义中断没有路之意。从概念与实在的照应说来，究竟名最能体现其不相称性。以上三方面，章太炎即用此来显明概念与实在之间其实极不相称。并最后指出："名实本不相依，执名为实，名家之封囿，淫名异实，狂人之蒭愚，殊涂同归，两皆不可"[32]。概念与实在之间并没有真正的照应关系,如果执著于概念与实在之间的对应,则过于拘束,而如果随意滥用概念,则是为狂妄了。

离心缘相。前面已经将语言议论和概念诠释从真正把握平等的途径剔除出去,这仍然是不够的,章太炎又进一步借助了佛家的"无尽缘起"说对人们习惯的日常意识作了清理。他以时空观念的虚幻来论证念想分别乃是攀缘作用的结果。所谓大小寿夭不过都是相对的,譬如秋毫大山的形体如果不同外物相与比较,就其自视而言则秋毫亦可为大,大山亦可为小;譬如殇子彭祖的夭寿就其各自的志向说来,则殇子亦觉其命长,而彭祖亦觉其寿短。大小寿夭之别,乃是相互攀缘的结果,以秋毫与大山相较,以殇子与彭祖相较,则大小夭寿的分别自然生起。人们日常习惯的时空观念便是通过这种相互攀缘而被误为真实的,正以此为真实故而常说"天长地久者先我而生,形隔器殊者与我异分"[33]。譬如人们的身体形躯,就其构成而言,离不开水火金铁等物质,水火金铁之物质显然是天长地久,又与人类形隔器殊的。如果说人们的身体形躯内没有水火金铁之物质,也就不可能有人的身体形躯了,如果说人的身体形躯是为水火金铁之物质,则人的身体形躯其实也是天长地久的了,如果没有天地,也没有人类,则天地和人类都不能生起了,所谓现在是就没有天地之前而言,天地既已经生起,则现在也就无所谓过去和现在了。进而言之,从人们的身体形躯亦可推知人类和天地万物,无论其生命体或非生命体,就其实质说来都是一样的,并没有自他的差异,所以说万物与我为一,恰如《庄子·寓言》篇所言"万物皆种也,以不同形相禅"[34]。其后章太炎以进位退位命分之说对佛家所说"一切即一,一即一切"作了分析,以体用之说对椽舍之喻作了诠释,最后认为:"凡此万物与我为一之说,万物皆种以不同形相禅之说,无尽缘起之说,三者无分"[35]。

通过以上论证,既明名相的存在都是种种相对性,那么试图通过辨名析理来真正把握平等显然甚是困难,而"离言说相,离名字相,离心缘相"之后便只剩下"人心"了。"人心"既然不能依赖于言说、概念与习惯思维来把握平等,那么就只能依赖于"人心"本身了。于此,章太炎提出了"原型观念":"藏识中种子,晚世或名原型观念,非独笼罩名言,亦是相之本质"[36]。原型观念的提出,不能不说有受康德建立十二基本范畴的影响,不过章太炎认为康德的十二范畴太繁杂琐碎,于是引入佛法八识理论提出六种子说,即第八藏识所有的"世识、处识、相识、数识、因果识"和第七意根的"我识",其他一切种种不过是此六种子所衍生而成。人心未动之时,六种子处于潜伏状态,而一旦人心发动,则眼耳鼻舌身意六识随时显现,进而触发意根,意根执藏识而我之,乃生分别,于是六种子造作而成心。举时间为例来说,时间的更替递代,如何能知有现在则必有未来,知有今日必有明日。譬如婴儿刚刚出生时常以嚎哭来索取乳汁,他本就知道现在的索取在未来可以得到实现,譬如老鼠在遭遇狸猫时本就知道现在遇到狸猫在未来自己将会被捕食,这些能力都是每个人心内本来就存在的,不论智愚都具备,这些能力显然都是原型观念的显现。

原型观念的提出,在章太炎那里,可能更多地用来使其思想主张超越个人特殊体验的相对性,进而方便将之施之于普遍个体。原型观念或许近似于西方的"绝对精神",不过却有所不同。章太炎并没有找寻一个至高无上"绝对精神"存在的意图,而是在"离言说相,离名字相,离心缘相"后回归人心时消解其中可能陷入特殊个人体验的趋向以建立其普遍性的基础。故而,在提出原型观念后,章太炎并没有真正全面展开他对原型观念的阐述,而是迅速转到成心的应时显现,并指出"师其成心,愚者与有,亦若日用而不知焉"[37]。在论述成心时,章太炎区分了三个层面,即:种子未成时,不应倒责为有;既有种子,言议是非或无定量;见量所得计为有实法实生者,即是意根亡执也。时间之更替递代的事例用来论证原型观念的存在,而"是非见"其实是章太炎对原型观念进行的应用。故而他指出:"是非所印,宙合不同,悉由人心顺违以成串习,虽一人亦犹尔也,然而系乎他者,曲直与庸众共之,存乎己者,正谬以当情为主,近人所云主观客观矣"[38]。一个"亦"似乎是用来表白其将普遍性的原型观念应用于个体的特殊性,而实是就将原型观念的应用从个体的特殊性扩充到庸众的普遍性,这正是章太炎使用原型观念的意图所在。他进而对于古今所谓守旧进化之论予以评判:"道本无常,与世变易,执守一时之见,以今非古,以古非今,此正颠倒之说,比于今日适越而昔至,斯善喻乎。世俗有守旧章顺进化者,其皆未喻斯旨也"[39]。章太炎的进化观于此可见一斑。所谓守旧和进化,其实无有分别,其间之相互龃龉,不过或以古非今,或以今非古,仍是人心逆顺所养成的习惯意识罢了。所谓历史评判,亦同于此。"史书往事,昔人所印是非,亦与今人殊致,而多辩论枉直,校计功罪,犹以汉律论殷民,唐格选秦吏,何其不知类哉"[40]。一切皆随其成心,道亦随心变,章太炎对于庄子相对主义的阐发可谓达到极致了。他指出:"道何所依据而有真伪,言何所依据而有是非,向无定轨,唯心所取"[41]。然而既是心之所取,心又如何取舍?章太炎以为,心之取舍标准其实不定,不过大体上说来就是约定俗成所致。章太炎在认明成心不过约定俗成后,进一步对物的指称作了明辨。章太炎认为,说"物莫非指",不过是世俗习惯之论,物皆有所对待,有所指,所指者为境,而境则有对,其实物之相分、见分一体,并无内外之别,不执见,则相在见外,所以物并非境;说"指非指",其能指者,即识,识则无对待,故识非境;无对,所以谓之之无,而有对,则所以谓之之有;物非境,识非境,则有无之争便无从生起。至于白马之论,章太炎认为,天地本无体,万物皆不生,以法执来考量,则物无有成毁,以我执来考量,则万物流行变化,可见如此种种不过意根遍计之妄,明白于此,则论争亦无从生起。意根妄执之说,章太炎实是将对象及对象之别最终都消解于人心的主体中,无有分别,无有主客,无有内外。

通过一系列的论证,章太炎最终摧毁了现实世界中一切器物文明、社会制度、思想观念所可能存在的合理性根基,一切不过是人心的应时显现,是人心所动致其原型观念外发的虚幻之象。一切器物文明、社会制度、思想观念都不过是相对性的存在,就在深层的本质而言,其显现于世俗之中的种种虚妄分别在人心那里是平等的,而现实世界中一切不平等的存在都是人心妄执的表现。既明此点,则诸如此类不平等物事的存在是不合理的,推翻、颠覆种种不平等的物事,回归人心本质上的平等,则是合理的。民族民主革命的目标是建立一个平等的共和国,这与人心本质上的平等是一致的。章太炎通过隐晦涩奥的语词、庞杂繁琐的论证,借助佛法理论的种识观念、道家老庄的相对主义,一层一层地剥离现实世界存在的合理性根基,为其民族民主革命的合理性提供了形上学的证明。

　　非主流思想代表着人性之中那种不安定性,这种不安定性其实便是对社会正常秩序的反叛。社会秩序永远都在平衡与失衡之间变换,或可以说,社会秩序永远都处于失衡的趋势中。主流思想作为社会正常秩序存在的合理性基础,通过各种途径对民众的行为发生影响,或借助于外在的国家相关政策措施实行强制规约,或张扬其内在的个体心性良知实现主动回归,以维护社会秩序的正常运行。儒家思想能够在中国传统思想文化中长期处于主流势态正在于此,其儒家内部孟、荀之间的差别或许便在于此不同途径的选择上,不过其目标上实是一致的。在历史发展的长河中,或尊孟抑荀,或尊荀抑孟,其思想上优势处境的获得实与当时社会发展的实际形势密切相关。社会秩序失衡的原因可能有诸多解释,而人性之欲求是其中难以回避的话题。人性之中的不安定性是与人性之欲求密切相关的,人性之欲求如果得不到满足,便会激发其不安定性;即便人性之欲求暂时得到满足,那也将会产生新的欲求,欲求的不可遏止最终必难得到彻底满足,同样会激发其不安定性,从而带来对社会正常秩序的反叛。诸多非主流思想大体上说来为人性之不安定提供了一条可能的出路。

　　道家思想通过对现实经验世界的不断剥离,以直觉体悟方式重构了一个相对平衡的内在精神世界。道家虽然以内在之超越来尝试消解现实经验世界所激发的不安定,并获得对于现实经验世界新的体验,不过道家最后并不能将人真正从现实经验世界中剥离出去,因而造成人性之不安定的诸多矛盾仍然存在,最终道家以既在社会中又不在社会中的遁隐方式,生存于现实经验世界之中。道家的遁隐显然不同于普通民众在社会中的生存方式,这只能是个体的特殊体验,它固然可能让人获得暂时的内在安定,却不可能为社会中的普通民众所借鉴。姑且不说并不是每一个人都能够通过此种方式获得暂时的安定。人是在社会中生活的,人也必须在社会中生活,在社会中生活的人必定要承担社会赋予他的责任,尽他应尽的义务,人伦日用便是其中之一。如果每个社会成员都以遁隐的方式逃避其社会责任,则社会的维持便不可能。道家思想之不能居处社会思想文化的主流大抵上由此。人性之欲求不能得到满足所激发的人性之不安定,如果不能像道家思想所主张的那样通过重构一个相对平衡的内在精神世界予以消解,便会推向社会并造成破坏,经过不断积累最后将导致社会正常秩序的坍塌,这自然是不可容忍的。故而主张将人性之不安定推向社会的思想大多受到打击。相比之下,道家的遁隐方式将这种人性之不安定消解于个体的内在精神世界之中,由个人自身予以承受,其对社会秩序的冲击相对较弱,故而不失为解决社会矛盾的不错方式。长期以来,道家思想能够得到儒家正统的兼容大抵上由此。诚然,道家思想毕竟对于社会正常秩序有所批判,有时甚至十分激烈,虽说最后道家思想将之在内在精神世界中予以消解,不过其对社会之种种批判却往往被人们注意到并作为批判社会的工具。此外,道家对于内在世界中精神逍遥自由的鼓吹,也很容易被外化成人们在现实经验世界的客观追求。以上两方面的因素使得道家思想在历史发展进程中经常成为推动社会变革的思想动力,并成为儒家正统进行打击的对象。道家思想在维护社会正常秩序上的助益与其充当社会变革的思想动力两种完全不同的走向让儒家正统难以取舍。

严复是主张社会变革的,他通过对道家之自由思想的评点来阐明推动社会变革的理由。社会变革是个体自由以及族群自由得以实现的必要途径和必然结果,自由是人的生存本能,这是符合进化论的。严复比较看重自由之本义,即"不为外物拘牵""自主无罣碍"。自由之本义已经极其鲜明地表露出突破当时社会制度樊篱的欲求。当时清治下的社会制度已经阻碍了中国的社会进步,这不单单是传播西方思想文化的问题,而已关系到中华民族的存亡。严复中西会通之理路从"道"的共同本原,进而引入进化论之天理,最后完成于"以自由为体,以民主为用",对个体自由的渴望和追求是其思想核心。他虽然对维新变法运动、辛亥革命都有所不满,但对于维新变法运动、辛亥革命的将来他仍然存有希望。大体上说来后世将道家自由思想作为社会变革思想动力的理路与严复都很相似。章太炎对民族民主革命所作的形而上学论证则主要借助了道家之平等思想。追求齐物平等主要是在对于社会制度的批判中激发的,虽然人们都可以轻易地意识到绝对平等是不可能的,但追求平等仍然能够表露出人们对于社会制度中的权利和物质分配不公等方面的不满以及改变现状的强烈愿望。章太炎借助道家之平等思想将西方资产阶级的平等思想予以放大,从人人生而平等,到一切有情平等,最后是万物平等,其平等的最高境界实是平等中之不平等,不平等中之平等,一切唯心而已。他对于民族民主革命的形而上学论证,通过辨名析理、排遣名相,以道家的相对主义否定了现实社会制度存在的绝对性基础,最终将一切"会于一心"。章太炎既论证现实社会制度存在的一切所谓理由不过是意根妄执的结果,那么推翻清政府、建立一个新的平等的国民政府自然是合理的。利用道家之平等思想作为社会变革的思想动力,在后世也曾多次为人所激扬,不过像章太炎所作这样的复杂论证却是少有。

第二节　王国维与道家思想

人们提到"独立之精神,自由之思想"这一名言时往往首先想到的是陈寅恪先生,只有稍加了解之后才能知晓其当出自于陈寅恪为清华园王国维纪念碑所撰写的碑文,实是陈寅恪对王国维治学精神和主张的称颂。

这对"独立之精神,自由之思想"的热切追求,或许正从另一方面说明了独立自由之难得,而在某些特定的历史时期将独立自由作为一种追求特别地予以强调则又有其特殊的意义,王国维一生的经历际遇在很大程度上只能作为追求独立自由的注脚而存在。个人禀性、家庭境遇、社会前途和民族远景种种都在王国维的精神上打下了难以磨灭的烙印,就个人禀性而言,他在三十自序中说自己"体素羸弱,性复忧郁",性格内向,仁讷寡言,不善交际,却又极其多思,这使得他更多地沉浸于其独自的精神世界中;就家庭境遇说来,家道中落,贫困潦倒,不但不能资供他出外求学,而且不得不劳碌于衣食之忧,而又幼年丧母,青年之际,其父、其继母、其妻先后弃世,频频遭受种种打击,经济压力和家庭变故无疑都加深了他精神上的压抑;就民族远景说来,他自小受其父亲影响"好谈时务",有着强烈的忧患意识,却于清朝廷的不思进取无可奈何,悲世伤时的情绪难以开解;就社会前途说来,其治学谋生,得罗振玉的赏识和帮助,乃有学术上的成功,不过却亦备受罗振玉的牵累,卷入清小朝廷诸事,难以撇清事外,只好委曲求全,这无疑给他的精神增添了极大的负担。终其一生,可谓是追求独立自由而不可得,只好济心于学术研究,沉浸于思想精神的内在世界,然而这最后躲避的净地最终无法承受外在的压力而陷入崩溃,虽然他在《红楼梦评论》中明确主张"解脱之道存于出世而不存于自杀"[42],他自己最终却选择了自沉于颐和园昆明湖以求解脱。

王国维的人生际遇对于他哲学观念和学术思想上的选择有着不可估量的影响,他于青年之际便接受了叔本华悲观主义意志论哲学的影响,不过如果说他的思想来源只有叔本华悲观主义意志论一种则显然是不合理的。中国传统文化中道家思想对于他的影响也是不可忽视的。王国维素喜作诗填词,而其诗词之中,道家的寓言典故,道家自由逍遥的精神境界,常被他作为题材的来源和吟咏的意境。例如,《静庵诗稿》中《偶成》有"朝菌媚初日,容色非不腴。飘风夕以至,零落委泥涂"[43],《杂感》有"侧身天地苦拘挛,姑射神人未可攀"[44],《偶成二首》有"我身即我敌,外物非所

虞。人生免褛裯,役物固有余。网罟一朝作,鱼鸟失宁居"[45]。其中"朝
菌"、"飘风"、"姑射"、"蟪蛄"、"役物"、"网罟"等等语词,多出自道家典故,
不必具引。王国维诗词中道家典故比比皆是,可以说是信手拈来,这自然
表明他对于道家典籍的娴熟,如果没有下过一番工夫显然是难以达到的。
其时,或许王国维业已接受叔本华哲学思想,不过他于诗词创作时骎骎于
中国传统文化典籍之中,就其对美学"境界"、"古雅"的追求中,道家典故
及其思想显然与其追求颇近,道家思想对他的影响也就自然得以展开。
何况,他于《自序》中曾说,幼时"家有书五六箧,除《十三经注疏》,为儿时
所不喜好,其余之书,晚自塾归,每泛览焉"。其父兴趣广泛,亦不喜八股
文,其藏书自然很杂,以道家在中国传统思想中的地位,家中偶藏几本十
分合理,至以王国维幼年之时便很有可能已经接触道家典籍,并有所体
会,故能在"一日见田冈君之文集中有引汗德叔本华之哲学者,心甚喜
之"[46]。当然,王国维自己的文字里尚没有提及他对于道家思想的涉猎
情况,以上只能暂作猜测,难以确证,不过却有较大的可能性。

一、哲学学科的"无用之用"

1912 年北京大学创设哲学门,可以说是中国现代哲学的开端。不
过,早在 1906 年王国维于其《奏定经学科大学文学科大学章程书后》[47]
一文中已经明确提出设立哲学学科,并构想了具体科目设制。王国维对
哲学学科的构想当与其主张学术独立颇有关联,而这又与他接受西学显
然有关。西方社会中学术研究有着相当的独立性,这对于学术理论自身
的繁荣十分有利,在长远看来亦对社会发展进步有着重要的推动作用。
而中国传统学术思想中的"经世致用"观念则向来主张知识服从于道德观
念,作为人们实现"修身、齐家、治国、平天下"理想的重要手段,从而带有
强烈而自觉的功利色彩。学术独立意味着学术可以为其自身而存在,以
学术为目的,而一旦它从传统的实用理性剥离出来后似乎也就意味着学

术似乎是无用的。无用的东西,其存在的合理性是值得怀疑的。要主张学术独立,首先要解决学术的无用问题,王国维提出了"无用之用"理论。

王国维在阐明其"无用之用"理论时虽然没有明确援引道家典籍语词,不过其中对道家思想资源的借助却是较为鲜明的。《老子》第十一章有,"三十辐,共一毂,当其无,有车之用。埏埴以为器,当其无,有器之用。凿户牖以为室,当其无,有室之用。故有之以为利,无之以为用。"老子所阐明的是"有""无"之用。《庄子》中多次以寓言形式来阐明"无用之用"的观点,批评世人"拙于用大"。王国维使用"无用之用"意义虽然与老庄有所差异,不过却也相近。他在《国学丛刊序》中指出:"余谓凡学皆无用也,皆有用也"[48]。所谓有用、无用可以说是相对的,与其学的应用范围、时代背景、个人追求和知识程度密切相关。譬如大瓠,坚不能盛水浆,剖为瓢而无所容,可以说无用,不过既为五石之瓠,如果用来作为大樽则可以泛舟于江湖之间,则又可以说极其有用;又如防止手龟裂的药物,应用于漂洗丝絮之业,则收入甚少,如果进献诸侯作应用于战事,却可以裂地封侯。无用和有用之区别在这里便似乎只是应用范围的不同罢了。又譬如栎樗之木,大而无用,却得以免于斧斤之祸;豫章之木,以其材生当七年而不得不中道失其所养。或许无用和有用的区别还关联到人们的性命之忧。学术显然并非真的一无是处的。王国维专门对于学术之用进行了阐明:"夫天下之事物非由全不足以知曲,非致曲不足以知全。虽一物之解释,一事之决断,非深知宇宙人生之真相者不能为也。而欲知宇宙人生者,虽宇宙中之一现象,历史上之一事实,亦未始无所贡献。故深湛幽渺之思学者,有所不避焉。迂远繁琐之讥,学者有所不辞焉。事物无大小,无远近,苟思之得其真,纪之得其实,极其会归皆有裨于人类之生存福祉。己不竟其绪,他人当能竟之;今不获其用,后世当能用之,此非苟且玩愒之徒所与知也。学问之所以为古今中西所崇敬者,实由于此。凡生民之先觉,政治教育之指导,厚生利用之渊源,胥由此出。非徒一国之名誉与光辉而已。世之君子,可谓知有用之用而不知无用之用者矣"[49]。科学技术等与船坚炮利、国计民生及政治教育等密切关联的知识,显然是有用的;不过,学问之道,思考宇宙人生之真相,与人类的生存福祉密切相关,并非无用,实有大用。

在阐明其"无用之用"观点时,王国维特别地提到了哲学和美术的价值。他在《论哲学家与美术家之天职》文中指出:"天下有最神圣最尊贵而无于与当世之用者,哲学与美术是已。天下之人嚣然谓之曰'无用',无损于哲学美术之价值也"[50]。哲学与美术的价值充分体现于人与禽兽之间的差异上,可以是哲学与美术乃是人类社会所独有的。他指出:"夫人之所以异于禽兽者,岂不以其有纯粹之知识与微妙之感情哉"[51]!说到有用的职业,似乎没有比政治家和实业家的,前者让人得名,后者让人得利,不过名利只是人们的生活欲求罢了,禽兽也有其生活欲求,在这一点上人和禽兽并无差异。生活欲求不过是人类的基本需求,是低层次的;除此之外,人类还有知识、感情等较高层次的追求,这些是政治家和实业家都无法满足的,而只能从哲学和美术中得到满足。就人类的生存福祉说来:"哲学家与美术家之事业虽千载以下四海以外,苟其所发明之真理与其所表之记号之尚存,则人类之知识感情由此而得其满足慰藉者,曾无以异于昔。而政治家及实业家之事业,其及于五世十世者希矣"[52]。从这方面的功用上说来,哲学和美术的功用可以说是极其伟大了。哲学和美术对人类生存福祉最大的功用即在于其对于普遍真理的追求。"夫哲学与美术之所志者真理也。真理者天下万世之真理而非一时之真理也"[53]。不必说哲学和美术对于人类生存福祉的大用,追求真理的过程虽然是艰辛的、漫长的,然而一旦有所得,其中的快乐也是难以形容的。他指出:"夫人积年月之研究,而一旦豁然悟宇宙人生之真理,或以胸中惝恍不可捉摸之意境,一旦表诸文字、绘画、雕刻之上,此固彼天赋之能力之发展,而此时之快乐,决非南面王所能易也"[54]。这种快乐的意境正是道家思想中的"至乐"。《庄子·至乐》篇中有:"死,无君于上,无君于下,亦无四时之事,从然以天地为春秋,虽南面王乐不能过也。"仅就哲学和美术能够让人达到"至乐"的意境也可以说其并非无用,而确有大用了。

二、解脱与意境的道家根基

王国维在其《红楼梦评论》开篇即援引道家语句:"老子曰:'人之大患,在我有身。'庄子曰:'大块载我以形,劳我以生。'忧患与劳苦之与生相对待也久矣。夫生者,人人之所欲;忧患与劳苦者,人人之所恶也"[55]。寥寥数语,基本上便已经确定了他评论名著《红楼梦》悲观主义基调,其中叔本华悲观主义意志论哲学的影响已经十分鲜明,而道家思想的痕迹也较为明显。再结合王国维自己的抑郁内向的个人性格和营营于生计的人生际遇,则这又不仅是针对《红楼梦》所作评论,还包括他自己对人生的感悟。生存是人之欲望,忧患与劳苦实是人们为满足其欲望所付出的代价,然而欲望无餍,人们即使忧患与劳苦一生也不能获得最终的慰藉,于是苦痛与倦厌随之而生,欲望不能满足故而会有苦痛,忧患与劳苦故而倦厌,于是人们寻求快乐与解脱。王国维于《自序》里说:"体素羸弱,性复忧郁,人生之问题日往复于吾前,自是始决定从事于哲学"[56]。可见其从事于哲学之初衷实在于通过哲学寻找摆脱"人生者如钟表之摆实往复于苦痛与倦厌之间者也"[57]的窘境。哲学追求真理之可信,虽可以令人洞悉人生世故却仍然不能让人得解脱,钻研数年,烦闷愈甚,于是逐渐向文学方面转移,想要"求直接之慰藉"[58]。学界多注意到王国维的"为哲学家则不能,为哲学史则又不喜"[59]的解释,而忽视了他选择哲学之初衷。大体上说来,王国维对于哲学和美学之热爱其内存的意图是想要摆脱人生的苦痛与倦厌的窘境,寻求快乐与解脱。如果说其对快乐的追求存于他美学的境界说中的话,那么解脱则是存于他对于哲学的反思之中。而学界多看重于王国维的美学之意境,而忽略了其哲学之解脱。不过,不论是在追求哲学之解脱,还是美学之意境,他显然都充分地借助了道家的思想资源。

王国维认为，人的生活欲望是先天性的，人们终其一生也不过是发现其生活欲望的存在而已，而人的堕落正由于人们有此欲望而意志自由之罪恶所导致的。没有那一念之差，人们完全可以"游于广漠之野、无何有之乡以自适其适"[60]。他认为："《红楼梦》一书，实示此生活此苦痛之由于自造，又示其解脱之道不可不由自己求之者也"[61]。解脱之道有二："一存于观他人之苦痛，一存于觉自己之苦痛"[62]。通常之人其解脱由于苦痛之阅历而不由于苦痛之知识，唯非常之人由非常之知力而洞察宇宙人生之本质，始知生活与苦痛之不能相离，由是求绝其生活之欲而得解脱之道。道家的解脱方式显然正是经绝其生活之欲而得解脱之道。道家思想中，"个人的解脱之思想，在老子似亦未尝无之，然至列子，则更推之于极端"[63]。老子的解脱，其理想是提升至圣人的境界，而其所谓圣人，体无为自然之德，而非与世俗全绝者。老子之贵无为者，欲因之大有所为；其排斥"常名""常善"者，为欲实现其真善之理相也。彼以为圣人好处无为之地、守阴性之所者，毕竟欲由所谓反转之理，以收有为之积极效果。此外，老子的理想社会不过是一种自然人的状态，而自然人的状态中，人生的苦痛与倦厌并不能得到解脱。而列子则将老子的隐微的积极的一面都予以抹杀，其学说不过取老子的根本思想，以游戏的娱乐方式进行扩充，而与佛教厌世的寂静说，与庄子无止无界的思想颇相近，其学说唯一意以求解脱而已。《列子》一书阐述解脱之旨趣、内容、方法、次序等，较之于老庄都更为精湛，其理想社会如仙乡、神境等显然更为逍遥，故而其解脱之道可以是达到了道家之极端。王国维于其文最后感慨：

若夫其言论之洒脱轻妙，其解悟之缥缈空灵，其解脱方法论之详密，其存养工夫之亲切，能使读其书者惝乎离现实之世界，而入理想之天地焉矣[64]。

《红楼梦评论》通篇弥漫着解脱之观念，大概此时的王国维也正处于哲学与美术之可信与可爱之间徘徊，其美学之境界说虽已萌发，而解脱观念仍然在其中占有很大比重，其时他甚至指出："美术之务，在描写人生之苦痛与其解脱之道,而使吾侪冯生之徒于此桎梏之世界中,离此生活之欲之争斗而得其暂时之平和,此一切美术之目的也"[65]。及至他的《人间词话》出,方才最终以境界说取代解脱论而完成其自哲学向文学、美学方面的转变。学者们多很轻松地注意到王国维境界说中对于道家思想资源的运用,这是自然的。毕竟其钻研美学的初衷可以说与其钻研哲学之初衷实是同出一辙,那么在使用思想资源方面,像叔本华悲观主义意志论哲学及道家思想显然都仍然在他的视野之内。

王国维在《人间词话》开篇即说:"词以境界为最上,有境界则自成高格,自有名句"[66]。这不过是其几年前就已经提出的境界说在文学评论和审美鉴赏中的切实应用。王国维在《孔子之美育主义》中提出人生有审美之境界、物质之境界与道德之境界:"审美之境界乃不关利害之境界,故气质之欲灭,而道德之欲得由之以生。故审美境界乃物质之境界与道德之境界之津梁也。于物质之境界中,人受制于天然之势力;于审美之境界则远离之;于道德之境界则统御之。"他讲什么"造境"与"写境"、"有我之境"与"无我之境",不同境界之间的区别其关键便在于物我关系的处理。他在解释何谓"境"时明确指出:"境非独谓景物也,喜怒哀乐亦人心中之一境界,故能写真境物、真感情者,谓之有境界,否则谓之无境界"[67]。这就意味着他始终没有摆脱其对人生问题的思考,其哲学与美术的追求在实质上是一致的。哲学之求真固然能够以非常的智力来洞悉宇宙人生之本质,以冷静的态度来看待忧患与劳苦、苦痛与倦厌这些人生之窘境,而这不过是知识而已,并不能让人应用于实践而获得最后的解脱,人们仍然置身于物我之关系备受煎熬。然而这种自然中物我互相关系和互相限制,一旦创作于文学与美术之中,则"必遗其关系限制之处"[68]。沉浸于文学与美术的境界中,人们就可以摆脱物我关系的拘束,从而获得人生的解脱,而意境也就成了人们获得解脱后快乐的寄寓之所。王国维在《红楼梦评论》中明确指出:

兹有一物焉,使吾人超然于利害关系之外,而忘物与我之关系。此时也，吾人之心，无希望，无恐怖，非复欲之我而但知之我也。此犹积阴弥月而旭日杲杲也；犹覆舟大海之中，浮沉上下，而飘著于故乡之海岸也；犹阵云惨淡而插翅之天使，赍平和之福音而来者也；犹鱼之脱于罾网，鸟之自樊笼出而游于山林江海也。然物之能使吾人超然于利害之外者，必其物之于吾人无利害之关系而后可易言以明之，必其物非实物而后可然，则非美术何足以当之[69]。

中国传统思想文化有两个突出的特点，其一即其道德政治性，其一则为经世致用的实践理性。道德政治性，或合说，即如此；或分说，即其道德性、政治性。这两个特点在儒家哲学中体现得最为突出。儒家以维护社会的常规秩序，强调人对家庭、民族乃至国家当怀有强烈的责任感，并以此来严格要求自身的修养。儒家一方面从思想层面论证日常人伦体用的合理性，这显然很容易得到统治者的青睐；另一方面作为对于个人修养不足的补充，儒家对于借助外在力量来规约人的行为十分重视，在这一点上显然没有什么力量能够同政治力量相较。儒家向政治力量的亲近本无可厚非，不过陷入乃至纠缠于政治角力的倾轧，最终有沦为政治附庸的趋势，这使得儒家长期以来承担了人们对社会制度不满的多方面诟病。此外，日常人伦也并不是一纯粹的伦理问题，它受国家的政治、经济、文化、宗教等多方面因素的影响，或者说同国计民生紧密地关联在一起，这也就导引了儒家对社会现实各方面的关注，经世致用的实践理性长时期以来得到了相当的强调。除了儒家，其他子学都于以上两个突出特点有所体现。故而王国维曾指出：

我国无纯粹之哲学，其最完备者唯道德哲学与政治哲学耳。至于周秦两宋间之形而上学，不过欲固道德哲学之根柢，其对形而上学非有固有之兴味也，其于形而上学且然，况乎美学、名学、知识论等冷淡不急之问题哉[70]？

王国维之评论甚是中肯，中国传统思想文化中的两大特点于国人在从事思想研究方面的影响相当深远，严复翻译西方典籍时对译作的择选，甚是重于经济、政治等与社会现实较为紧密的作品，这一点王国维曾经明确指出过。严复虽于传统儒家陆王之学多作批驳，不过其思想深处却依然没有摆脱传统思想文化中两大特点的影响。王国维又曾指出：

> 孔子于《论语》二十篇中，无一语及于形而上学者，其所谓"天"不过用通俗之语。墨子之称"天志"，亦不过欲巩固道德政治之根柢耳，其"天"与"鬼"之说，未足精密谓之形而上学也。其说宇宙之根本为何物者，始于老子。……于现在宇宙外，进而求宇宙之根本，而谓之曰"道"。是乃孔墨二家之所无，而我中国真正之哲学，不可云不始于老子也[71]。

道家思想并没有偏离王国维所说的对于道德政治的关注，其"恍惚虚静之道，非但宇宙万物之根本，又一切道德政治之根本也"[72]。不过就其形而上学方面的成就说来，道家思想显然是中国传统思想文化中最高的。进入近代以来，当王国维主张学术之独立，并开始构建现代哲学学科体系时，道家因在形而上学方面的成就很轻易地进入了他的视野。不只是王国维，近代启蒙思想家们大都很轻易地注意到了道家思想之诸多问题同西方思想文化之间的相似，西方学者在初步接触中国思想文化时对此也有着同感。严复在探索中西会通诸问题时，以"道"来会通西方哲学中之Summum Genus、自然公例、逻各斯时可以说已经自觉不自觉地注意到了这一点。胡适《中国哲学史》将道家老子放在孔子之前，固然与他认为时间上先老后孔以及对于传统儒家所代表的封建反叛，而道家在形而上学上的成就也可能是其中重要因素。大体上说来，在近代启蒙思想家们开始构建中国现代哲学学科体系时，道家思想的地位都可以说是毋庸置疑的。

除此之外，要在经世致用普遍影响下的中国传统学术里为哲学学科谋得一席之位，道家思想也发挥了重要的作用。王国维在《奏定经学科大学文学科大学章程书后》中明确指出其分科大学章程设置的根本问题在于缺哲学一科，其中附设的理学一门不但范围限于宋以后的哲学，而且其宗旨在贵实践而忌空谈，是为不当。并对张之洞不设哲学学科的三大理由分别予以驳斥。在驳斥哲学无用之论时明确指出哲学即无用之用，并于其后来文章中多次阐述，其中思想资源则多借鉴于道家老庄的相关观点，这在前文已经涉及。王国维以道家的"无用之用"来为哲学学科的设置进行辩护对后来的学者都有过影响，冯友兰更是在其《新理学》中延用了这一观点，他明确指出："哲学对于其所讲之真际，不用之而只观之。就其只观而不用说，哲学可以说是无用。如其有用，亦是无用之用"[73]。冯友兰曾在其《三松堂自序》中坦承受过王国维的影响，或许"无用之用"观点便是其中表现之一。

第三节　冯友兰与道家思想

严复、章太炎、王国维等中国近代知识分子因受其人生际遇、政治经历等方面影响往往对道家思想投入了较为特殊的情感，而冯友兰接近道家思想在很大程度上可能与其专业选择有着密切关系。1912 年，北京大学设立哲学门，哲学从此成为中国现代大学的独立学科。1915 年，冯友兰进入北京大学文科中国哲学门，较为系统地接触了中国传统哲学。1919 年冯友兰赴美留学，又接受了更为现代的西方哲学教育。这样的学习经历使得冯友兰更多地从专业角度出发去把握中国传统哲学。此外，中国近代知识分子有一个共同的特点，那就是他们无法真正割舍中国晚清封建社会遗风对他们的影响，冯友兰对道家思想的态度也多少受到一些影响从而几经变化。冯友兰在建构他自己的"新理学"哲学体系时很明确地说他是"'接着'宋明以来底的理学讲底，而不是'照着'宋明以来底理学讲底"。晚年他又再一次重申了这一主张。冯友兰以"接着讲"表明了他的哲学与宋明理学之间的关系，从而承接起了自唐宋以来儒家的道统和学统。"接着讲"也就成为了理解冯友兰哲学乃至新儒家哲学的重要切入点。李泽厚认为，宋明理学是"以释道的宇宙论、认识论的理论成果为领域和材料,再建孔孟传统"[74]。1981 年冯友兰在致李泽厚的一封信中谈到《美的历程》时,认为该书的主题之一是:"中国文化以儒、道两家为理性主义与浪漫主义的互相补充。如将道学说清,此意就更明显"[75]。冯友兰之意在于为道学即宋明理学"平反",亦对李泽厚"儒道互补"的论断表示了认同。冯友兰自己在《中国哲学简史》中也明确认为,中国哲学中一直存在两种趋势,即儒家的"入世"精神与道家的"出世"态度,这"约略相当于西方思想中的古典主义和浪漫主义两种传统","两种趋势彼此对立,但也是互相补充","如何统一起来? 这是中国哲学所求解决的问题。求解决这个问题,是中国哲学的精神"[76]。冯友兰"新理学"在接着宋明理学讲的过程中自然而然也就延续了宋明理学对儒家以外尤其是道家思想的吸纳和补充,不过如果由此试图将冯友兰归入"新道家"的行列,同样必须切实地重新理解宋明理学对于释、道的吸纳和补充了。本文主要从以下两个方面来观照冯友兰在近代重建儒家哲学体系时对道家思想资源的研究和运用:借助道家思想概念来优化其新理学的哲学范畴和方法论;借助道家的精神境界来提升和圆满其新理学境界说的层次。

一、概念范畴与方法论中的道家痕迹

冯友兰的新理学在宋明理学的范畴的基础上提炼出四个基本范畴,即理、气、道体与大全,在阐述此四个基本范畴过程中,冯友兰充分吸收了西方新实在论的逻辑分析,并借助了道家的诸多范畴。冯友兰以其"理智底的分析"[77]通过逻辑分析从经验中推导、分析和总结出其四个基本范畴。所谓"理",指某种事物之所以为某种事物者,如方之所以为方者。冯友兰在推导和说明其"理"时借助了道家的"有""无"等概念。他在说到"凡可称为有者皆属真际"时明确地参照了与道家的"有""无"等概念。"有之观念为道家所常用。不过,道家仅说及实际,其所谓有,系指一件一件底实际底事物,亦或指实际而言。但我们不妨用之指一切底有"[78]。

当然冯友兰新理学中的"有"如他自己所说已经不同于道家的"有",但他并没有回避其将道家的"有"加以扩充和提升来表述他的新理学中类的普遍性。他接着便谈到了道家"无"的概念,他指出"无"也是"道家所常用之观念",只是在道家老庄那里所谓"无"即是"道"。"依他们的所见,一件一件底实际事物是有,道不是一件一件底实际事物,所以称为无。其所以称为无,乃所以别于他们所谓有,并不是真正底无。"冯友兰在此还特别提及了郭象注解中的"有""无"。不过,冯友兰认为:"从理之方面说,可以说是无无。真际有有之理而无无之理。所谓无者,即不有或非有,乃是与有相对之负观念,正如非方乃是与方相对之负观念。"他亦提到,"只有与正观念相应之理,而并无与负观念相应之理"[79]。这里提到的负观念,不能说与冯友兰后来体悟"负的方法"有直接联系,但冯友兰注意到"负观念"或许对于后来冯友兰运用逻辑分析方法无法把握到不可思议和言说的"大全"和"道体"等范畴时触动其"负的方法"可以称得上是极其重要的肇端。

新理学中"气"是构成事物的终极材料,是一事物成其为事物的依据,而"绝对底料"称之为"真元之气",有时简称为"气",其特性是不可名状,不可言说,不可思议。冯友兰为表述清楚及加深对其"气"的理解,于此借助了"道家所说之道"。他认为:"道家所说,有似于我们所谓真元之气,而不说它即是我们所谓真元之气。"他明确了其"气"不同于道家的"道",这是因为"道家不讲我们所谓形而上者",不过,"只就其形下者之形下方面,追求下去,则其所得,必是我们所谓真元之气,或与之类似者"[80]。新理学的"气"和道家的"道"的相似不仅在于此,而且两者都是逻辑底观念,其命名的方式也相同,"气"和"道"都是不可名状,不可言说,不可思议者,不可能以普通底名名之,只能"字之"以私名。冯友兰既明确指出其新理学与道家之不同,又不断阐述其相似之处,正是为了通过借助道家诸概念的观照来阐清其自身的概念系统。之所以如此频繁地借助于道家,或许就如他自己所指出的那样,"道家哲学中,逻辑底观念较多,所以在先秦哲学中,除名家外,道家哲学可以说最哲学底"[81]。他在阐述新理学的道体和大全范畴时同样采取了借助道家思想资源的方式。

冯友兰不但借助道家的思想资源来阐清其新理学范畴，而且在他构建新理学的方法论时也极大地观照了道家的思想资源。冯友兰的哲学方法主要为两条，即"正底方法"与"负底方法"。所谓"正底方法"，主要流行于西方哲学，为逻辑经验主义和新实在论者所提倡，"是以逻辑分析法讲形上学，就是对于经验作逻辑底释义。其方法就是以理智对于经验作分析、综合及解释。这就是说以理智义释经验"[82]，"新理学的工作，是要经过维也纳学派的经验主义而重新建立形上学"[83]，即通过逻辑分析、辨名析理来展开对形而上学的界说、论证和阐述。冯友兰"正的方法"学自西方，承担着其新理学儒家哲学体系构建的主要工作。而负的方法，是冯友兰从中国传统思想文化特别是道家思想中领悟出来的。冯友兰认为："用负底方法讲形上学者，可以说是讲其所不讲。讲其所不讲亦是讲。此讲是形上学。犹之乎以'烘云托月'的方法画月者，可以说是画其所不画。画其所不画亦是画"[84]。负的方法在中国哲学中甚是流行，而道家尤其是如此。"它的起点和终点都是浑沌的全体。在《老子》《庄子》里，并没有说'道'实际上是什么，却只说了它不是什么。但更若知道了它不是什么，也就明白了一些它是什么。"冯友兰从道家思想中所提炼出来负的方法同道家的本意其实已经很不相同。在道家看来，道是不可名状、不可言说、不可思议的，《老子》、《庄子》中诸多表述，并不是想要去找到一种把握道之本原的方法，而是极力反对人们以经验世界的感知去试图把握道的本体。换句话说，在道家思想里可能并不存在所谓"负的方法"。冯友兰对此也有所意识，他说："谁若对道家有正确的理解，谁就会看出，到了最后就无可言说，只有静默。在静默中也就越过界限达到彼岸。这就是我所谓的形上学的负的方法，道家使用得最多。禅宗也使用它"[85]。此处他对负的方法的界定似乎与其前已经有所不同，不再是讲其所不讲，而是静默，也就是什么都不用讲了。什么都不讲了，自然也就无所谓方法。当然在冯友兰看来，静默仍然是一种方法，正如他所说："犹之乎不屑于教诲人，或不教诲人，亦是一种教诲人的方法"[86]。而且通过静默来越过界限达到彼岸，其实也与道家的本意有所不同。道家对于道的把握虽然不能言说，却不是什么都不做，而是处于不断地消解和超越经验世界的过程之中。如果将静默视作语词言说的相对，在这一点上，或许与道家相近。

冯友兰对负的方法的重视或许正与近现代西方哲学的转向相近，如果说近现代西方哲学的转向在于意识到传统的理性方法论对于世界的认知是非常有限的，这是西方思想界长期以来不断地通过逻辑推理来试图规划一个结构化的世界知识体系，却在遭遇世界本身时不断陷入荒谬境地的结果。换句话说，是理性方法论不断发展达到一定高峰对其自身反思后的结果，哲学的转向仍然是要在此基础上找寻把握现象之后世界本质的新的方法论。而冯友兰则是在运用西方逻辑分析思维方式来诠释中国传统思想文化过程陷入方法论的困境后所寻求的突破，中国传统思想文化中特别是道家的思想资源对他的触动可以说最大。与西方哲学始终追寻对于现象之后世界本质的把握不同，道家思想则在人的生存中去体验道的存在，通过对经验知识世界的不断消解来体悟与道的同在。或者可以说，西方哲学中世界本质始终是作为对象的存在予以把握和认识的，而在道家思想里世界的本质实是一种融入人生的体验性存在。通过中国哲学思维的实践，冯友兰敏锐地意识到了经验主义逻辑分析的"正的方法"之不足，并积极地找到了"负的方法"对此进行补充和完善。较之于西方哲学的转向而言，冯友兰实则主张"正的方法"与"负的方法"应当是可以相辅相成的。他指出：

正的方法与负的方法并不是矛盾的，倒是相辅相成的。一个完全的形上学系统，应当始于正的方法，而终于负的方法。如果它不终于负的方法，它就不能达到哲学的最后顶点。但是如果它不始于正的方法，它就缺少作为哲学的实质的清晰思想[87]。

形上学的正底方法，从讲形上学讲起，到结尾亦需承认，形上学可以说是不能讲。负底方法，从讲形上学不能讲讲起，到结尾也讲了一些形上学[88]。

如果说"正的方法"是用来重新建立新的形上学的基础,那么"负的方法"则是用来完成新的形上学最后的超越。"正的方法"和"负的方法"相辅相成,缺一不可。如果只是单独强调其二者中的一种,则其形上学的体系构设必然存在不可弥补的缺陷,中国传统哲学在"正的方法"上的不足造成其实践中带有鲜明的个体性、独断性而缺乏足够的普遍性,西方哲学在"负的方法"上的不足则造成其形上学的崩溃,及其不断的哲学转向中无法解决的困境。相较之下,冯友兰新理学通过统合"正的方法"与"负的方法",其经验主义的逻辑分析奠定了坚实的基础,而神秘主义的直觉体悟则提升了其哲学的境界。他又指出:

新底形上学,须是对于实际无所肯定底,须是对于实际,虽说了些话,而实是没有积极地说什么底。不过在西洋哲学史里,没有这种底形上学的传统。西洋哲学家,不容易了解,虽说而没有积极地说什么底"废话",怎样构成形上学。在中国哲学史中,先秦的道家,魏晋的玄学,唐代的禅宗,恰好造成了这一传统。新理学就是受这种传统的启示,利用现代逻辑学对于形上学底批评,以成立一个完全"不著实际"底形上学[89]。

用"负的方法"来讲形上学,这在西方哲学传统中是没有的,而是中国传统哲学中先秦道家以下所延续的传统思维方式影响的结果,这是冯友兰在西方的哲学课堂里无法获得的,只能通过他对中国传统哲学的敏锐意识才能获得。冯友兰留学西方接受过正统的经验主义逻辑分析的训练,其新理学体系的最终完成却在很大程度上得益于他对道家思想资源的运用。对此,他明确予以承认。在阐述其新理学的基本概念范畴和方法论时,除了西方经验主义的逻辑分析功底,冯友兰大量地运用了道家的思想资源,尤其在"正的方法"和"负的方法"的相辅相成上,冯友兰有效地尝试中西思维方式的统合,这使得其新理学不但具有较坚实的基础,而且达到了新的高度。

二、新理学儒家哲学体系中的道家境界

境界说可以说是冯友兰新理学的重要核心,亦是他对于新儒家哲学的重大贡献。人生哲学是中国哲学的重要内容,而人对于宇宙人生的理解程度各有不同,即是境界的高低。道家思想中对于境界的追求可以说是中国传统哲学中最为突出的,冯友兰在建立他的境界说时对道家思想多有借助。当然冯友兰在借助道家思想的同时始终不忘强调其境界说与道家思想之间的不同。

在《新理学》中冯友兰尚没有完全展开其境界说,但是阐述"圣人"观时对此作了初步的展开。为说明其"圣人"观念,冯友兰引入了"才人"概念,认为"能读无字天书,而见本然办法,本然命题,本然样子,或其仿佛者,我们称之曰才人"[90]。科学方法及归纳逻辑,可以说是求知本然命题之方法,不过却不能识其本然。科学方法及归纳逻辑只能见一大堆材料,其实验及应用必须先有假设,而假设即近识其本然。可见,识其本然并非通过科学方法及归纳逻辑所能予以把握,而是决定于人的境界。《庄子·养生主》中庖丁解牛的寓言无疑对于理解才人的境界有着重要助益。冯友兰指出:"《庄子·养生主》所说庖丁解牛时之心理状态,可以说是,所有才人,无论其为何方面底才人,于创作里所有之心理状态"[91]。这种心理状态也可以说是精神境界。才人在这样的境界中时,仿佛觉已超过经验,超过其自己。这种境界,在所谓圣域中有之。不过,才人只能在进行创作之俄倾才能到达此境界,而不能常在圣域中。能常在圣域,能有圣域之全境界者,是圣人。才人之入圣域凭其才,圣人之入圣域凭其学。圣人之所以达此境界之学名曰圣学。圣学始于格物致知,终于穷理尽性。换句话说,圣学始于哲学的活动,终于道德的行为。而哲学的活动,始于对于实际的事物之分析,由分析实际事物而知实际,由知实际而知真际。也就是说,达到圣人境界,即要穷理,尽性,事天。所以在人之社会的、道德的行

为中,人本亦可达到超乎自己之境界,而得一超乎自己之自己。而在超乎自己之境界者,觉其自己与大全,中间并无隔阂,亦无界限;其自己即是大全,大全即是其自己。此即所谓"浑然与物同体",也即是宋明理学家所谓之大仁。这种可得之超过自己之境界,道家也可以用其方法来达到。《庄子·大宗师》中所说"离形去智,同于大通"即说此境界;《庄子·天下》篇所说"与天地精神往来",是对此境界的描写。只是,道家将达到此境界者,称之为真人、至人。冯友兰虽然为了更鲜明地阐述其境界说而借助了道家的思想资源,却又随时注意分清两家之间的界限;前者求其同,而后者明其异。显然,其中的不同才是冯友兰最注意的。在这里,冯友兰指出了儒家和道家的两方面之不同:其一,道家到达最高境界之方法是从反知入手,虽得大全,其对大全的关系是混沌的;儒家则是从致知入手,而得大全,其对于大全之关系是清楚的。其二,儒家谓人伦之至即是圣人,所谓人伦即人与人之社会的关系,人之穷理、尽性、事天必在社会的生活中践行,人之道德底行为是超乎己私的;而道家之圣人,不能离开社会而又不能有用于社会,故而是自私的。

《新原人》在《新理学》的基础上,完善和发展了《新理学》提出的境界学说。冯友兰把人生境界分为四种:自然境界,功利境界,道德境界,天地境界。同《新理学》中一样,冯友兰在分析境界时一方面极大地借助了道家的思想资源;一方面十分注意辨别道家和儒家之不同。四种境界中,功利境界与自然境界之间的分别,及其与道德境界之间的分别,最易看出。道德境界与天地境界之间的分别,及自然境界与道德境界及天地境界之间的分别,则不甚容易看出。因为不知有我,有时似乎是无我或大无我。无我有时亦似乎是大无我。自然境界与天地,又都似乎是浑沌。道德境界与天地境界中间的分别,道家看得很清楚。但天地境界与自然境界中间的分别,他们往往看不清楚。自然境界与道德境界中间的分别,儒家看得比较清楚。但道德境界与天地境界之间的分别,他们往往看不清楚。由此,冯友兰在阐述其四种境界说时着重在自然境界、道德境界和天地境界中来阐明儒家和道家的异同。

冯友兰借助《庄子·马蹄》篇中"至德之世"的描写来阐述其自然境界。在自然境界中的人，其行为是顺才或顺习的。过原始生活的人，小孩及愚人，其境界多是自然境界。这些人的境界，可以说浑沌素朴的。冯友兰于此专门从三个层面探讨和分析了先秦道家赞美自然境界的根由，即自然境界是可欲的；固不论自然境界是可欲的，自然境界中的人可以有一种恬愉之乐；或自然境界是人所应该有的。不过冯友兰分析先秦道家赞美自然境界的理由却恰恰是为其新理学境界说张本，而对道家境界说进行的初步批评。他认为，凡以自然境界为可欲者，都不是此种境界的，而是较高境界的人；道家所谓"恬愉之乐"是比有自然境界较高的人所想象的，在自然境界中的人的乐。在自然境界中的人，并不知此种境界是可欲的，亦不知此种恬愉之乐。此外，自然境界是觉解甚低的境界，自不是人所应该有的。他进一步认为，道家于此点，或分不清楚，以为圣人的境界，是人所应该有的，所以自然境界，亦是人所应该有的。冯友兰认为道家在这一点上的思想主张比较混乱，常误将自然境界与天地境界相混，常将在自然境界底人所有的原始的浑沌，与在天地境界中的人的浑然与物同体，混为一谈。冯友兰对于道家境界观的批评除了其新理学所本身的层次需要外，显然其中还有着进化论的重要影响。冯友兰在阐述其天地境界时同样借助了《庄子·山木》篇中"道德之乡"的描写，在天地境界中的人，其行为是"事天"的。他承认道家鄙视仁义，因其自高一层的境界看。不过，他又指出，道家鄙视的仁义，并不是就仁及义而言的，道家所谓道德的人，显然也不是不仁不义的，只是不专以仁义自限而已。而不以仁自限的人所有的仁，即道家所谓大仁。此大仁亦同于宋明道学家的大仁，即其前所讲的"浑然与物同体"的圣人境界。就这样，冯友兰在承认道家境界观高明同时亦提升了儒家的境界观。此外，他还指出，以仁义自限者，其境界固低于天地境界，但在天地境界中的人所做的事，亦可以只是在道德境界中的人所做的事。他延续了他在圣人观中对于道家的批评，肯定了宋明理学对于道家"智者过之"、"失之于过高"[92]的批评,认为道家离开人伦日用,做一些与众不同的事,以求一最高境界而有之,其说法很微妙,却不是很平易。他延续宋明理学认为,最高境界,不必于人伦日用之外求之,亦不必于人伦日用之外有之,人各即其在社会中所居之位,做日用的事,于洒扫应对之中,至尽性至命之地。冯友兰借助道家的境界观将儒家的境界进行了极大的提升,而最终一切依然落实到人伦日用之中,回到儒家的本来立场上。这不能不说是其新理学的高明之处。如他在《中国哲学与未来世界哲学》一文中所指出,道家强调在最高的生活境界中可能有的快乐和幸福。但在儒家看来,提高人的生活境界到最高境界,不光是个快乐和享受的问题,而是实现人之所以为人者[93]。所以他很认同宋明理学所讲的哲学:既重社会的组织,又重道佛的境界[94]。其新理学哲学体系的建立亦如他自己后来纪念熊十力先生时的感慨:"泛滥于佛老者数十年,返求于六经,而后得之"[95]。或许稍嫌不够贴切,人们亦重其最终回归传儒家传统,然而其思想体系中道家思想的痕迹却是无论如何都不可能摒弃的了。

孔子创儒家一系,以恢复周公之志作为目标,大体也就规约了儒家后来发展的方向,当在于维护和恢复社会正常秩序的运行。不过春秋时期周室势微,无力于天下,已经不可能回归到周初之社会秩序,孔子知其不可为而为之。战国时代,诸侯割据分裂,战争征伐不止,不过国家统一已成趋势,新的社会秩序正在逐渐构建。孟子主性善,收其放心,反身而诚,养浩然之气,强恕而行仁,有平治天下舍我其谁的气概;荀子主性恶,尊王,隆礼,重法,明分使群,化性而伪善,而制天命而用之的气概。孟子和荀子之区别其实并不像后世所说的那么大,个人认为只不过是手段、路径等过程上的差别,其中当然也有着对古今中外的长期主题个人与国家之间矛盾的解决,就最终目的上维护社会秩序的正常运行和实现个人的至善圆满来说,两人其实是一致的。大体上说来,春秋战国时儒家虽然对于政治有强烈的参预期望,不过却始终居处于民间。及至秦汉一统,董仲舒主"罢黜百家，独尊儒术"，则正式将儒家同国家政治关联起来，也将儒家同封建主义紧密地捆缚在一起。唐时由官方主持注疏儒家六经典籍，对于儒家哲学体系进行完善；而宋明理学，对当时颇盛的佛道思想进行融合、吸收，亦促进了儒家哲学体系的发展。宋明理学虽然重回孔孟传统，弘扬人的主体性精神，不过，其试图松弛与国家政治之间关联的努力却不大成功。明清之际，八股取士的科举制度进一步强化了儒家同国家政治之间的关联，儒家哲学体系在不断完善的同时也逐渐呈现僵化保守的衰颓状态，在很多时候儒家都成为不断涌现的社会矛盾冲突的承担者。转至近代，儒家思想面对西方思想文化的咄咄逼人之势却不能作出有效的回应，这让士人官绅普遍失望。伴随着传统社会秩序的不断坍塌，儒家思想体系受到沉重打击，儒家思想已经成为落后保守的封建主义的代名词，对于儒家思想的口诛笔伐也越来越强烈，及至新文化运动时基本上已经到达顶峰。然而，另一方面儒家思想体系的重建也开始逐渐展开，虽然其时并不为人们所重视，不过随着人们对于清末民初社会动荡政局的越来越失望，回归正常社会秩序已经逐渐成为一种普遍的期望，而儒家对于社会正常秩序的维护是其他诸家思想主张所不能取代的。

晚清时期，已有儒家的有识之士注意到儒家所面临的思想危机，并尝试过对儒家思想体系进行调适。譬如挽清廷于崩溃之中，开创清"中兴"之业的曾国藩，便拯救儒学自任，其学"以宋儒程朱之学为根本，兼研训诂名物典章"，他主张"游心能如老庄之虚静，治身能如墨翟之勤俭，齐民能如管商之严整"[96]，他对于诸子的称道在当时理学家中甚是罕见，其中尤以道墨的痕迹最深，他甚至总结为"以老庄为体，以禹墨为用"[97]。他基本上是沿着经世致用的传统理路对儒家思想体系所作的调适。晚清以来对于儒家思想体系的调适，大体上从三个方面展开：其一是调和孟荀，调和汉宋；其二是纳子入儒，通子致用；其三中体西用。此三方面中，调和孟荀、调和汉宋属儒家思想体系内部的整合，成效颇大；纳子入儒，通子致用方面，纳子入儒甚是勉强，如强以庄子为孔门之后向遭学者驳斥，而通子致用则颇有成效;中体西用曾一度极其流行,因其涉及日常人伦的巨大改变,无法让儒家全面接纳西方思想文化,最终只能惨淡收场。诸多调适,对于儒家的核心立场和主张都没有予以真正触动,而补丁式的调适对于千疮百孔的儒家体系自然无力回天,最终自然也就无法挽救儒家体系的崩溃。

　　严复会通西学之初,他在中国传统思想文化里主要选择的是道家思想,至其晚年时则主张读经尊孔,已经逐渐回归儒家正统,对于儒家思想作过一番考察。在儒家思想体系重建过程中以后来兴起的新儒家,如冯友兰、熊十力、方东美等人的成就最大。冯友兰的重建儒家哲学体系工作保留了儒家的思想核心,在此基础上,他全面运用了他在西方所接受的经验主义逻辑分析方法,以之为"正的方法",然而适应中国思想文化直觉体悟思维的特质,借助道家思想资源提炼了"负的方法",通过对其新理学四个基本范畴的着重阐述,全面重建了儒家哲学体系,并借助道家思想资源将儒家思想提升至天地境界。熊十力、方东美等新儒家人物重建儒家哲学体系的方式可能与冯友兰稍有差异,不过对道家思想资源的借重却是他们彼此之间的共性。

注　释

[1]《严复集》(4)《〈老子〉评语》,第 1100 页。

[2]《章太炎全集 3·訄书·儒道第三》,第 9 页。

[3]《章太炎政论选集·诸子学略说》,汤志钧编,第 293 页,中华书局 1977 年版。

[4]《章太炎全集 6·庄子解故》,第 127 页。

[5]《国故论衡·原学》,第 115 页,浙江图书馆校刊。

[6]《国故论衡·原学》,第 115 页。

[7]《章太炎全集6·庄子解故》。

[8]《章太炎政论选集·东京留学生欢迎会演说辞》,第 272 页。

[9]《章太炎政论选集·革命之道德》,第 323 页。

[10]《国父全集01·方略·扫除满洲租税厘捐布告》,第 22 页,(台北)近
代中国出版社 1989 年版。

[11]《章太炎选集(注释本)·自述思想变迁之迹》,朱维铮、姜义华编,第
591 页,上海人民出版社 1981 年版。

[12]《章太炎书札·与龚未生书》,转引自《章太炎生平与学术自述》,第
155 页,江苏人民出版社 1993 年 3 月版。

[13]《章太炎年谱长编》(上),汤志钧编,第 346 页,中华书局 1979 年 10
月版。

[14]《章太炎年谱长编》(上),汤志钧编,第 346 页。

[15]《章太炎全集6·齐物论释序》,第 3 页。

[16]《章太炎政论选集·东京留学生欢迎会演说辞》,第 275 页。

[17]《章太炎全集6·齐物论释》,第 4 页。

[18]《国学概论》,第 58 页,巴蜀书社 1987 年 7 月版。

[19]《章太炎全集6·齐物论释》,第 40 页。

[20]《章太炎全集4·五无论》,第 433 页。

[21]《章太炎全集4·五无论》,第 438 页。

[22] 章太炎:《论佛法与宗教、哲学以及现实之关系》,转引自《中国哲学》
第六辑,第 308～309 页。

[23]《章太炎全集6·齐物论释》,第 40 页。

[24]《章太炎全集6·齐物论释》,第 39 页。

[25]《章太炎全集6·齐物论释》,第 40 页。

[26]《章太炎全集6·齐物论释》,第 39 页。

[27]《章太炎全集6·齐物论释》,第 6 页。

[28]《章太炎全集6·齐物论释》,第 4 页。

[29]《章太炎全集6·齐物论释》,第 4 页。

[30]《章太炎全集6·齐物论释》,第 6 页。

[31]《章太炎全集6·齐物论释》,第 26 页。

[32]《章太炎全集6·齐物论释》,第 29 页。

[33]《章太炎全集6·齐物论释》,第 30 页。

[34]《章太炎全集6·齐物论释》,第 31 页。

[35]《章太炎全集6·齐物论释》,第 36 页。

[36]《章太炎全集6·齐物论释》,第 8 页。

[37]《章太炎全集6·齐物论释》,第 15 页。

[38]《章太炎全集6·齐物论释》,第 16 页。

[39]《章太炎全集6·齐物论释》,第 16 页。

[40]《章太炎全集6·齐物论释》,第 16 页。

[41]《章太炎全集6·齐物论释》,第 17 页。

[42]《王国维遗书》(3)《静庵文集·红楼梦评论》,第 427 页。

[43]《王国维遗书》(3)《静庵文集附静庵诗稿·偶成》,第 564 页。

[44]《王国维遗书》(3)《静庵文集附静庵诗稿·杂感》,第 556 页。

[45]《王国维遗书》(3)《静庵文集附静庵诗稿·偶成二首》,第 559 页。

[46]《王国维遗书》(3)《静庵文集续编·自序》,第 608 页。

[47]《王国维遗书》(3)《静庵文集续编·奏定经学科大学文学科大学章
    程书后》,第 641～654 页。

[48]《王国维遗书》(3)《观堂别集·国学丛刊序》,第 206 页。

[49]《王国维遗书》(3)《观堂别集·国学丛刊序》,第 207 页。

[50]《王国维遗书》(3)《静庵文集·论哲学家与美术家之天职》,第 534
    页。

[51]《王国维遗书》(3)《静庵文集·论哲学家与美术家之天职》,第 535
    页。

[52]《王国维遗书》(3)《静庵文集·论哲学家与美术家之天职》,第 535

[53]《王国维遗书》(3)《静庵文集·论哲学家与美术家之天职》,第534页。

[54]《王国维遗书》(3)《静庵文集·论哲学家与美术家之天职》,第538页。

[55]《王国维遗书》(3)《静庵文集·红楼梦评论》,第414页。

[56]《王国维遗书》(3)《静庵文集续编·自序》,第609页。

[57]《王国维遗书》(3)《静庵文集·红楼梦评论》,第416页。

[58]《王国维遗书》(3)《静庵文集续编·自序》,第611页。

[59]《王国维遗书》(3)《静庵文集续编·自序》,第612页。

[60]《王国维遗书》(3)《静庵文集·红楼梦评论》,第425页。

[61]《王国维遗书》(3)《静庵文集·红楼梦评论》,第425页。

[62]《王国维遗书》(3)《静庵文集·红楼梦评论》,第428页。

[63]《王国维哲学美学论文辑佚·列子之学说》,第114页,华东师范大学出版社1993年版。

[64]《王国维哲学美学论文辑佚·列子之学说》,第122页,华东师范大学出版社1993年版。

[65]《王国维遗书》(3)《静庵文集·红楼梦评论》,第430页。

[66]《王国维遗书》(9)《人间词话》,第459页。

[67]《王国维遗书》(9)《人间词话》,第460页。

[68]《王国维遗书》(9)《人间词话》,第460页。

[69]《王国维遗书》(3)《静庵文集·红楼梦评论》,第419页。

[70]《王国维遗书》(3)《静庵文集·论哲学家与美术家之天职》,第537页。

[71]《王国维哲学美学论文辑佚·老子之学说》,佛雏校辑,第101页,华中师范大学出版社1993年版。

[72]《王国维哲学美学论文辑佚·老子之学说》,第102页。

[73]《三松堂全集》(4)《新理学》,第 13 页。

[74]《中国思想史论·宋明理学片论》,安徽文艺出版社,第 225 页。

[75]《三松堂全集》(14)《致李泽厚》,第 680 页。

[76]《三松堂全集》(6)《中国哲学简史》,第 P23 页、第 11 页。

[77]《三松堂全集》(4)《新理学》,第 22 页。

[78]《三松堂全集》(4)《新理学》,第 24 页。

[79]《三松堂全集》(4)《新理学》,第 24 页。

[80]《三松堂全集》(4)《新理学》,第 46 页。

[81]《三松堂全集》(4)《新理学》,第 47 页。

[82]《三松堂全集》(5)《新知言》,第 150 页。

[83]《三松堂全集》(5)《新知言》,第 194 页。

[84]《三松堂全集》(5)《新知言》,第 150 页。

[85]《三松堂全集》(11)《中国哲学与未来世界哲学》,第 592 页。

[86]《三松堂全集》(5)《新知言》,第 150 页。

[87]《三松堂全集》(6)《中国哲学简史》,第 288 页。

[88]《三松堂全集》(5)《新知言》,第 201 页。

[89]《三松堂全集》(5)《新原道》,第 126 页。

[90]《三松堂全集》(4)《新理学》,第 180 页。

[91]《三松堂全集》(4)《新理学》,第 181 页。

[92]《三松堂全集》(4)《新原人》,第 580 页。

[93]《三松堂全集》(11)《中国哲学与未来世界哲学》,第 595 页。

[94]《三松堂全集》(11)《论道统》,第 555 页。

[95]《三松堂全集》(13)《怀念熊十力先生》,第 497 页。

[96]《曾文正公全集·求阙斋日记类钞(卷上)》,第 20 页。

[97]《曾文正公全集·求阙斋日记类钞(卷上)》,第 55 页。

结　语

本文以上部分，具体探讨了严复与道家思想之间的关系。大体上说来，严复对道家思想的亲近和喜爱伴随着他的坎坷一生。同时，严复将其自身浓厚的道家情结充分地体现到了他对西方思想的传播和会通之中，道家思想则通过严复予以西方思想角度的诠释也获得了新的意蕴。而严复对中西思想会通所作的尝试对于近代中国思想转型和发展具有着重要的意义。

总之，严复与道家思想之间的关系，可以归纳为以下几点。

第一，道家思想是严复的重要精神支柱之一。

人生际遇的坎坷，对于接受过西学教育的严复亲近道家思想，产生了极大的影响，同时道家思想为严复的人生心态提供了精神慰藉和心灵安宁。道家思想中含藏着丰富的生活智慧，提供着一种"几于道"的处世方法，从而赋予苦难的人生以逍遥的精神，使人能够在凡尘浊世中保持个体心灵的安静、自在和超越。严复的一生起落很大，生活上的宽裕或窘迫，学业上的自负或迷茫，政治仕途上的进退成毁，人生心态上的得意或颓废，社会理想的期望与幻灭，这些使得严复对于生命有着特别的体悟。对于生命的特别体悟无疑有助于严复对道家思想的亲近，道家思想也有助于严复提升其生命的意境，使得他在近代中国社会、政治和思想剧变的潮流中"真正立身严正不流并用理知思考问题"[1]，而成为"十九世纪末年中国感觉敏锐的人"[2]。诚然，就人生际遇上的起落坎坷而言，古往今来，严复并不是独一无二的，可以举出许多人生坎坷的人物；就亲近道家思想而言，在近代中国，也有很多人物，譬如章太炎、王国维、金岳霖等等，都对道家思想有着浓厚的感情。不过,像严复那样"平生喜读《庄子》"、"平生于《庄子》累读不厌",或许并不多见,其相似体验者尤其少。道家思想作为严复的重要精神支柱之一,除了为严复在外在经验世界中的失意提供精神慰藉和心灵安宁外,还为严复传播和会通西方思想提供了丰富的思想资源,不论是《论世变之亟》、《原强》、《辟韩》、《救亡决论》等政论,还是《天演论》、《原富》、《群学肄言》、《群己权界论》、《社会通诠》、《法意》、《穆勒名学》、《名学浅说》等西方典籍的译作,以至严复所作的诸多序言、述评之中,道家思想的旨意、语词、典故和文风都得到了较为鲜明突出的体现。道家思想对于严复思想理路的助益,反过来极大地强化了严复对于道家思想的深厚情结。从 1912 年与弟子提及准备评点[3],到 1916 年疾病缠身、年老体衰的情形下坚持"手批《庄子》"[4],严复对《〈庄子〉评语》注入了大量心血,结合期间严复多次提到意欲续译《法意》、《名学》时的有心无力,以及此后除了诗词、序文之作外别无专著,可以说《〈庄子〉评语》承载了严复晚年的思想归宿。道家逍遥自由的精神与西方自由主义的会通,在《〈庄子〉评语》中得到了鲜明的体现。在"闭门谢客,不愿与闻外事"[5]的情形下,严复专心评点《庄子》,则道家思想作为严复的重要精神支柱之一是不言而喻的了。

第二,道家思想是严复接受西学的民族文化基础。

史华兹在《寻求富强:严复与西方》中对于严复的"中西会通"给予了相当高的评价,并明确指出"严复倾向于寻找超出中西两种文化的人类思想的普遍问题"[6]。考察严复所处的国家落后挨打、民族危机日趋加剧的历史背景,在普遍西化和民族情绪非常强烈的情形下,严复试图站在超越中学西学的理性立场上来对中西思想予以整体性的会通把握,可以说是极其难能可贵的。而这一理性立场与道家思想的自由逍遥和齐物平等之精神有密切关系。严复对于庄子之自由逍遥极其欣赏,特别留意到其书中多用"游"字。严复指出:"学者必扩其心于至大之域,而后有以读一世之书,此庄生所以先为逍遥之遊,而后能齐其物论也"[7]。在评点《庄子·

齐物论》的篇题时，严复指出："物有本性，不可齐也。所可齐者，特物论耳"[8]。中西之间的差异有很多是客观存在的，其差异的产生自有其历史发展的渊源，因而是很难勉强等齐的；不过，中西之不同思想既然都施之于人类自身，作为人类精神活动的产物，其思想之间会通和调适则很有可能性。严复对"物论"可齐的重视，正是希望国人能够正视中西思想各自的优良成分，进而予以会通，寻找国家富强之路。而要真正实现中西思想之会通，在严复看来，需要放宽其胸怀，博览群学，以超然的心态遨游于精神世界之中；否则，拘束于中西差异，且不说其会通不可能，其精神境界也无法超越。要以超然的心态遨游于精神世界之中，在这方面，可以说，没有任何思想能够与道家思想媲美。

此外，严复的传播和会通西方思想有着十分明确的现实目的，即通过"归求反观"借助西方思想的观照来重新把握中国传统思想的"圣人之精意微言"。严复反对顽固保守派的坚持旧学传统，他专门批驳了旧学的"无用""无实"、"西学中源"论的"扬己抑人"、"中体西用"论的"颠倒错乱"，主张中国传统思想在现代发展进程中的"道法自然"，进而认为"果为国粹，西学不兴，其为存也隐；西学大兴，其为存也章"，其中道家思想意蕴极其鲜明。他对西方思想的传播和会通，希望能够推动中国近代思想的发展能够回归到"圣人之精意微言"，这一主张本身便带有浓厚的道家特色，是对道家"反者道之动"思想的充分运用。同时，就其"圣人之精意微言"来说，严复所指为"中国以学为明善复初"，这正是道家思想的体现，虽然严复晚年主张尊孔读经，对先秦儒家比较看重，但是正如前文所说，道家思想陪伴着他的晚年时光，是实际的和真正的精神归宿。

第三，道家思想是严复译介西学的重要媒介。

在中国传统思想文化中，道家对于宇宙人生、社会政治问题的思考，超越了现实经验世界以及时间和空间的局限，极大地扩展了人们的心灵，使得其思想中容纳了极其丰富的话语资源。不同时代、不同地域的学者和流派都能够在道家思想里找到其相近的思想资源。严复在传播和会通西方思想的过程中,从概念、命题到理念等各个方面,都极大地运用了道家思想资源。譬如,就概念而言,"接知"和"谟知",严复直接明确指出:"案接知、谟知出《庄子》,接知者直接之知,谟知者间接之知"[9]。《群学肄言》第十三章的标题 Discipline,严复直接将之译成"缮性"[10],而"缮性"分明是《庄子》之篇章。就命题而言,为了将"内籀"归纳法的"总散见之事,而纳诸一例之中"和"外籀"演绎法的"本诸一例而推散见之事"形象地表达出来,严复借用了道家"为学日损,为道日益"的思想,从而指出:"日益者,内籀之事也;日损者,外籀之事也;其日益者,所以为其日损也"[11]。将归纳法"即物实测"且"试验愈周,理愈靠实"的特点充分地体现出来,而且归纳法与演绎法之间的关系也表述得十分清楚。在译介西方的逻辑方法论、天演学说、民主政治观念和自由主义思想过程中,道家思想充当了非常重要的媒介作用。在运用道家思想资源译介西方思想同时,严复也借助于西方思想赋予了道家思想以新的意蕴。自由思想是严复思想的核心,严复在其晚年专心之作《〈庄子〉评语》中将自由思想体现得淋漓尽致。一方面,严复利用庄子的"自脱于拘虚、囿时、笃教"阐释了言论自由的主张,利用"顺物自然"阐释了"行己自由"的主张;另一方面,他指出:"物竞之烈,各求自存以厚生。以鸟鼠之微,尚知高飞深穴,以避赠弋熏凿之患。人类之智,过鸟鼠也远矣"[12]!文字之间贯穿了西方进化论思想,他认为追求自由是人的生命本能,是符合进化论发展规律的。追求个体的自由生长和发展是一切生命的本能需要,也是其种属生存、延续并发展的动力所在。飞禽、走兽、蝼蚁都尚且有着趋利避害、追求自由的本能,人类作为高等的智慧生命自然更要追求自由,从生命的本能上强调追求自由作为人之根本。自由之生存本能的提出,正是严复会通中西思想的结果,既与西方自由主义有所区分,又与传统的道家逍遥游有所不同。严复在赋予道家的自由逍遥精神以新的意蕴时,深深打上了西方进化论的烙印。

第四,严复"中西会通"存在着难以超越的历史局限性。

大抵说来,严复对于中西会通的思考,一是出于他个人的浓厚兴趣,一是出于其强烈的现实关注。严复并非职业哲学家,他少年进入福州马尾船政学堂,这本是洋务运动的体现,留学期间他对"英国与诸欧之所以富强"的原因颇感兴趣并有所思考,回国之后也主要任职于北洋水师学堂以教书育人为业。在平淡的教习工作之余,严复延续了他在留学期间对西方资本主义富强原因的思考,逐渐将注意力真正转移至西方思想文化,在此基础上开始有选择地翻译西学典籍。同时,近代中国"启蒙与救亡的双重变奏"这一特殊历史境域,使得严复对于中西会通的思考更多地出于挽救民族危亡和寻找中国的富强之路,其中鲜明的现实性自然影响了他对中西会通问题的思考方向。这些就使得他的"中西会通",运用道家思想资源来传播和会通西方思想,存在着难以超越的历史局限性。首先是其思考尚欠足够的深入。从西方近代思想的角度,他对《〈老子〉评语》、《〈庄子〉评语》予以诠释,而其评点往往仅寥寥数语,尚欠足够深入的分析;在翻译《天演论》、《原富》、《群己权界论》等西方典籍时,他虽然从中国传统思想的角度做出了相应的调适,却没有给出相应的调适依据,这使得他对西方思想的思考只能够隐藏在其译文的背后,而难以被人把握,只能够猜测或是他对中国当时局势所作的针对性调适,或是出于他个人对于西方思想中某些方面的不予认同;而他对于译作中所附加的诸多案语的处理,往往"脱离原文,发抒自己的见解"[13],对问题的深入显然是不够的;至于他发表于各大报章的论文,更是有着强烈的针对性,而对中西会通未能予以专门的思考。

其次是有简单比附的倾向。虽然道家思想与西方自由主义、民主政治观念之间存在诸多相通之处,不过这里面仍然存在两个主要的问题,一是古今思想的时代差异,一是中外思想的文化差异。老庄思想并不是近代中国当时现实中的思想形态,而是属于中国先秦诸子之学。老庄思想是针对春秋战国的社会形势而发的,虽然夏曾佑认为老子所处的春秋时局,与严复所处的时局,以及斯宾塞所处的时局,其彼此之间十分相似,故而其思想当有相通之处。时局是否相似,姑且不论;不过,自时局之相似而推出思想之相通,其本身并不甚合理。思想文化之间的古今之异、中外之别,毕竟是一种事实,是无可改变的,其各自的思想进路和指向都有着极大的不同。严复为传播西方思想而关注偏重其会通之处,是无可厚非的。通过其思想会通,一方面可以将道家思想阐发出新的意蕴,一方面亦有利于国人对西方思想的接受。不过,由于严复个人的思想倾向及其对现实的特别关注,严复的西学传播显然重在会通其意。严复在《天演论·译例言》中便明确地指出:"译文取明深义,故词句之间,时有所颠倒附益,不斤斤于字比句次,而意义则不倍本文。题曰达旨"[14]。同时指出:"抑义就词,毫厘千里,审择于斯者之间,夫固有所不得已也"[15]。严复的西学传播重在会通其意,这一特点也体现在他对道家思想资源的运用上;再加上他有时刻意用词,这就使得他运用道家思想资源来传播和会通西方思想经常给人一种突兀之感,具有简单比附倾向。譬如,评点《老子》第四十六章中"天下有道,却走马以粪;天下无道,戎马生于郊"句时,严复指出,"纯是民主主义"[16]。评语十分简单,给人以非常突兀之感,似乎极其牵强。当然如果仔细寻思,也能发现严复的评点,在其意蕴上却是一致的。不过,这种评点方式所带给人的感觉,有简单比附倾向。此外,评点《老子》第三十二章中"道常无名,朴虽小,天下莫能臣也"句时,严复指出:"朴者,物之本质,为五蕴六尘所附。故不可见,任汝如何所见所觉,皆附朴之物尘耳。西文曰萨布斯坦希"[17]。将"朴"理解为物之本质,并与西方萨布斯坦希相会通。评点《庄子·逍遥游》中"穷髪之北,有冥海者,天池也"句时,严复指出:"人体发在上,故北极谓之穷发,而南方则称不毛。前以南冥为天池,此以北之冥海为天池,犹今之言南北两冰洋也"[18]。将《庄子》寓言式的"南冥"、"北冥"比作现实中的南北冰洋。如此种种,都有着简单比附倾向。会通的比附倾向可能带来较为严重的后果,其中最为突出的表现就是"自由"的传播。严复在其《论世变之亟》等早期作品中还使用"自由"一词,鼓吹自由思想。不过十年时间左右,"自繇之说,常闻于士大夫。顾竺旧者既惊怖其言,目为洪水猛兽之邪说。喜新者又恣肆泛滥,荡然不得其义之所归"[19]。"自由"之名的滥用,正源于其初宣扬过程中的比附倾向,最终使得严复选择用"自繇"来表达,并为此专门著文诠释其本义。

此外,严复的传播和会通西方思想有着很明显的现实性,即一方面以警醒国人、激发爱国情绪;一方面寻求中国的富强之路。王国维曾指出:"严氏所奉者英吉利之功利论及进化论之哲学耳,其兴味之所存,不存于纯粹哲学而存于哲学之各分科,如经济、社会等学,其所最好者也,故严氏之学风非哲学的而宁科学的也,此其所以不能感动吾国之思想界者也"[20]。王国维的解释应当可以说明一些问题。近代中国"启蒙与救亡的双重变奏"的特殊历史境域,使得严复所接受和信奉的思想带有很强的现实性,是出于解决当时中国社会迫切的实际问题而考虑的,经济学、社会学显然都是其时中国所急需的。严复个人思想中的兴趣和爱好显然是以中华民族的前途和命运为考量的,这正反映了其热爱祖国、热爱中华民族的拳拳之心。中西会通上的现实性使得严复的传播西方思想和翻译西方典籍有所选择,自不能对于西方思想予以全面的介绍,譬如叔本华、尼采的唯意志论哲学等;同时,严复以西方实证主义的标准来评论中国传统思想,譬如陆王心学一直遭到严复的强烈批判,其本身也存在一定问题。

毛泽东同志将严复列入"在中国共产党出世以前向西方寻找真理的一派人物"[21],这无疑是对严复在中国近代史上地位十分重要的官方肯定。获得这样的殊荣或许对于一生际遇并不如意的严复说来应该感到欣慰,不过对于研究严复思想的后来学者说来则稍有尴尬,毕竟严复如此崇高地位的获得在很大程度上是因为他是《天演论》的译者,将进化论观念传入中国,而不是他自身独特的思想。事实上,在很长一段时期,除了《天演论》所宣传的进化论观念,严复更多的只是以一个著名翻译家的身份而闻名,他所奠定的"信"、"达"、"雅"的翻译标准在中国翻译界影响深远。至于他自己的思想,由于受到进化论影响的知识分子认为他没有跟上时代发展的步伐,被给予了"早年先进,晚年保守"的评价,并在较长时期内成为流行的定论。评价既不甚高，其重视程度自然也就差强人意了。至于陈宝琛在其墓志铭上所说的"于学无所不窥，举中外治术学理，靡不究极原委，抉其得失，证明而会通之。六十年来治西学者，无其比也"[22]，大体上只能作为对逝者的褒美之辞罢了。而像钱钟书所作的评价"几道本乏深湛之思，治西学亦求卑之无甚高论者……所译之书，理不胜词，斯乃识趣所囿也"[23]，这样的观点则似乎更多。之后，得益于西方学者对作为"西方总体思想的外国观察家"的严复思想的研究，如史华兹认为："严复的思想非常值得注意。在我看来，严复所关注的事是很重大的，他设法解决这些事情的努力颇有意义，他所提出的问题，无论是对于中国还是西方都意味深长"[24]。国内对于严复思想的研究这才出现了新的局面。人们开始认同鲁迅的评论，"严又陵究竟是'做'过赫胥黎的《天演论》的，的确与众不同：是一个十九世纪末年中国感觉敏锐的人"[25]。少年时期接受过传统的国学教育并目睹晚清社会的凋弊破败，青年时期留学英国这一当时世界上最强大的资本主义国家，接受了正规的西学教育并亲历了西方资本主义的繁荣富裕，严复既可以西方的视角来审视传统中学的不足，亦可以东方的视角来检讨西学可能存在的问题，这就使得在进行中西会通时他能够较之于同时代的其他人站得更高、看得更远，其思想的敏锐在其时可以说无出其端。不过，青少年时期家庭变故后对人间冷暖的体验，留学回国后意气风发的人生遭遇的挫折，对晚清社会认识的敏锐及其不愿盲从于一时的思潮风尚，诸多方面的因素的影响导致了他思想指向上的遗憾。

第一，严复的敏锐。

近代以来，启蒙思想家们不断地努力着将进步的西学引入中国并积极地进行宣传，以影响千千万万的普通民众，也在不断地反省中国传统文化思想自身的种种不足，注入新的活力，寻找其新生的动力，他们在为推动近代中国的社会变革而论证并尝试过不同的途径的同时，也为中国社会的未来勾画了无限美好的各种构想。其时思想活跃的表现确实可以说同春秋时期的百家争鸣有很大的相似性，各种新兴的思想不断涌现，造就了一大批卓越的近代启蒙思想家。严复作为置身其中的一员，作为曾经引领一代思想风尚的人物，他自然有着其自身独特之处。虽然对于近代中国的社会变革有着强烈的参与欲望，严复的一生大体上主要还是处于社会变革的边缘。他曾经用《天演论》的进化论思想激起了一代又一代人的奋发向上，他自己却对于社会变革的急剧转向存有相当的不满意，在鼓吹西学和变革的同时不断地表达他对于局面失控的担忧。当后人在评价严复的激进与保守之间徘徊时，他们往往忽视了严复的主张和行为背后的深层原因。鲁迅先生认同于严复的敏锐，可能更多的是出于他们同样对近代中国国民性的关注，希望能够通过普遍地提升国民道德来促进近代中国社会变革的平稳和切实地展开。严复的敏锐，不只是他曾经翻译过《天演论》，也不只是由于他对国民性问题的关注。他的译述有着明显的目的性、选择性和连续性，应当表明他对于近代中国社会有着他自己的整体思考，这种思考也不仅仅是完全围绕近代中国国民性来展开[26]。严复的敏锐不仅仅在于他对西学的翻译和传播，更在于他以西方思想来会通以道家为代表的中国传统文化思想时所引发的种种思考。这些思考涉及的范围相当广泛，有待于进一步的发掘。以下，就严复以道家思想来会通西学方面主要阐述三点。

一是学之为言，道通为一。

每一个民族都有其自身独特的风俗习惯、社会制度和思想文化，民族存在且延续的时间越长，则其带有浓厚民族性的物事更是自成体系；没有一个民族能够孤立地存在，不同民族之间的交往是无法回避的，而且随着科学技术的进步，不同民族之间的交往将越来越频繁。随着不同民族之间的频繁交往，其各各不同且自成体系的思想文化之间必然出现直接的冲突，而不同民族之间思想文化体系的冲突又对其民族交往带来相当深远的影响。适应民族对外交往的需要，其思想文化体系做出相应的调适也就成为必然。思想文化体系的调适不能简单地以进步或落后等方式予以评判,不同民族在历史发展进程中的处境对其思想文化体系的调适有着极其重要的影响,同时对其思想文化体系的调适心理也有着相当的影响。无论人们是否承认,在人类社会发展的历史进程中,不同民族之间存在着客观的差别,而伴随着这些差别的是科学技术的进步与落后所带来的不同民族在社会生产力上的差异。这些社会生产力上的差异影响着不同民族在对外交往过程中的处境,并进一步影响其思想文化体系的调适。中华民族本身就是长期民族融合的结果,在同外来民族的交往过程中有着相当丰富的调适经验,这与中华民族相对于周边民族长期处于社会进步的自身优势有关,中华民族的思想文化体系在数千年封建时期里不断地丰富和完善,并在处理中外文化交流中形成相当的心理优势。然而进入近代以来,面对来势汹汹的西方列强,抵御外族侵略的系列战争屡战屡败,丧权辱国、割地赔款的系列条约不断签订,领土完整不复存在,主权不断流失,民族存亡的危机不断加重,传统思想文化体系在面对西洋思想文化时心理优势已经荡然无存。从坚船利炮的洋务运动到君主立宪、民主共和的制度变革,以及自由、民主、平等的思想文化的传播,西学以全面的态势遍及中华民族的各个角落和层面。在普遍西化的过程中,严复能够提出"学之为言,道通为一"的主张实在可贵。

严复"道通为一"主张的提出,其本意大体说来是出于对当时洋务运动的不满意。洋务运动试图通过引入西方先进的物质文化来促进中国自身的强大,这在严复看来是不可能成功的。他同样不认同洋务运动"中学为体、西学为用"的指导思想,并作了牛马体用的比喻予以否定。他认为西方列强的强大、其物质文明的发达都是建立在其思想文化的基础上的,他主张吸收西方思想文化中的有益成分。换句话说,"道通为一"的主张其实是为他传播西方思想文化来提供合理的依据。这其实和儒家宋明理学"人同此心,心同此理"的观点是一致的,同古人所说"行万里路,读万卷书"的精神也是一致的。在这一点上,严复试图找寻中西思想文化中深层的相通之处,就已经超越了"西学中源"说那种简单的枚举方式了。道,便是严复所找寻到的中西会通点。这里的道,虽然是他从道家老庄那里借鉴得来的,不过却并不是只有道家的意蕴,道所代表的应当是中华民族思想文化的深层根基,所以他说"老谓之道,《周易》谓之太极,佛谓之自在,西哲谓之第一因,佛又谓之不二法门。万化所由起讫,而学问之归墟也"[27]。既然中西思想文化之间存在始原上的会通之处——道,那么由之而衍生出的种种具体的中西思想文化之间就并没有本质上的差异,而不过是其在发展过程中不同的走向罢了。譬如道在中国思想文化中便衍生出了诸子百家,诸子百家之间固然存在差异,不过其始原上的相通则是人们都可以认可的;将这一思路扩而充之,中西思想文化之间固然存在差异,而其始原上的相通也应当是人们可以接受的。这些西方思想文化虽然确实与中国传统思想文化有所不同,不过却并不是异端文化。以"道通为一"来会通中西,为西方思想文化在中国的传播找到合理的依据,严复本身已经跳出了其时逐渐僵化的中学的樊篱,这在普遍执著于中西差别的当时可以说是相当了不起的突破。

严复"道通为一"主张的初衷固然是为了传播西方思想文化,不过其思想的发展却并不仅限于此。他在阐述其"道通为一"的理由时指出"西学亦人事耳,非鬼神事也"。西学同中学一样都是人事,西方人同东方人在种属上也都归属人类这一大家庭。严复在找寻国人接纳西学的合理依据时,找到了人类主义这一普遍立场,这正是哲学之所在。德斐尔神庙的箴言"认识你自己"被苏格拉底用来引导古希腊哲学的转向,也正是站在人类主义的普遍立场上。或许严复并没有意识到他这一普遍立场的深远意义,但他已经自觉不自觉地站在了比他同时代人更高的层次上来把握中西思想文化会通。这站在人类主义共性的基础上来找寻中西会通的思路应该可以对于当代不同民族之间的思想文化交流提供相当的助益。并不是说在严复之前就没有人能够意识到这一人类主义的普遍立场,事实上在中国古代民族融合进程中也曾屡有人提及"天下一家"这种关联到人类主义普遍立场的观念,不过其中那种俯视其他民族的心态和文化扩张主义的意图则始终未能彻底根除；在严复之后的历史发展中也曾多次出现相类似的主张和立场，不过像那种"全球一体化"主张之中同样始终未能完全剥离其文化扩张主义的意图。严复的可贵或许在于，他处于当时中华民族面对西方列强绝对弱势的情形下，调适本民族思想文化体系来适应历史发展进程的努力，以及其中所蕴涵的民族自强精神。处于心理弱势情形下来追求一种人类主义的普遍立场，他必须突破本民族原有思想文化体系的樊篱，以一种相对平等的态度来接纳和吸收外族思想文化中的优良成分，同时固守本民族思想文化中相对优良的传统，这在当时可以说是比较少见的。或许，在普遍西化的思潮中，在民族主义盛行的时局中，他的这一理性立场即使是在当代也是相当少见的。

严复的初衷出于传统西方思想文化，不过他的最终目的则是促成本民族思想文化体系的调适。他的这一立场始终没有改变，他在这一立场上的坚持让人敬佩。或许这正可以解释为何他的思想表现出前期激进而后期保守的原因。1895 年以后清朝廷在中日甲午战争中的惨败基本上宣告了洋务"自强"运动的彻底失败，而明治维新后"欧化"日本的迅速崛起又让国人找到了新的方向，西学一扫其前期在中国传播的缓慢步伐而呈现出宣泄态势。留学归来数年而在政治上处于相对闲置状态的严复很快找到了他一展其所长的舞台，《天演论》的出版引领一时风尚，严复由此被许以"西学第一人"之美誉，终其后半生他也从来没有放弃对西学的传播。然而，即使他对八股科举怀有深切之不满，他始终怀有对本民族传统思想文化的热爱。当各种西方思潮经由近代启蒙思想家之手在神州大地粉墨登场时，他对此自然颇是欣慰；然而，当本民族传统思想文化由置身质疑处境发展至彻底否定时，当全盘西化的思潮一度甚嚣尘上之时，他对此则颇感担忧。国内政局的紊乱、民众处境的困苦以及欧洲时局的荒唐，等等，不断有人开始反省全盘西化的弊端，如果说前者还可以归咎于传播过程中的零乱和偏差，那么作为西方文明本土战事随时爆发的状况则尤其让人深思。严复虽然并没有因此怀疑和放弃传播西学，不过他对于本民族传统思想文化的态度则更加鲜明起来,其"道通为一"主张里以西学来助益中学的意图已经呈现出来,及至后来,他在更多的时候开始强调本民族传统思想文化的价值,而对于国内全盘西化的立场进行了较多的抨击。无论如何评价他的回归中学传统,他在探讨中国传统思想文化的保存及调适等方面的思考对于后人仍然有着相当的参考价值。在全球日益一体化的当代,在不同民族之间的频繁交往过程中,具有民族特色的思想文化的保存和调适始终是一个重要的课题。

西方近代思想文化的发展是建立在科学实证性的基础上的,虽然这个世界上仍然有着极多的物事超越于人类的认知能力之外,不过对这些超越于人类认知能力之外的物事赋予其确定性的解释则是各方面卓越人士努力追求的方向,西方文明正是在不断地追求其认知的确定性中不断地向前发展。而中国传统思想文化对于超越于人类认知能力之外的物事固然赋予了各种各样的解释,不过这些解释总的说来都是不确定性的。道,可以说是中国传统思想文化中一切不确定性的核心,不可名状、不可言说、不可思议。道只能通过个人直觉的体验来予以把握,不具有普遍性。严复在将道作为中西会通之所在时,显然更多地接受了西方思想文化的确定性,他对传统思想文化中道的不确定性进行了一番努力的改造,也就是赋予道以确定性。他承认道是不可思议的,毕竟超越于人类认知能力之外的物事是客观存在的,既然超越于人类认知能力之外自然也就是不可思议的了,这里的不可思议主要是指不可能通过当下的常规方法来予以认识。随着人类认知能力的不断提高,一些原本不可思议的物事便很有可能被纳入人类的知识体系。所谓不可思议,主要与当下人类的认知能力相关。就其物事本身而言,其存在是确定性的。道是不可思议的,同样这是由于人类的认知能力之不足造成的,而道本身的存在是确定性的,道的确定性也就意味着道是普遍的。道的确定性可以呈现在具体的各个方面和各个领域,其中公例便是道的确定性的重要呈现,公例显然具有普遍性。赋予道以确定性使得严复摆脱了传统思想文化中种种不可名状、不可言说等等长期停留于个人体验层面的特殊性,而真正具备了普遍性的基础。这一方面有利于中国传统思想文化更好地进行与西方思想文化的会通和调适,另一方面也有利于弥补中国传统思想文化的各种不足。这对于中国思想文化在现代社会的发展和繁荣都有着重要的意义。

二是以自由为体,以民主为用。

晚清洋务运动期间张之洞提出"中学为体,西学为用"的主张并一度相当流行,而1895年甲午中日战争中国的惨败宣告洋务运动的失败,也意味着"中学为体,西学为用"的失败。其后"中体西用"的主张虽然屡有人提及,却大体上应者寥寥。严复曾以牛马体用之喻对此作过驳斥,甚为经典。当代学者李泽厚先生曾提出"西体中用"的主张,一度也曾较为流行。不过,或许严复的牛马体用之喻亦可应用于此。不论是"中体西用"还是"西体中用",其实质都对于中西思想文化的差异有着相当的执著,也过分强调了中西思想文化之间的差异。思想文化之间的差异是客观存在的,不必试图回避;文化交流过程中所发生的思想文化的调适是双向的,且都是应用于人类自身的。而就人类这一种属而言,中外不同民族之间仍然存在着相当的共性。思想文化在作用于人类自身时是无法分清其体用的。与其纠缠于中西思想文化之间的差异,不如尝试着站在人类主义的普遍立场上来宏观把握本民族思想文化的调适和嬗变。"以自由为体,以民主为用"的主张是严复在总结西方列强富强的原因时提出的,其后他亦将此作为重要主张来对待,并在其著述中多次予以说明。

自由是根本,民主是为自由服务的。严复并没有直接全面接受其当下西方自由主义思想,这一点可以从他译作《群己权界论》中可以看出,其对穆勒《论自由》原文内容的择选及书名的拟定都有着他自己的意图。严复对自由的阐述是结合着西方进化论与道家自由观来展开的。追求自由当是人的生命本能,是符合进化论的发展规律的。追求个体的自由生长和发展是一切生命的本能需要,也是其种属生存、延续并发展的动力所在。飞禽、走兽、蝼蚁都尚且有着趋利避害、追求自由的本能,人类作为高等的智慧生命自然更是追求自由。从生命的本能上强调追求自由作为人之根本,这是严复与西方自由主义思想有所不同之处。西方自由主义思想其初对自由的论证也是从生命的本能出发的,不过已经发展到政治上的种种追求,这是西方学者长期以来不断鼓吹自由思想的结果及其继续的发展。就清末民初的中国来说,数千年延续的占据思想主流的儒家学说对于秩序和等级观念的长期浸染,自由在更多的时候只能沦为道家所主张的内在精神追求。在民众没有普遍意识到自由的生命本能之前,试图借助自由的鼓吹来谋取政治上的利益则只能让自由沦为政治的工具,而这正是严复对于其时自由主义思想突然泛滥的担忧。鼓吹自由的生命本能,并意识到和尊重每个人追求自由的生命本能,这可能就是严复自由思想的核心价值所在了。

正因为着力于鼓吹自由的生命本能,严复更看重自由的本义"不为外物拘牵"、"自主无罣碍"。这种追求自由的方法或许正可以用冯友兰先生所提出的"负的方法"来表述,而"负的方法"又正是道家思想的重要思维方式。严复的自由观也大体上借助了道家自由思想的表述方式。运用"负的方法"来阐述其对自由的追求,除了这符合严复本人的自由观定位以外,更多地与当时的社会形势相关联。19世纪晚期随着民族危机的日渐加剧,推进社会变革的呼声持续高涨,而清朝廷的顽固保守却阻碍着一切大规模社会变革的展开,康梁维新变法运动最终以惨败收场。突破清朝廷的限制,推进社会变革的迅速展开是当时国人普遍的愿望。严复的自由观显然充分反映了当时的这种形势。此外,留学归国的严复满怀抱负,迫切渴望投身于社会变革的巨大运动中,却受限于清朝廷的种种陋规而无处施展,他个人人生际遇上的曲折也在其自由观上得到了充分的反映。在国内民众尚没有真正普遍意识自由的价值之前,这样的自由观对于促进国人突破陈旧的社会制度和思想文化的樊篱显然有着积极的意义。不过,这种"不为外物拘牵"、"自主无罣碍",反对一切陈旧势力、否定一切陈旧思想的方式在被国人接受后所带来的社会革命浪潮则显然是严复没有预期到的。

民主是为自由服务的。严复的民主观念显然与近代及至现代的民主观念颇有不同,可以说其民主是从属于自由的。从进化论出发,严复意识到每个个体追求自由的生命本能一旦全面张扬而不加以拘束,则即将到来的可能的大规模混乱局面是无法接受的。民主,当是用来确保每个个体的自由都能得到相对充分发展的手段,它体现了人类这一高等智慧生命不同于禽兽虫草等普通生命体之处。每个个体通过让渡其一部分的权利来确保其更多的自由空间,国家的民主制度的作用正在如是。严复对道家"小国寡民"、"至德之世"的理想社会的认同正在如此。从进化论出发,严复自然不可能赞同道家宣扬的"小国寡民"、"至德之世"所处的人类社会早期阶段。他多次指出"小国寡民"、"至德之世"正是民主的体现,其实质所表达正是自由的思想。自由是个人的追求,民主则通过国家的方式来确保每个人的自由。那么国家的存在和强大显然是必要的。而近代以来民族危机的不断加剧,国家长期处于危难之中,国家的生存尚不能保证,则民主便无从谈起,而自由更是一种奢望。正是由于国家与民主、自由之间的这种关系,对个体的自由追求暂时地转换为对于国家独立富强的追求。而在追求国家的独立富强过程中,人们可能让渡出更多的自由权利,个人服从于国家的暂时需要,但这并不意味着国家超越于个人之上,这种让渡只是暂时的。不过,由于追求国家独立富强的任务艰巨性,要求国人注入更大的努力,牺牲一些人、一代人甚至几代人的自由都是可能的。严复晚年对国群自由的强调其原因当在如此。时至今日,经过几代的人浴血奋斗、前仆后继,国家实现了独立,并有了相当的发展;不过,国家的富强尚未最终完成,仍然需要人们继续努力。事实上,随着国家的逐步强大,人们享受的自由权利也在日益增长。从这一点上可以说,严复的自由观,对近代中国的现状有着深层而敏锐的理解,是符合于近代中国的发展需要的。

三是有果而已,勿以取强。

传播西学,推动社会变革,实现民族、国家的独立、富强,让每个个人都能充分享受其自身全面发展的自由权利,这就是严复所期望的结果。传播西学的事业,严复已经开始,并正在进行之中。而个人发展的自由在其时无法得到清政府治下国家的保障。社会变革成为达成其最终愿望的关键一环,不可能回避。如果推动社会变革的进行,并不是简单的改良与革命的区别问题。康、梁领导的维新变法运动可以说是改良性的,不过其中相当多的改革措施却是革命性;孙、黄领导的辛亥革命自然可以说是革命性,不过革命过后相当多的措施中对旧势力不断地容忍和妥协,给人换汤不换药的印象,其手段最终似乎是改良性的。推翻清政府的统治,确实可以促进社会变革的迅速到来,但这并不真的就意味着社会变革可以顺利地展开。将推翻清政府的统治等同于社会变革的实现,这是当时很多人共有的心理。而严复对社会变革结果的敏锐,自然使得他较之于其同时代的人看得更远。正因为如此,他关注社会变革的真正效果,而并不在意其政府的统治者到底是谁,所以他曾寄希望于清政府的觉醒;他并不认同于辛亥革命的暴力途径,不过他很快就接受了时局的变化,从而将希望寄冀于袁世凯治下的民国政府。虽然希望屡遭破灭,不过,他的主张并不能因此予以否定。他对于暴力革命并不认同,但他也承认在"不得以"的情形下,暴力革命不失为一种解决办法,虽然他对于"不得以"情形的确定似乎颇是为难,他最终还是接受了辛亥革命的事实。可见他对局势的发展始终抱有热切的关注,虽然其根本主张难以施行,不过他仍然能够予以变通并适应局势的变化而修正其主张。仅仅因为他对于辛亥革命的质疑以及曾经参与过袁世凯政权而简单地将其行为判定为落后、保守、倒退,结论显然有些草率和武断。相比之下,他的一系列行为背后对于中国命运的深层忧虑,才应该是人们更多关注和思考的对象。

　　严复的社会变革主张带有很深的进化论痕迹,或者说其渐进的改良主张正是脱胎于进化论思想。不过他注重于进化论里量变的积累时却忽视了质变的突破,这确实造成了他的社会变革主张中巨大的缺陷。诚然如此,他的渐进改良主义社会变革主张有着更多的内涵。自然界的生物经过长期的量变积累最终以质变的突破来实现物种的新生,自近代以来,清政府从"开眼看世界"了解世界地理知识,到洋务运动引进西方坚船利炮等技术文明,再到清末"新政",随着西学东渐影响的日益深远,整个社会确实在不断地积累着社会变革的力量。只不过这一缓慢的渐变过程根本无法与民族危机的迅速加剧相提并论,亡国灭种的压力促进人们去加快社会变革的速度,维新变法运动、辛亥革命等都实际上是在这一压力驱动下的结果。严复对于维新变法运动曾经投入过切实的热情,对于排满运动等暴力革命虽然颇是质疑,不过并没有试图去阻碍这种社会变革事件的发生。如前文所指出,他十分关心社会变革的效果,故而他常用"飘风骤雨"来比喻革命性的社会变革措施,这不仅是指孙、黄领导的辛亥革命,也包括康、梁领导的维新运动,当然他对于前者的质疑更为突出。他承认革命性的社会变革措施可能产生相当的显著成效,而一场"飘风骤雨"过后那种遍地狼藉的恶劣情形则很可能甚至不如社会变革之前。西方世界中有着相当多的资产阶级革命案例可以作为参考,革命造成的破坏可能需要相当长的时间才能恢复,而革命过程中旧势力的屡次反扑也让人不得不警醒。虽然严复自己无法找到更好的推动社会变革的办法,不过他由对西方世界的了解而引发的对于中国社会变革过程中可能出现的种种偏差和弊端等等的担忧却应当引起人们的注意。而辛亥革命后国内局势的发展基本上让他的担忧成为了事实,对于严复而言这显然是令人遗憾的。

严复虽然不能找到更好的推动社会变革的办法,不过他却清楚地意识到国民素质的普遍提高必然对于社会的发展有着极大的助益。他曾指出"民之可化,至于无穷,惟不可期之以骤"。维新运动也好,辛亥革命也好,将西方的社会制度强势地施行于全国,如果没有相应的国民素质与之配合则社会变革即使成功,其成效也难如人意。开启民智,近代启蒙思想家们大多可以说都意识到了这一点,不过将开启民智置于如此重要的高度,则除了严复之外恐怕尚无他人。在很多时候,虽然人们都意识到开启民智对于社会变革的重要性,但是更多的人则往往试图先达成社会变革再来开启民智。其孰先孰后的是非难以断定,不过基本上可以说后者对于普遍民众的不信任是非常鲜明的。严复对于普遍民众也存有着怀疑,不过他对于开启民智的未来则充满乐观主义的精神。

第二,严复的遗憾。

严复的遗憾在很大程度上主要是其思想深处的坚持与现实境况的复杂形势之间的矛盾所导致的。少年时期目睹过晚清社会的凋弊破败,其后留学欧洲又亲历西方社会的富裕繁荣,西方列强的先进与清中国的落后之间巨大的差距已经在他思想的深处扎下根来,而号称"日不落帝国"的英国作为当时世界上最强大的国家又让严复对于西方国家之间的差异有了自己的思考。改变清中国的落后局面,推动社会变革的迅速展开已经成为其时他的强烈愿望。然而,归国后清政府对于西学的态度,政治上的无所作为以及生活上的窘迫状况等复杂的现实形势,都让他不得不对其思想做出相应的调整。理想与现实之间的徘徊自然影响他思考的针对性和权宜性,思想上的现实转向同其思想深处的理想坚持最终也就导致了他在近代史上的遗憾。或可以说,这并不是他一个人的遗憾,而是他们那整个一代人的遗憾。

一是对中西会通思考的现实性与浅尝辄止。

较之于其前的"西学中源"说对于中西思想文化之间具体相似之处的枚举以及计较于东西方思想的孰优孰劣、孰先孰后,严复能够站在普遍人类主义的立场上迅速深入到中西思想文化中思想本原上的共性,这已经足够显示出他的敏锐之处了。不过,正如他曾经多次所强调,其初衷更多地是在于大开传播西方思想的方便之门,因而他对于中西思想文化在思想本原上的共性的思考只能停留在浅尝辄止的程度,而不能予以专门的深入思考。在他的中西会通理路中,作为"众妙之门"的道不过是他将西方思想文化注入中国传统思想文化的通道或桥梁,而传播西方思想文化则是当时的迫切任务,这是由于当时中国国内国外不断恶化的形势所决定的;严复将其工作重心放在译作上自然是无可厚非的。不过,其间的遗憾也是存在的,从而也就造成了如前文所述的思想上的局限性。

这一点不仅仅体现在严复身上,近代启蒙思想家在这一点都有着相当的相似性。近代启蒙思想们对于中国传统思想文化的近代化转型都可能提出过相当精妙的创见性的构想,不过大多如严复一样只是浅尝辄止而已。从另一方面说来,人们的认识本身需要一个过程,从坚船利炮的洋务运动到仿效西方社会制度的维新变法运动、清末新政以及辛亥革命,再到全面接收西方思想文化的新文化运动,国人对于西方的认识和理解正经历着一个由物质而精神、由浅入深的过程,因而这些遗憾在近代中国普遍接受西学的过程中出现也是正常的。毕竟对于中西会通问题的关注在后世有着更多的学者投身其中。

二是对于民众力量的期望与不信任。

对于民众力量寄予很高的期望却同时又对民众怀有普遍的不信任心理,这恐怕是近代启蒙思想家们的一个共同特征。他们对其所了解的西方国家资产阶级民主革命过程中民众力量普遍和激烈的爆发十分羡慕,毕竟一旦民众力量得到充分的鼓动,将对社会变革进程的推动有着无与伦比的和极其深远的意义。在近代中国,启蒙思想家们发现,虽然他们通过创办报刊杂志、开设学堂教育、组织民间社团等各方面的努力来宣传其社会变革主张,其影响范围始终徘徊于受过西学教育或接受其影响的中上层知识分子之中,不说清朝廷的官僚阶层因为牵扯到其自身的既得利益而难以提供足够的支持,下层社会的普通民众对这关系着天下苍生之福祉的理想社会构想也抱有一种漠然置之的态度。启蒙思想家们普遍认为,最终从社会变革的成功中获得好处的将是下层普通民众,下层普通民众也迫切需要一场社会变革来改变他们当下贫困潦倒的处境;而这为下层普通民众谋取利益的社会变革却无法得到下层民众的普遍支持,对于近代启蒙思想家们而言这不能不说非常让人遗憾。此外,近代启蒙思想家们也意识到,即使他们所鼓吹的社会变革或许在可能侥幸的情形下取得成功,如果没有下层民众的普遍响应,由此而建立的新社会制度也可能距离他们心目中的理想社会非常遥远。对于下层民众力量的期望可以说使得国民性问题在相当长时间里曾经成为近代启蒙思想家们竭力思考的主题。"民智已下矣,民德已衰矣,民力已困矣",这可能是当时启蒙思想家们对于下层普通民众的共同看法,而为了提高民智、民德、民力,他们又提出了种种解决办法。严复专心于译述西方典籍、积极主张举办新式学校等等,倡导"鼓民力,开民智,新民德",其个中考虑大体正是由此出发的。

通常人们在评论严复的自由观时,往往会注意到其思想中个体自由与族群自由之间的矛盾,如前文所述,严复思想的深处对于个体自由有着强烈的渴望。不过他在翻译穆勒《论自由》时考虑再三还是将之改为《群己权界论》,特别强调"学者必明乎己与群之权界,而后自繇之说乃可为用"[28],他在逝前留下的遗嘱中又一再强调"事遇群己对待之时,须念己轻群重"[29]。他对族群自由极其看重,这在后来更被史华兹理解为一种国家主义的主张。个体自由与族群自由之间存在着相对的权界,没有绝对的自由存在,这是古今中外各种思想主张中都认同的事实。群己之间的权界显然并不只是为限制个体自由而设定的,也应当包括对族群自由的约束,严复对于这些应当是清楚的。不过他最终倾向于族群自由,可能出于更多的考虑。个人始终是处于社会之中的,个体自由的最终保障也只能从社会中获得,在民族国家里个体自由必须由族群自由予以保障,换句话说,如果族群自由都无法保证,那么个体自由也就无从谈起。近代中国遭遇西方列强的强势侵略以及清政府的腐朽懦弱,民族危机不断加剧,随时都有着亡国灭种的可能,覆巢之下,焉有完卵,实现中华民族的独立富强已经成为当时最为紧迫的任务,一切个体自由都当从属于此。这也是李泽厚所提出的"启蒙与救亡的双重变奏"中救亡主题重于启蒙的理由所在。严复的思考显然与此有关。不过,除此之外,严复族群自由优先的主张中还有着另一层考虑,那即是对于民众力量的不信任。

民智低下、民德衰弊、民力困乏,这些都是不争的事实,所以要"鼓民力、开民智、新民德"。民智的启蒙不是短期之内能够完成的,而民族民主革命的紧迫性却刻不容缓,在"民智不开"的情形下,社会改革的目的难以完成,"守旧维新两无一可"。辛亥革命的突然爆发显然打断了正常的思想启蒙进程,其后政局的紊乱、民生的困苦似乎证实了严复的忧虑,其时欧洲局势的混乱荒唐也提供了一定的佐证。严复此时对族群自由的侧重正是为了防止在民智低下的情况下国人对于个体自由的滥用,或许在他看来,那些受到过教育的中上层知识分子们自不必担心,而从来没有接受过自由思想教育的普通民众一旦滥用个体自由,其后果是不堪设想的。将个体自由从属于族群自由在当时是必要的。没有受到过自由思想教育的下层普通民众可能滥用其对个体自由的追求,这确实可能;不过,这其中对于下层普通民众的不信任心理却十分鲜明。严复曾指出:"以卑劣之民品,而治以最高之宪法,即庄所谓'取猿狙而衣以周公之服'。"在民众条件尚不具备的情况下强行推行立宪运动确实可能不伦不类,民众的思想启蒙也在不断地进行,不过这一思想启蒙要达到一个什么样的程度却始终没有人给出相对清晰的答案。以至后来,随着国力的逐渐富强,民众确实开始享有越来越多的自由权利,不过这些权利又不断随着国家主义的强化而不断地消解。个体自由与族群自由之间的权界应当设置在何处,这个问题至今都仍然争议之中,而百余年前对于下层民众抱有强烈不信任心理的严复,自是不可能真正予以解决,反而他最终由追求个体自由走向了国家主义的窠臼。

道家思想在严复传播和会通西方思想的过程中,以及中国近代思想转型中充当重要的思想资源,这不仅是由于严复、章太炎、王国维、冯友兰等近代思想家个人对于道家思想的特殊爱好,也是中国近代思想转型与发展的历史必然。考察其中原因,大抵可以从三方面予以理解。

其一,近代启蒙思想家所处的共同历史境域。1840 年鸦片战争以后，西方列强对华侵略的逐渐加深，清政府内外政策的腐朽懦弱，民族危机的日益加剧，挽救民族危亡、寻求富强成为当时最为紧迫的任务。冯契将近代中国的时代中心问题概括为"中国向何处去？"[30]围绕这一中心问题，近代爱国志士进行过积极的探讨。同时，伴随着西方列强的侵略，西学东渐的影响逐渐扩大，中国原有的经济模式、社会秩序和思想世界都受到了极大的冲击，旧世界逐渐坍塌，而新的世界尚未确定，社会形势的急剧变化对生于斯长于斯的近代启蒙思想家都带来了重大的影响。这不仅是严复一个人所遭遇到的历史境域，而是整个近代启蒙思想家所遭遇到的共同历史境域。并不是说所有人都一定会如同严复一样，在此历史境域下选择对道家思想的亲近。但近乎相似的社会人生际遇、探讨共同的时代中心问题，作为他们共同的经历，有理由相信对道家思想的亲近，会成为许多人的重要选择之一。事实上，除严复外，近代许多启蒙思想家都注意到了道家思想资源的作用，人生际遇的坎坷起落和近代中国的艰难处境都能推动他们对道家思想的亲近。譬如章太炎，始终对于庄子怀着独特的喜爱。他曾因力陈排满革命而几经险难，历睹革命种种变故并屡屡与革命同志发生龃龉，其人生际遇可谓曲折。在入狱期间，章太炎曾对佛法经论作了极为深入的研诵，而出狱后则又专门为弟子讲学《庄子》，写成《齐物论释》，以庄子的齐物平等和相对主义思想为民族民主革命作了形而上的论证，并对此书极其自负，甚至认为"千六百年来未有等匹"，"可谓一字千金"[31]。

其二，中国近代哲学的内在逻辑发展。在近代中国的历史境域中，中国传统的文化思想领域也在发生着巨大的转变。本来，明清时期资本主义萌芽的出现就已经开始促成中国传统学术的内在嬗变，不过这种内在嬗变的速度和规模十分缓慢式微。随着近代学者对中国所处历史时代"千年变局"认识的敏锐发现及逐步深入，面对西方武力和文化的不断冲击，国人的态度由消极反应转向积极适应，对西学也就经历了认同、吸收、移植、融会的发展进程，随着西学东渐的逐步深化，中国传统思想文化逐渐加速了其向近代化的转型，经世致用重新活跃起来，成为晚清学术运动的主流,这一方面为国人接受西方观念大开了方便之门,另一方面也为子学的复兴铺平了道路,先秦道家、墨家、法家等诸子思想在近代都得到了较大的阐发。近代学者对道家思想的诠释,为中西会通作了思想缓冲及初期准备,为社会变革提供了思想动力,为现代哲学学科体系奠定了基石。譬如王国维,他曾以道家的"无用之用"来论证建立现代哲学学科的合理性,并将道家思想资源运用到他对西方美学的传播中。譬如冯友兰,曾明确认为中国哲学中一直存在两种趋势,即儒家的"入世"精神与道家的"出世"态度,"两种趋势彼此对立,但也是互相补充"[32],其新理学的概念范畴、方法论和境界说等方面都有着相当浓厚的道家思想的痕迹。

其三,道家思想自身的丰富意蕴。熊铁基主编的《二十世纪中国老学》[33]一书将19世纪末20世纪初的道家思想研究区分为传统与维新两大流派。传统流派方面,延续以往乾嘉学术传统,注解老庄者很多,如陈澧《老子注》、魏源《老子本义》、易顺鼎《读老札记》和《读老札记补遗》、王闿运《庄子注》、刘文典《庄子约解》、郭庆藩《庄子集释》、王先谦《庄子集解》、马其昶《庄子故》等等,其他如俞樾《诸子平议》、孙诒让《札迻》等也都对老庄典籍进行了广泛的文字校勘、义理训释和思想阐述等整理工作。维新流派方面,面对西学的冲击,道家思想也在进行着自身的调适。近代以来,随着西方列强的强势侵入,西学东渐的不断深入,建立在儒家思想基础上的传统社会制度和思想世界都面临着强烈的冲击,社会秩序的不断破坏对个人生活也带来了巨大影响。在儒家思想遭受质疑的情形下,道家思想对于个人内在精神世界的调适有助于保持人们此时内心深处的安宁,同时道家对于宇宙人生和社会政治等问题的思考超越了现实经验世界以及时间和空间的局限,有着极其丰富的意蕴,使得人们在面对种种问题时能够轻易找到相近的探索。这些都使得在近代特殊的历史境域中道家思想比较容易得到启蒙思想家的亲近,以从中找到解决其当前问题的方案。冯契认为进化论的传播标志着中国近代哲学革命的开始[34]。而如前文所指出,在严复对进化论的传播和会通中,道家思想的资源作用是十分鲜明的。

道家思想在近代中国思想转型过程中的思想资源作用充分显示了其旺盛的生命力,正如有学者指出,道家思想的这种生命力来自于内在生命和时代精神相契合[35]。通过考察道家思想在近代中国思想转型与发展过程中的思想资源作用,可以对于现代及未来社会思想领域方面的发展提供重要的启迪。就学术上而言,道家思想作为一个概念、观念极其丰富的思想体系,它对宇宙、自然、社会和人生都有着极其广泛又深入的思考,其直觉体悟和思辨智慧等都能够为现代思想的发展提供丰富的启迪。譬如严复将道家自由逍遥与西方自由主义的结合对现代社会造成了巨大的影响,这一影响还将延续至将来。就现实上而言,道家思想强调人对其在社会、自然中的处境以彻底的自觉和超越,主张反本复初,追求一种内在精神上不被任何物事拘牵的自由逍遥。和谐思想正成为当今社会的主题,它也是中国古代思想史的一个重要范畴。道家对于人和自然、人与人以及人的身心之间和谐的追求,无疑对于现代社会有着重大启发意义。

注　释

[1] 殷海光:《中国文化的展望》,第 257 页,三联书店 2002 年版。

[2]《鲁迅全集》(1)《热风·随感录二十五》,第 311 页,人民文学出版社 2005 年版。

[3]《严复集》(3)《与熊纯如书》,第 608 页。信中提到:"今即欲更拟,进退不可知,又须费一番思索,老来精力日短,恐不能更钻故纸矣。"

[4]《严复集》(5)《侯官严先生年谱》有:"丙辰(1916),府君六十四岁。手批《庄子》。入冬,气喘仍烈。"第 1551 页。

[5]《严复集》(5)《侯官严先生年谱》,第 1551 页。

[6] 史华兹:《寻求富强:严复与西方》,第 73 页。

[7]《严复集》(4)《〈法意〉按语》,第 955 页。

[8]《严复集》(4)《〈庄子〉评语》,第 1105 页。

[9]《群学肄言·解蔽》,第 68 页。

[10]《群学肄言·缮性》,第 241 页。

[11]《严复集》(4)《〈老子〉评语》,第 1095 页。

[12]《严复集》(4)《〈庄子〉评语》,第 1118 页。

[13]《天演论·重印"严译名著丛刊"前言》,第 II 页。

[14]《天演论·译例言》,第 175 页。

[15]《天演论·译例言》,第 175 页。

[16]《严复集》(4)《〈老子〉评语》,第 1095 页。

[17]《严复集》(4)《〈老子〉评语》,第 1089 页。

[18]《严复集》(4)《〈庄子〉评语》,第 1105 页。

[19]《严复集》(1)《译〈群己权界论〉自序》,第 131 页。

[20]《王国维遗书》(3)《静庵文集·论近年之学术界》,第 521～522 页。

[21]《毛泽东选集》(4)《论人民民主专政》,第 1469 页,人民出版社 1991
年版。

[22]《严复集》(5)《附录:清故资政大夫海军协都统严君墓志铭(陈宝
琛)》,第 1542 页。

[23] 钱钟书:《谈艺录》,第 24 页,中华书局 1984 年版。

[24] 本杰明·史华兹:《寻求富强:严复与西方》,第 3 页,江苏人民出版
社 1990 年版。

[25]《鲁迅全集》(1)《热风·随感录二十五》,第 311 页。

[26] 李强认为:"如果我们将严复的思想作为一个整体来考察,就会发现
一条贯穿始终的普遍主义的或曰道德主义的线索,而这条线索正是
与传统文化中对经验价值的追求一脉相承的。"见《严复与中国近代
思想的转型——兼评史华兹〈寻求富强:严复与西方〉》,收于《严复
思想新论》,第 367 页,清华大学出版社 1999 年版。虽然李强对于

史华兹有所批评,但在这一点上其实他与史华兹所说的"严复倾向于寻找超出中西两种文化的人类思想的普遍问题"显然又达成了一致。因此,虽然严复的著作可以分为早期、中期和晚期,并且呈现出一定的思想变化,但这只是不同时期思想主题的差异而已,它显然在每一个思想家的思想里都有所呈现,是适应现实境域所做出的具体调适,它并没有也不可能否定贯穿思想家一生的思想理念。不过,要对思想家们一生思想理念做出论定,显然不是一件容易之事。我们或许可以如一般学者那样关注严复对于"普遍性"的追求,不过,我认为,对于近代中国启蒙思想家们而言,"普遍性"当从属于"民族性",是后者的手段和工具。就严复而言,道家思想很显然是他传播和会通西方思想文化而后"归求反观"的重要工具。

[27]《严复集》(4)《〈老子〉评语》,第 1084 页。

[28]《严复集》(1)《译〈群己权界论〉自序》,第 132 页。

[29]《严复集》(2)《遗嘱》,第 360 页。

[30] 冯契:《中国近代哲学的革命进程》,第 3 页,上海人民出版社 1989 年版。

[31] 汤志钧《章太炎年谱长编》有:"章氏对《齐物论释》自视甚高,称:'中年以后,著纂渐成,虽兼综故籍,得诸精思者多。精要之言,不过四十万字,而皆持之有故,言之成理,不好与儒先立异,亦不欲为苟同。若《齐物论释》、《文始》诸书,可谓一字千金矣。'"(《自述学术次第》)

[32]《三松堂全集》(6)《中国哲学简史》,第 23 页、第 11 页。

[33] 熊铁基:《二十世纪中国老学》,第 38~61 页,福建人民出版社 2002 年版。

[34] 冯契:《中国近代哲学的革命进程》,第 6 页,上海人民出版社 1989 年版。

[35] 陈鼓应:《道家思想在当代》,载于《道家文化研究》(第二十辑),第 6 页,北京三联书店 2003 年版。

参 考 文 献

一、原著类

[1] 王栻主编：《严复集》，中华书局 1986 年版。

[2] 孙应祥、皮后锋编：《〈严复集〉补编》，福建人民出版社 2004 年版。

[3] ［英］赫胥黎：《天演论》，严复译，商务印书馆 1981 年版。

[4] ［英］亚当·斯密：《原富》，严复译，商务印书馆 1981 年版。

[5] ［英］斯宾塞：《群学肄言》，严复译，商务印书馆 1981 年版。

[6] ［英］约翰·穆勒：《群己权界论》，严复译，商务印书馆 1981 年版。

[7] ［英］甄克思：《社会通诠》，严复译，商务印书馆 1981 年版。

[8] ［法］孟德斯鸠：《孟德斯鸠法意》，严复译，商务印书馆 1981 年版。

[9] ［英］约翰·穆勒：《穆勒名学》，严复译，北京三联书店 1959 年版。

[10] ［英］耶方斯：《名学浅说》，严复译，商务印书馆 1981 年版。

[11] 陈鼓应：《老子注译及评介》，中华书局 1984 年版。

[12] 陈鼓应：《庄子今译今注》，中华书局 1983 年版。

[13] 陈鼓应：《庄子集释》，中华书局 1961 年版。

[14] 《诸子集成》(1～8)，上海书店 1986 年影印本。

[15] 《郭嵩焘日记》，湖南人民出版社 1980 年版。

[16] 郭嵩焘：《伦敦与巴黎日记》，岳麓书社 1984 年版。

[17] 曾纪泽：《出使英法俄国日记》，岳麓书社 1985 年版。

[18] 曾纪泽：《曾纪泽遗集》，岳麓书社 1983 年版。

[19] 薛福成:《出使英法义比四国日记》,岳麓书社 1985 年版。

[20] 梁启超:《饮冰室合集》,中华书局 1989 年版(据 1936 年版影印)。

[21] 章太炎:《章太炎全集》(1～6),上海人民出版社 1986 年版。

[22] 章太炎:《訄书》(初刻本、重订本),三联书店 1998 年版。

[23] 章太炎:《章太炎选集》(注释本),朱维铮、姜义华等编注,上海人民出版社 1981 年版。

[24]《王国维遗书》,上海书店 1983 年版(据商务印书馆 1940 版影印)。

[25] 王国维:《王国维哲学美学论文辑佚》,佛雏校辑,华东师范大学出版社 1993 年版。

[26] 鲁迅:《鲁迅全集》,人民文学出版社 1991 年版。

[27] 冯友兰:《三松堂全集》,蔡仲德主编,河南人民出版社 2001 年版。

[28] 冯友兰:《贞元六书》,华东师范大学出版社,1996 年版。

[29]《毛泽东选集》,人民文学出版社 1991 版。

[30] [古希腊]亚里士多德:《亚里士多德全集》,苗力田主编,中国人民大学出版社 1997 年版。

[31] [古希腊]普鲁塔克:《希腊罗马名人传》(上),陆永庭、吴彭鹏等译,商务印书馆 1999 年版。

[32] [英]达尔文:《物种起源》(修订版),周建人、叶笃庄、方宗熙译,商务印书馆 1995 年版。

[33] [英]赫胥黎:《进化论与伦理学》,宋启林译,北京大学出版社 2005 年版。

[34] [英]亚当·斯密:《国民财富的性质和原因的研究》(上、下),郭大力、王亚南译,商务印书馆 1974、1979 年版。

[35] [英]约翰·弥尔(穆勒):《论自由》,程崇华译,商务印书馆 1959 年版。

[36] [法]孟德斯鸠:《论法的精神》,张雁深译,商务印书馆 1961 年版。

[37] [法]卢梭:《社会契约论》,何兆武译,商务印书馆 2003 年版。

［38］［美］科恩:《论民主》,聂崇信、朱秀贤译,商务印书馆1994年版。

二、研究论著

［1］本杰明·史华兹:《寻求富强:严复与西方》,江苏人民出版社1990年版。

［2］陈鼓应主编:《道家文化研究》(第二十辑:"道家思想在当代"专号),北京三联书店2003年版。

［3］陈少明:《〈齐物论〉及其影响》,北京大学出版社2004年版。

［4］陈少明、单世联、张永义:《被解释的传统——近代思想史新论》,中山大学出版社1995年版。

［5］陈越光、陈小雅:《摇篮与墓地——严复的思想和道路》,四川人民出版社1985年版。

［6］陈战国:《冯友兰哲学思想研究》,北京大学出版社1999年版。

［7］存萃学社编:《严复思想旨探》,香港大东图书公司1980年版。

［8］董小燕:《严复思想研究》,浙江大学出版社2006年11月版。

［9］冯契:《中国近代哲学的革命进程》,上海人民出版社1989年版。

［10］费正清、崔瑞德主编:《剑桥中华民国史》,中国社会科学出版社1993年版。

［11］葛兆光:《中国思想史》,复旦大学出版社2001年版。

［12］郭国灿:《思想的历史与历史的思想——严复与近代文化转型论集》,岳麓书社1998年版。

［13］郭良玉:《严复评传》,河南大学出版社2000年版。

［14］郭湛波:《近五十年中国思想史》,山东人民出版社1997年版。

［15］韩江洪:《严复话语系统与近代中国文化转型》,上海译文出版社2006年版。

［16］侯外庐主编:《中国思想通史》,人民出版社1959年版。

[17] 胡道静主编:《十家论庄》,上海人民出版社 2004 年版。

[18] 胡伟希:《中国本土文化视野下的西方哲学》,首都师范大学出版社 2002 年版。

[19] 黄瑞霖主编:《中国近代启蒙思想家——严复诞辰 150 周年纪念论文集》,方志出版社 2003 年版。

[20] 黄克武:《自由的所以然:严复对约翰弥尔自由思想的认识与批判》,上海书店出版社 2000 年版。

[21] 蒋永青:《境界之"真":王国维境界说研究》,中国社会科学出版 2001 年版。

[22] 姜义华:《理性缺位的启蒙》,上海三联书店 2000 年版。

[23] 姜义华:《章炳麟评传》,南京大学出版社 2002 年版。

[24] 姜义华:《章太炎思想研究》,上海人民出版社 1985 年版。

[25] 李承贵:《中西文化之会通——严复中西文化比较与结合思想研究》,江西人民出版社 1997 年版。

[26] [英]李约瑟:《中国古代科学思想史》,陈立夫等译,江西人民出版社 1999 年版。

[27] 李泽厚:《中国思想史论》,安徽文艺出版社 1999 年版。

[28] 李中华:《冯友兰评传》,百花洲文艺出版社 1996 年版。

[29] 林保淳:《严复——中国近代思想启蒙者》,台湾幼狮文化事业公司 1988 年版。

[30] 刘桂生、林启彦、王宪明编:《严复思想新论》,清华大学出版社 1999 年版。

[31] 刘烜:《王国维评传》,百花洲文艺出版社 1996 年版。

[32] 罗检秋:《近代诸子学与文化思潮》,中国社会科学出版社 1998 年版。

[33] 马勇:《严复学术思想评传》,北京图书馆出版社 2001 年版。

[34] 聂振斌:《王国维美学思想述评》,辽宁大学出版社 1986 年版。

[35] 欧阳哲生:《严复评传》,百花洲文艺出版社 1994 年版。

[36] 潘知常:《王国维 独上高楼》,北京出版社出版集团、文津出版社 2005 年版。

[37] 皮后锋:《严复评传》,南京大学出版社 2006 年版。

[38] 钱钟书:《谈艺录》,北京三联书店 2001 年版。

[39] 单纯:《旧邦新统:冯友兰哲学思想通论》,四川大学出版社 2005 年版。

[40] 商务印书馆编辑部编:《论严复与严译名著》,商务印书馆 1982 年版。

[41] 石元康:《当代西方自由主义理论》,上海三联书店 2000 年版。

[42] 孙应祥:《严复年谱》,福建人民出版社 2003 年版。

[43] 唐明邦主编:《中国近代启蒙思潮》,江西人民出版社 1993 年版。

[44] 唐文权、罗福惠:《章太炎思想研究》,华中师范大学出版社 1986 年 7 月版。

[45] 汤志钧编:《章太炎年谱长编》,中华书局 1979 年版。

[46] 田文军:《冯友兰新理学研究》,武汉出版社 1990 年版。

[47] 田文军:《冯友兰传》,人民出版社 2003 年版。

[48] 汪晖:《现代中国思想的兴起》,北京三联书店 2004 年版。

[49] 王汎森:《中国近代思想与学术的系谱》,河北教育出版社 2001 年版。

[50] 王尔敏:《中国近代思想史论》,社会科学文献出版社 2003 年版。

[51] 王尔敏:《中国近代思想史论续集》,社会科学文献出版社 2005 年版。

[52] 汪荣祖:《康章合论》,新星出版社 2006 年版。

[53] 王栻:《严复传》,上海人民出版社 1975 年版。

[54] 王宪明:《语言、翻译与政治——严复译〈社会通诠〉研究》,北京大学出版社 2005 年版。

[55] 王玉华:《多元视野与传统的合理化——章太炎思想的阐释》,中国社会科学出版社 2004 年版。

[56] 伍杰编:《严复书评》,河北人民出版社 2001 年版。

[57] 习近平主编:《科学与爱国:严复思想新探》,清华大学出版社 2001 年版。

[58] 萧公权:《中国政治思想史》,新星出版社 2005 年版。

[59] 冯达文、郭齐勇主编:《新编中国哲学史》,人民出版社 2004 年版。

[60] 熊铁基、刘固盛、刘韶军:《中国庄学史》,湖南人民出版社 2003 年版。

[61] 熊铁基、马良怀、刘韶军:《中国老学史》,福建人民出版社 1995 年版。

[62] 熊铁基、刘韶军、刘筱红、吴琦、刘固盛:《二十世纪中国老学》,福建人民出版社 2002 年版。

[63] 颜德如:《严复与西方近代思想——关于孟德斯鸠与〈法意〉的研究》,吉林大学出版社 2005 年版。

[64] 杨国荣:《从严复到金岳霖:实证主义与中国近代哲学》,高等教育出版社 1996 年版。

[65] 殷海光:《中国文化的展望》,上海三联书店 2002 年版。

[66] 袁英光:《王国维评传》,上海人民出版社 1999 年版。

[67] 袁伟时:《中国现代思想散论》,广东教育出版社 1998 年版。

[68] 郁有学:《哲学与哲学史之间:冯友兰的哲学道路》,华东师范大学出版社 2004 年版。

[69] 姚奠中、董国炎:《章太炎学术年谱》,山西古籍出版社 1996 年版。

[70] 余英时:《现代危机与思想人物》,北京三联书店 2005 年版。

[71] 俞政:《严复著译研究》,苏州大学出版社 2003 年版。

[72] 袁英光:《王国维年谱长编(1877～1927)》,天津人民出版社 1996 年版。

[73] [美]詹姆斯·施密特编:《启蒙运动与现代性:18世纪与20世纪的对话》,上海人民出版社2005年版。

[74] 张宝明:《自由神话的终结》,上海三联书店2002年版。

[75] 张光芒:《启蒙论》,上海三联书店2002年版。

[76] 张灏:《危机中的中国知识分子:寻求秩序与意义》,新星出版社2006年版。

[77] 张灏:《幽暗意识与民主传统》,新星出版社2006年版。

[78] 张志建:《严复学术思想研究》,商务印书馆1995年版。

[79] 张汝伦:《现代中国思想研究》,上海人民出版社2001年版。

[80] 郑大华、邹小站主编:《思想家与近代中国思想》,社会科学文献出版社2005年版。

[81] 郑师渠:《思潮与学派:中国近代思想文化研究》,北京师范大学出版社2005年版。

[82] 政协天津市河东区委员会编:《严复学术研讨会文集——纪念严复逝世80周年》,2002年。

[83] 周振甫:《严复思想述评》,中华书局1940年版。

[84] 朱维铮:《求索真文明:晚清学术史论》,上海古籍出版社1996年版。

三、学术论文

[1] 艾力农:《论严复的〈老子评点〉》,《中州学刊》1982年第3期。

[2] 严仲仪:《严复评注老庄简论》,《南京大学学报(哲学社会科学版)》1983年第4期。

[3] 杨达荣:《严复的天演哲学与老庄思想》,《江西社会科学》1989年第1期。

[4] 张锡勤:《严复对近代哲学变革的复杂影响》,《孔子研究》1994年第1期。

[5] 马勇:《甲午战败与中国精英阶层的激进与困厄》,《战略与管理》1994年第 6 期。

[6] 岑红:《论甲午战后中国知识分子的三大变化》,《江苏社会科学》1995年第 2 期。

[7] 罗检秋:《章太炎与诸子学》,《北京师范大学学报(社会科学版)》1995年第 2 期。

[8] 陈晓平:《评冯友兰的新统——兼论冯友兰哲学的归属问题》,《中州学刊》1995 年第 3 期。

[9] 马克锋:《民族危机与思维转型——论甲午战后中国社会思潮的转向》,《广东社会科学》1997 年第 01 期。

[10] 朱哲:《楚人精神 浪漫哲学——冯友兰道家思想研究疏释》,《云南社会科学》1997 年第 2 期。

[11] 杨翰卿:《冯友兰融道于儒的人生哲学》,《哲学研究》1997 年第 8 期。

[13] 高中理:《严复对老庄哲学思维之"超越"特质的认识》,《中国哲学史》1998 年第 1 期。

[14] 张斌峰:《从"由名入道"到"融道入儒"——略评冯友兰先生的名家观》,《殷都学刊》1998 年第 4 期。

[15] 杨翰卿:《简论冯友兰新理学对中国哲学精神的阐释》,《中国文化研究》1998 年夏之卷。

[16] 蔡仲德:《关于冯友兰思想历程的几个问题——答方克立先生》,《哲学研究》1998 年第 10 期。

[17] 陈晓平:《冯友兰境界说的道儒思想辨析》,《中州学刊》1999 年第 3 期。

[18] 张永义:《道家思想对冯友兰"新理学"的影响》,《中国哲学史》1999 年第 4 期。

[19] 蒋永青:《冯友兰先生的〈老子〉意义论》,《中国文化研究》2000 年春之卷。

[20] 刘韶军：《严复〈老子评点〉与西方思想》，《武汉大学学报（人文科学版）》2001 年第 6 期。

[21] 黄华珍：《试论章太炎先生与〈庄子〉研究》，《古籍整理研究学刊》2002 年第 1 期。

[22] 王玉华、张德顺：《"齐物"与"两行"——章太炎文化学说的内在底蕴及其现代意义》，《福建论坛》2002 年第 1 期。

[23] 于建胜：《康有为、章太炎、王国维师法西学之异同》，《山东师范大学学报（人文社会科学版）》2002 年第 2 期。

[24] 张娟芳：《严复对道家思想的误解》，《西安电子科技大学学报（社会科学版）》2002 年第 4 期。

[25] 李艳红：《近十年来严复思想研究综述》，《湘潭大学社会科学学报》2002 年第 6 期。

[26] 安继民：《以道家为根柢的儒道互补——冯友兰新理学的哲学归属》，《中州学刊》2003 年第 3 期。

[27] 李永芳：《试析严复对中国传统文化的"离异"与"复归"》，《河南师范大学学报（哲学社会科学版）》2003 年第 3 期。

[28] 陈少明：《排遣名相之后——章太炎〈齐物论释〉研究》，《哲学研究》2003 年第 5 期。

[29] 高秀昌：《试论 30 年代冯友兰的中国哲学史方法论》，《南开学报（哲学社会科学版）》2003 年第 4 期。

[30] 郑大华、贾小叶：《中国近代思想史研究现状与发展趋势》，《社会科学管理与评论》2004 年第 03 期。

[31] 王天根：《评点老子与严复对立宪的检视》，《安徽大学学报（哲学社会科学版）》2004 年第 4 期。

[32] 俞政：《严复和梁启超自由思想的几点比较》，《社会科学研究》2004 年第 4 期。

[33] 高秀昌：《论二三十年代冯友兰的哲学观和哲学史观》，《南开学报

（哲学社会科学版）》2004 年第 4 期。

[34] 高秀昌:《从〈天人损益论〉看冯友兰早期的哲学思想》,《中州学刊》
2005 年第 2 期。

[35] 高秀昌:《论冯友兰"正的方法"与"负的方法"》,《孔子研究》2005 年
第 4 期。

[36] 李承贵:《西学视域中的中国传统哲学——严复对中国传统哲学的
认知及其检讨》,《福建论坛·社会科学版》2006 年第 1 期。

[37] 张玉光:《传统文化与严复自由、共和的宪政观》,《云南社会科学》
2006 年第 1 期。

[38] 周德丰:《严复对老子哲学思想的近代解读》,《天津师范大学学报
（社会科学版）》2006 年第 1 期。

[39] 林红:《西方观念与道家思想的亲和——严复道家研究剖析》,《管子
学刊》2006 年第 2 期。

[40] 李程:《试论严复〈老子评点〉的发展变化观》,《殷都学刊》2006 年第
3 期。

四、学位论文

[1] 陈天林:《严复与老庄》,河北大学 2001 年硕士学位论文。

[2] 蒋浩:《严复思想与近代中国哲学转型》,湘潭大学 2001 年硕士学位
论文。

[3] 孟祥栋:《包容、超越与激活——严复中西文化比较思想研究》,上海
大学 2004 年硕士学位论文。

[4] 陆文军:《论严复的庄子学》,华东师范大学 2005 年硕士学位论文。

附　录

严复与道家思想相关研究综述

作为"在中国共产党出世以前向西方寻找真理的一派人物"之一,严复思想的研究一直受到学界的重视。早在其生前,就有学者开始了严复研究。迄今为止,研究成果相当丰富。严复的思想丰富多样,涉及哲学、政治、经济、伦理、宗教、教育、文学、史学等诸多社会科学领域。总的说来,对于严复思想的研究主要从其天演学说、自由思想、翻译理念、近代化及历史地位等方面展开。本文主要对其中关于严复与道家思想的相关研究予以述评。

大体上说来,严复与道家思想涉及两个不同的领域,其一是作为严复整体思想的一部分来展开,其一是作为道家思想在近代中国的影响来涉及。虽然近代道家思想尚没有得到学界的足够重视,但严复的评点老庄因其大异传统注解且对后来道家思想的诠释有过重大影响而成为不可回避的内容,如高峰《大道希夷——近现代的先秦道家思想研究》(1997年)、罗检秋《近代诸子学与文化思潮》(1998年)、熊铁基《二十世纪中国老学》(2002年)都专门辟出章节来讨论严复的老庄评点给道家思想带来的新意蕴。不过,在严复思想研究中,对其道家思想方面,或是一笔带过,或是散诸对其传播西方思想的阐述中,长期以来也没有形成相对独立的主题。这可能与严复向来给人以西学传播者的形象有关,绝大部分研究都围绕着其传播西方思想来展开,而这又很可能与当前学界西方学术占优的大气候密切相关。过分侧重其西方思想传播,很可能会使得严复的

"学贯中西"、"中西会通"只能是他作为受过传统思想影响的中国人背景与熟练掌握英语、亲历西方社会并对西方思想有较深了解之间的关联。严复作为受过传统思想影响的中国人是不言而喻的,因而所谓"学贯中西"、"中西会通"便实际上成为传播西方思想的代名词,不过是增加其传播西方思想的力度而已。同时,严复思想中的传统成分在很多时候又成为其保守的根源所在,故而承担着促使严复由早年激进到晚年保守转变的责任,而这一传统思想成分又往往不是道家思想,而是儒家思想,严复又确曾主张过尊孔读经。许多将严复纳入中西文化比较视野的研究,往往多注意到严复思想中的儒学成分,从而使之适应当下在基督教文明与儒家文明之间展开中西文化比较的潮流。在严复思想研究中,道家思想往往只是其传播西方思想的重要工具,而在人们关注严复所传播的西方思想时,这一工具又往往被予以忽视。其实不论是作为严复传播西方思想的重要工具,还是作为其传统思想的重要组成部分,道家思想在严复思想研究中都不应该被忽视,相反地,应该给予相当的重视,否则就很难真正理解严复"平生喜读《庄子》"、"平生于《庄子》累读不厌"。关于严复与道家思想的研究,断断续续地发表过一些论文,取得了一些成果,不过或许正由于以上所说的诸多因素,其中往往存在一些遗憾。因其数量不算很多,以下尽可能对其中较有影响的成果予以介绍。

本杰明·史华兹《寻求富强:严复与西方》可能是目前所看到的在现代学界中对严复与道家思想最早予以专门关注的作品,该书中专列一章来探讨严复"对道家学说的深思",虽然篇幅不算很长,却对以后的关于严复与道家思想的研究产生了重大影响,基本上说来此后许多对严复与道家思想研究的结论并没有超越本杰明·史华兹所主张的"中国传统"与"近代西方"相互关联的论点,以及他对于严复与道家思想理解的三个层次。史华兹通过严复对穆勒《逻辑学》译介和《老子》评点的近乎同时完成,否定了将严复思想截然划分为"中国传统"与"近代西方"的两个互不关联的方面,进而认为严复常说"其(老子)说独与达尔文、孟德斯鸠、斯宾塞相通"的最初动机是要通过声明"吾古人之所得,往往先之"以拯救民族自豪感,即面对他本人认为的近代西方思想的显著优势,来拯救他自己和国人的自尊心;进而认为严复评点《老子》的要务是要在《老子》中发现那些特别关于像他自己所理解的那种"民主"和"科学"的暗示;最终论定严复对老子的兴趣并不仅仅在于他能使老子成为中国"民主和科学"和先驱,老子最终的更大价值在于他的教诲中的宗教式形而上学的内核,即寻求在斯宾塞的"不可知之物"、老子的"道"、佛教的涅槃、吠檀多的不二论和新儒学的大终极之间建立对应关系。诸如此种种,似乎可以用来解释严复放眼西方而胸怀中国,关注着中国的富强和创造精神,在遭遇到不断趋向悲观和绝望的情况深深感到需要"从永恒的方面"来看待整个社会的进化和发展的不满足感。作为史氏的扛鼎之作,《寻求富强:严复与西方》在中外学术界都产生了很大影响,不过他对于严复与道家思想的论述也在一定程度上印证了学界关于严复晚年思想趋向保守的论断。将严复的《〈老子〉评语》与西方的民主和科学相关联已经成为对严复与道家思想研究的主要观点。史华兹注意到了"严复倾向于寻找超出中西两种文化的人类思想的普遍问题",不过他并没有将这一观点发挥下去。路易斯·哈茨将严复定位成"一位西方总体思想的外国观察家",认为透过对严复的研究可以促进对西方思想自身的反思。或许史华兹也有如是目的。熊铁基等合著的《二十世纪中国老学》(福建人民出版社 2002 年版,第 38～61页)则对于史华兹的观点给予了较高的肯定。王中江《道家哲学新知:严复的视野》(《道家文化研究》第 20 辑,三联书店 2003 年版,第 45～59 页)一文的思路也显然受到史华兹的影响甚深,不过他主要意图是肯定严复为道家思想研究所开辟的新方向。

史华兹《寻求富强:严复与西方》对大陆学界的影响真正形成应当在 1990 年叶凤美的中文译本出版以后,前面虽有 1977 年的台湾学者沈文隆中文译本,不过其影响显然有限。而在史华兹真正影响到大陆对严复与道家思想的研究之前,艾力农《论严复的〈老子评点〉》(载《中州学刊》

1982年第3期,第44～48页)、严仲仪《严复评注老庄简论》(载《南京大学学报(哲学社会科学版)》1983年第4期,第86～92页)、杨达荣《严复的天演哲学与老庄思想》(载《江西社会科学》1989年第1期,第69～74页)显然是对严复与道家思想研究较早的重要成果。

艾力农一文认为"严复以西方资产阶级的机械唯物论、庸俗进化论和自由政治观点来评点老子,反映了资产阶级维新改良派的政治要求和哲学观点",又指出严复"在政治上并不是革命的,他一方面不满意清朝的顽固不化继续搞封建的一套,另一方面对孙中山的革命派也不支持"……"他企图走着第三条的教育救国道路",这也造成其"唯物主义观点不能坚持到底"。文中从三个方面论述了严复的《〈老子〉评语》。第一,"与天争胜"的进化论思想。注意到严复采用达尔文学说的进化论观点时在赫胥黎与斯宾塞之间的选择,肯定了严复对老子哲学的改造,反映了新兴资产阶级爱国主义思潮。第二,"黄老为民主治道"的自由政治思想。注意到严复在评点《老子》时大量引用孟德斯鸠《法意》的观点来况比黄老之学,指出"严复做为资产阶级启蒙思想家对于民主自由是非常向往的,而对封建专制又是十分疾恶"。文中还注意到严复主张和平的思想,认为反映了他对当时亚洲国际形势的呼吁。第三,"道即自然"的唯物论观点。文中认为严复的道就是自然、以太,这与当时谭嗣同、孙中山的机械唯物论观点一致。对于严复评点道是可见、可闻、可抟的,文中认为严复已经接触到用仪器可以看到微小物质的想法,其把夷、希、微作为一切物的属性来看,与物理学的物质有相近之处,同是认为物的开始可作微妙的观察,物的发展可以显著暴露,都是可以捉摸的,这种解释显然是唯物主义的。在认识论上,认为"出弥远知弥少"应当与"为学日益、为道日损"的评点相一致,都是严复一贯提倡培根的归纳逻辑方法论的体现。不过,文中最后批评严复认为老子的道与周易的太极、佛学的自在、西方哲学的第一因都是一样的,并且认为道是不可思议的,这都是严复唯物论不彻底的体现。总之,《〈老子〉评语》表明了中国资产阶级在政治上的要求,即希望以自由民主来代替专制黑暗；强调中国应当发奋图强，适应天演论的物竞天择的要求，是对老子的自然无为有根本的改造，而与黄老之学的法家精神有相通之处；在世界观问题上对老子作了唯物主义的改造，借用了西方资产阶级的机械唯物论。艾力农一文显然主要是从严复的阶级性问题上来把握严复与道家思想问题的研究，一方面肯定严复作为新兴资产阶级在当时所具有的进步性，一方面又指出了近代中国资产阶级所具有的先天较弱性。他注意到严复《〈老子〉评语》中的进化论和自然哲学方面，又将"黄老为民主治道"纳入其自由政治思想的范围，显然与史华兹的寻找民主和科学的侧重不同。不过他对于严复在道家的道、周易的太极、佛学的自在和西方的第一因之间寻找共性，则和史华兹一样，都对严复持否定态度。

严仲仪一文则从三个方面论述了严复的老庄评点。第一，认为严复对于老子之道的评点主要包括三层意思，即"有时指物质世界，即宇宙的本体；有时指物质世界运动变化的普遍规律；有时指特定环境中的具体事物。"文中指出严复对"道"的理解，"认为它决不是什么神秘莫测的精神实质，恰恰相反，而是具有无征不信千真万确的物质属性的物质实体"，从而判定严复对于老子哲学体系的核心给予了唯物主义的解释。不过，文中又认为严复评点《老子》第四十七章，"分析理性认识融会贯通的作用是必要的，但认为'不行可知'，依然附会了原著的唯心观点"。文中肯定了严复"对老子'还淳返朴'回到原始社会的想法持有异议"，肯定严复坚持进化论，反对开历史倒车。第二，从多方面论述严复对于庄子哲学体系给予了唯物主义的解释。文中注意到严复对《庄子》的总评，以及其中对于庄子重要概念如宇宙、道、气等的评点，认为严复"以物质性的意义"、"以现代数理科学作为基础"，来论证、注释和强调庄子哲学中唯物主义观点的合理性。不过，文中认为严复延续了庄子形而上学的循环论的观点，并指出严复"对于天地宇宙万物变化的自然规律提出'不可思议'，如果仅指掌握这些规律并不容易是可以的；如果提出主宰这些运动变化的真正原因都'不可思议'便很容易滑向不可知论"。第三，试图分析严复得以从唯物主义方面注释老庄的原因,认为"严复的宇宙观属于机械唯物论,曾对封建时代的唯心主义哲学体系进行过尖锐批判,在中国近代思想史上,起过振聋发聩的启蒙作用",不过文中又指出,虽然严复的机械唯物论根源于自然科学的正确认识,具有坚实的科学基础,但由于他是机械论者,因而对客观事物往往不能做出完全准确的回答,从而造成其哲学思想的弱点与不彻底性。严仲仪一文的最大特点是试图分析和论证严复老庄评点中的唯物主义特色,其本身亦是当时学界一套流行哲学方法论的体现。艾力农文和严仲仪文侧重于以马克思主义观点、从严复本身的哲学立场来展开对严复老庄评点的论述,而不是关注于严复老庄评点中的传播西方思想方面。此外,二文都有很浓厚的时代特征,从而消解了其研究成果的普遍性,大体上说来,后来对于严复与道家思想研究的内容或许与他们并无二致,不过基本上很少有论文围绕严复的阶级性和唯物、唯心二分法来展开。

杨达荣一文通过六个方面的阐述认为严复发挥老庄天道自然的思想,开始突破古代朴素唯物主义的直观猜测,力图以近代实证科学为依据,提出了许多具有唯物辩证性质的命题,构成了他的唯物主义自然观。文中肯定了严复"还复本初"的用意,是要在更高次上复归于自由平等,认为庄子的自由平等就是自然无为,即完全顺着人的自然本性,从而包含有反对封建压迫和反对帝国主义侵略的双重意义。文中认为严复从老庄的无为思想出发,最终论证了资产阶级自由平等天然合理,和西方的"天赋人权说"完全一致。文中最后指出,严复引进西方的进化论和社会政治理想,并把它说成是中国古代老庄所固有,使它带上中国的色彩,对中国的资产阶级起着启蒙的作用。他根据进化论所提出的社会改良,在当时一定的历史条件下是进步的。不过,严复的改良主义理论是系统的,但对现实政治的主张则比康梁保守得多,以致在变法的紧要关头与康梁分歧,反对康梁"激进"。杨达荣一文显然试图从三个主要角度来把握严复与道家思想之间的关系,即其唯物主义自然观、反帝反封建的爱国主义和思想启蒙作用,基本上突破了以前对于严复阶级性的把握方式,可以说在史华兹的影响没有普及之前其成就是较高的。

所看到的此后关于严复与道家思想的研究大体上受到了史华兹的影响很深,或者对史氏持赞同,或者有所异议。

罗检秋的《近代诸子学与文化思潮》(中国社会科学出版社 1998 年版,第 136～144 页)一书认为,严复的老庄评点十分典型地反映了中西会通的潮流,与他的启蒙思想也是完全一致的。严复接受和传播的西方思想主要是 19 世纪达尔文、斯宾塞、孟德斯鸠、亚当·斯密、穆勒等人的学说。因而,他认为老庄学说与"达尔文、孟德斯鸠、斯宾塞相通",对于 19 世纪的西方思想,严复根据中国社会的现实需要而有所取舍。另一方面,对于中国古学(如老庄),严复则主要基于他所接受的西学进行理解、阐扬和批评。因而,严复的老庄研究不像 19 世纪的一些学者那样包含扬子抑儒、改变文化结构的意图,而是具有西学贯穿其中,关注思想启蒙的鲜明色彩。薛福成也曾注意到《庄子》与西学的相通之处,而严复评点老庄的思想深入而成系统,大大超越了薛福成等早期启蒙思想家。罗检秋在书中认为,严复的老庄评点的重心在于启蒙思想,而不是形而上学,其最为重要的思想贡献无疑在传播进化论方面,发掘老庄的进化论思想亦成为其学术重心,此外其老庄评点又明显地与西方自由、民主观念融会起来,这种观念不仅与进化论相通而且是其必然归宿。严复所谓"民主之治"主要着眼于老子"无为而治"的思想。严复把西方民主自由观念通过老庄而中国化了。这从一个侧面反映了他对西方思想的重视,但从学理而言,则颇多附会成分。因此,严复老庄评点的思想意义远远超乎其学术价值。注意到严复及近代启蒙思想家的历史境域特点显然是罗氏一书的长处所在,不过强调严复思想在于传播西学则意味着罗氏的观点未能突破历史领域的研究框架,它明显忽视了严复的个人爱好与选择对其译介的影响。

黄克武的《严复晚年思想的一个侧面:道家思想与自由主义之会通》(收入《严复思想新论》,清华大学出版社 1999 年版,第 261～286 页)一文挑战了对严复晚年思想的一些诠释,以严复晚年对道家思想与自由主义的会通为例,作者认为周振甫、王栻等人的错误是没有认识到严复晚年在肯定传统之时,并没有完全摒弃西方的自由主义。而史华兹虽了解中学、西学在严复思想中是交织在一起的,但却不了解对严复来说,个人自由与庄子的"在宥"和杨朱的"为我"等想法,是贯通为一的,有其本身的意义,并非富强的工具,因此严复对西方自由主义的误解不在"工具化",而主要是混淆了道家那种追求精神解放的"积极自由"与西方自由主义者追求权利保障的"消极自由"。但黄氏追究严复的所谓"混淆"则似乎有些过于苛责了,正如诠释的在场性所要求的那样,严复的译介固然是为了宣扬西学,其真正的目的则更在于为旧时多灾多难的中国寻找一条出路,其立场是极其鲜明的。对于严复晚年思想中所谓"保守"的理解应当置于中国近代民族民主革命的境域中予以思考,它所体现了先哲们对于中国前途的忧思。

刘韶军的《严复〈老子评点〉与西方思想》(即《二十世纪中国老学》中《严复的老庄评点及其新义》,收入《武汉大学学报(人文科学版)》2001 年第 6 期,第 714～719 页),强调对严复整体思路的理解以把握严复的救国保种方案,并将其整体思路概括为:"首先,中国必须自我改造,以适应天演进化的要求,而避免灭种的危险;其次,全面而彻底的改造,关键在于民主与科学两事,此两事关涉到整个国家、民族与社会、文化的整体素质,是对它们的全面而彻底的改造;再次,中国的改造不能急躁,必须按照全面的方案按部就班地实施并坚持下去,不是通过几次激烈的社会行动就可以解决中国的根本问题,因此,严复不同意急躁冒进的革命方式,既不同意目光短浅的单纯引进技术和设备的器物方式,也不同意不加批判地满足于传统文化而拒绝外部的先进文化的国粹方式"。他认为严复的方案存在着根本性的缺陷,即它没有实施和推行的主体者。文中主要从四个方面考察了严复《老子》解释的中西会通,即道的哲学与进化论;无为之治与民主政治;原始民主与文明之弊;逻辑与科学。注意到严复对于"道"的重视,不过只是把它作为进化论的哲学基础看待。在考察严复将道家无为之治与西方近代民主政治的会通时,仍然停留下对于老子无为思想的传统理解上,而忽视了严复对道家无为之治的改造。考察严复对于公例的重视时,始终停留在其逻辑方法论上,而没有注意到严复对公例的运用与其中西会通有关。

王天根《评点老子与严复对立宪的检视》(载《安徽大学学报(哲学社会科学版)》2004 年第 4 期,第 123～130 页)认为,在学说上严复评骘老子主要针对康有为的尊孔贬老以求托古改制,在治学路径上他将老子无为而治之"道"与斯宾塞社会学思想互证,有中西会通的色彩。斯宾塞社会学思想的政治目的是为诠释英国君主立宪奠定学理。严复会通的目的无外乎论证中国建立君主立宪制的合理性、合法性。对日俄战争的反思是严复诠释老子的另一现实动力。严复借评点《老子》以论证日本对俄的胜利,实乃是立宪对专制的胜利。借中国文化经典诠释西方民主制度,近代学者不乏其人,严复学贯中西使其更有典型性。林红《西方观念与道家思想的亲和——严复道家研究剖析》(载《管子学刊》2006 年第 2 期,第 87～90 页)考察了严复以西方的进化论和民主、自由等观念对道家的某些思想作的阐发,认为严复对老庄之书无论采取有选择地诠解,抑或有选择地进行批驳,都是有为而作,其意都在于以老庄哲学为载体,张扬西方的进化、民主、自由的理念,并借以激活国人不断向上的进取精神,进而铲除封建君主制度的痼疾和挽救民族危亡的局面。从学术文化上说,严复的这种以西释中、亲和道家哲学与西方观念的诠解方式,却为道家思想的研究开辟了一条新途径。文中认为严复所做的这项工作其社会影响也是十分微弱的。

2001 年后出现两篇关于严复与道家思想研究的学位论文,即河北大学陈天林的《严复与老庄》(2001 年)和上海大学陆文军的《论严复的庄子学》(2005 年)。陈天林论文通过严复对《老子》和《庄子》的重新阐释,论述了严复在道论、认识论、天演论以及科学、自由与民主等哲学和社会政治思想上对老庄思想的吸收和改造;反映了严复适应时代的需要,将老庄思想融会起来,为其深刻、精辟的社会批判和文化启蒙提供了锐利的思想方法和武器。同时,本文也在一定程度上展现了道家思想在近代社会的发展变化。陆文军论文指出,严复在译介西方学术思想的同时,又从中国传统的思想材料和原有的文化资源中寻求与近代西学相通的契合元素,他一生对强调心性之自由的《庄子》情有独钟,晚年撰写《〈庄子〉评语》,结合毕生的研究和思想的积淀,给《庄子》提出了一种前所未有的全新诠释系统,认为《庄子》不仅充满了唯物论倾向,而且反映了科学精神,其崇尚自由的品格还与近代西方自由、民主精神相通,特别是提出《庄子》还体现了一种与"天演"、"进化"思想暗合的思路。严复广泛地将《庄子》和西方进步学术思想进行格义,互相阐释出新的义理。这种融贯中西的大胆尝试和对传统学术思想材料阐释方法的大胆创新,为后人有研究开创了新局面。两篇论文都将严复的老庄评点作为相对独立的主题予以论述,不过基本上都没有超出史华兹的观点,而且文中还有一些硬伤存在。

此外,蔡乐苏《严复为何评点〈老子〉》(收入《科学与爱国:严复思想新探》,清华大学 2001 年版,第 212~220 页)分析了严复评点《老子》的心理意向,主要概括为两个方面:一方面是当时新派舆论中曲解、诋毁老子的情况,另一方面是与对《道德经》的深层理解相关的救国治民的哲学理念与政治文化等根本问题的分歧。无疑对于理解严复的评点老庄有很大的意义。

道家思想在近代的影响虽然不如儒学、佛学的转型和西学的传播等那样鲜明突出,但是道家思想对主体精神自由的强烈诉求事实上正成为中国传统思想在近代多灾多难的旧中国决然实现转型的精神支柱所在,同时正是道家思想本身那种浑厚的自然无为特性使得它在更多的情形下被儒学、佛学和西学等显学的光芒所遮蔽。随着对近代著名人物思想中道家特色的个案研究不断完成,也随着学界对于中国近代哲学发展的相关研究不断深入,道家思想在近代的影响必然会被纳入学者们的主题研究视野,进而重新审视道家思想在中国近代哲学的发展与转型中的思想资源作用。

附:关于章太炎、王国维、冯友兰与道家思想的相关研究

1. 章太炎与道家思想

对章太炎的道家思想研究的重心主要是以围绕着其《齐物论释》为主而进行的,而且大多关注于《齐物论释》中的佛学特色和西学元素。这一方面相关论著的大量出现在时间上而言也并不久远。姜义华《章太炎思想研究》(上海人民出版社 1985 年版,第 316～326 页)书中认为《齐物论释》是章氏借疏解庄子哲学而展开本人思想体系的一部代表作,并认为章氏解释《齐物论》,其实就是要借助庄子哲学的旧躯壳,纳入康德"批判哲学"与华严、法相哲学的新内容,以说明他自己对哲学中诸重大问题的看法。此书固然强调了章氏以注释《齐物论释》来创建思想体系的目的性,但书中对佛学与西学成分的专注使得章氏思想中作为载体存在的道家特色在这里已经褪色为皮相并被忽视了,这也是学界目前的一种普遍现象。唐文权、罗福惠合著的《章太炎思想研究》(华中师范大学出版社 1986 年7 月版,第 410～452 页)书中认为章氏对道家思想的理解分为两个时期,即前期的以佛释庄和晚年的复归儒道家互补。前者一方面是他政治上的失望情绪扩展的结果,虚无精神进一步发展;另一方面源于他对西方社会弊病试图作学理上的探讨。后者与他在辛亥前后处于各派夹攻下复杂的思想状态有关,开始以崇尚个体自由作为思想的基调。书中关注了章氏道家思想特色的历史境域,但对章氏的道家思想的评价多呈消极趋向的贬低,这与章氏对《齐物论释》的自负显然并不相称。陈少明《〈齐物论〉及其影响》(北京大学出版社 2004 年版,第 157～173 页)专论了"章太炎《齐物论释》研究",实际上主要在探讨中国经典诠释相关的内容,而没有真正进入对章氏《齐物论释》思想的研究。

罗检秋《近代诸子学与文化思潮》(中国社会科学出版社 1998 年版,第 158～165 页)中认为章太炎研究先秦诸子的中心即是道家,尤其是《庄子》，并注意到章太炎在早年对老庄区别看待，认为老子多言政治，而庄子则偏于哲理，与政治无关。章氏早年批评老子，随着他对《庄子》研究的深入，对老子的评价也有所提高。他认为老子言术，是为了揭露权术，老子所谈的人君南面之术也并非君主专制，而类似虚君之制，从而认为老子可塑性很大，关键是后人如何汲取。对于《庄子》，章太炎更为重视，其中发挥的思想更多，在《齐物论释》的七章文字中，章氏以佛学和西方哲学诠释《庄子》，从而提出了超乎常人的见解。章太炎诠释《庄子》"平等""自由"观念时，多少带有文化保守主义的痕迹，但是他在阐述《庄子》"齐文野"主张时，则主要表现了民族主义的正气。章太炎对西方列强侵略忧心忡忡，抨击西方列强打着传播文明的招牌而行侵略之实。最后，罗检秋认为，像许多国粹派知识分子一样，章太炎注重从先秦诸子寻找理论出路，从而对西方文化的价值观念重新评定。他们的思想包含了强烈的爱国主义激情，但又只看到文化的民族性而忽视文化的时代性。其深沉的思想见解夹杂了时代的局限性。罗文没有突破国内对于近代国粹派一贯的"文化保守主义"评价立场，这使得他对章氏道家思想的研究和评价从一开始就不免有些偏见。

吴光兴的《论章太炎的庄子学》（载《道家文化研究》第20辑，三联书店2003年版，第60～100页）文中，首先认定章太炎的庄子学是以庄子哲学体系为对象的学术，包括四个方面，即对庄子哲学体系及宗旨的描述和分析和；对庄子学术的渊源的考察；对道家及其各支派和各代表人物的研究；对道家典籍的文字训释工作。然后划分章太炎庄子学的三期，即早年前：庄子学时期（1890－1903）；壮岁创见：庄子学的创立时期（1904～1913）；晚年定论：庄子学之发展时代（1914－1936）。再次按着认识论、宇宙论、人生论、政治论和道德论的次序简述了章太炎所阐释的庄子齐物哲学的思想体系。最后，从庄子学术史、中国近代史、中国哲学思想史三个角度论述了章氏庄子学的基本性质、章氏庄子学与中国民主革命的关系、章氏庄子学与章太炎的哲学的关系。日本学者坂元弘子《章太炎与道家思想——有关进化、种族、民族认同问题》(载《道家文化研究》第 20 辑,三联书店 2003 年版,第 101~106 页)文中,主要考察了章太炎在关于进化、种族、民族认同等问题上的思想发展,由早期的优胜劣汰的进化论至后来的俱分进化论,从而反映道家齐物思想、"造物无物"思想对他的影响。两篇文章收集于《道家文化研究》"道家思想在当代"专号,主要从学术层面阐述了章氏的道家思想,涉及内容亦十分丰富,对后来的章太炎道家思想研究应有相当的借鉴意义。

2.王国维与道家思想

作为 20 世纪初中国美学的创始者和奠基者,王国维的美学思想一直以来都是学界研究的主题所在。如果说王国维的美学思想是中国美学史上不可回避的一个章节,那么王国维的境界说则是王国维的美学思想中不可回避的主题。而王氏境界说与道家思想的关系又极其鲜明的,这似乎业已成为一种常识,以至于各种相关美学史中关于王国维美学的章节多多少少会涉及一点。这也使得想要从中找出一些新意来非常困难,在新时期的相关研究中很少涉及。

聂幼斌《王国维美学思想述评》(辽宁大学出版社 1986 年版,第 43~47 页)书中将道家的庄子以及与庄子有直接渊源关系的禅宗思想作为王国维美学思想的重要来源,并从四个方面概括了道家思想对王国维思想的影响:一是要求审美主体超尘脱俗,抒写纯真性情,反对利害欲望上的追求,这与老庄所提倡的"见素抱朴"、"少私寡欲"思想一脉相承;二是艺术创作推崇天然成趣,自然浑成,反对人工雕琢伪饰,表现了道家自然无为等观点;三是追求以心化物、物我不分的审美境界,这既是庄子的思想,又是禅宗的最高境界;四是推崇道家的天地之大美,追求自由与无限,反对用道德政治限制美与艺术,反对因袭模拟。其《王国维对庄子思想的阐释与发挥》(载《道家文化研究》第 20 辑,三联书店 2003 年版,第 107~125 页)则从四个方面探讨了王国维对道家思想的阐释和发挥:道家哲学尤其诸子的人生哲学与叔本华的悲观主义,对于王国维的文艺观点和美学思想乃至人生态度的形成所发挥的重要影响；王国维运用庄子的"无用之用"以倡导学术独立；王国维美学思想中的道家倾向；道家思想对王国维诗文的影响。两文对于王国维美学思想的研究侧重点不同，不过他对于王国维道家思想的研究则明显有所深化，而且后者对于王国维与道家思想之间的关系所涉范围也比较全面，也对后来的王国维道家思想的研究有极大的借鉴作用。而汪沛的《王国维"无我之境"说之国学渊源探析》，高乃毅的《论王国维〈人间词话〉中的境界说》(载《河南师范大学学报(哲学社会科学版)》2005 年第 5 期，第 161～162 页)，周栋的《〈人间词话〉的道家思想探微》(《语文学刊(高教版)》2005 年第 7 期，第 60～62 页)等新近的几篇论文便都是围绕着对王国维《人间词话》中所涉"境界说"的道家特色展开，基本上都论定王国维的"无我之境"与庄子"吾丧我"的哲思境界相当一致。不过除了丰富和深化对王国维"境界说"与道家思想关系的论述外，其中的主要观点并没有超越以往对此的相关论述。

3. 冯友兰与道家思想

作为现代新儒家的代表人物，关于冯友兰先生的相关研究十分丰富。不过，如果从主张儒家思想具有排他性的学者看来，将冯氏的哲学思想同道家思想建立关联则恐怕是比较令人尴尬的，这其中当然并不是针对冯氏作为哲学史家的道家思想相关研究。事实上，既然冯氏自己都不讳言其思想与道家思想的关联，那么学界注意到冯氏思想中道家特色便是非常自然的了。而陈晓平在 1995 年召开的"冯友兰学术讨论会"上以长文论证冯氏哲学的学派归属——"与其把他归入'新儒家'，不如把他归入'新道家'"，这一论点引起的热烈讨论表明对冯氏道家思想的研究仍然是个新鲜的主题，其后有相当数量的作品纷纷涉及同一主题，不过论述的观点业已渐趋平实，不再强调冯氏的"新道家"定位，而是更多的论定冯氏的儒道兼综或融道入儒了。

陈晓平《评冯友兰的新统——兼论冯友兰哲学的归属问题》(载《中州学刊》1995 年第 3 期，第 63～68 页)认为，冯先生的新统对于儒家的道统并没有直接的继承关系，仅凭冯先生把自己的形而上体系称为"新理学"，便认定冯先生是"新儒家"是缺乏根据的，至少是值得商榷的；冯先生关于正方法和负方法的理论及其应用主要是对道家方法的继承和发展，道家实际上已经把正方法和负方法结合起来，只是正方法的使用不够充分，反过来使得其负方法的作用也不能充分发挥，冯先生的贡献在于用逻辑分析的方法弥补了道家正方法的不足，从而使其负方法的作用更为充分地显示出来；冯先生说新理学是"接着"旧理学讲的，其意思主要是接着旧理学的玄虚成分或"极高明"成分讲的，这与其说新理学在旧理学中接了儒家的传统，不如说新理学在旧理学中接的是道家的传统；无论是在"内圣"方面还是在"外王"方面，道家学说在冯先生的新统里都扮演着最为重要的角色，这是儒家和其他各家学说所不能相比的。相对而言，冯先生的哲学体系与道家学说最为接近；如果有必要把冯友兰先生归入中国传统哲学的某一家，那么，与其把他归入"新儒家"，不如把他归入"新道家"。陈晓平其后发表的《冯友兰境界说的道儒思想辨析》(载《中州学刊》1999 年第 3 期，第 88～94 页)认为，冯氏的人生境界论主要是从道家和儒家那里继承和发展来的，他所倡导的最高境界即天地境界主要是道家的，他所倡导的次高境界即道德境界主要是儒家的。故而，既然他最为推崇的东西是道家的，与其将冯氏归入新儒家，不如把他归入新道家。而其后的《评冯友兰的境界说——兼论冯友兰道德哲学的归属问题》(载《道家文化研究》第 20 辑，第 288～315 页)则认为，从整体上讲，冯先生的境界说是把道家思想和儒家思想兼收并蓄的结果。如果用《新事论》中的道德观取代《新原人》中的道德境界，那么，此境界说将熔道、儒、墨三家于一炉，成为中国道德哲学的一个名副其实的"新统"。冯先生的境界说以至全部哲学的主旨就是教人们如何达到天地境界，而冯先生的天地境界主要是从道家那里继承来的。因此，我们说，冯友兰的境界说的核心是道家的。可以明显看出，陈晓平对于冯氏的评价从最初的"与其把他归入'新儒家'，不如把他归入'新道家'"，到其最近的"儒道兼收并蓄"，或许他仍然坚持冯氏的"新道家"归属,但他的语气不能不说已是一种态度上缓和的表现,这或许与他对冯氏道家思想研究的不断深入相关。

陈晓平的冯友兰"新道家"说观点在 1995 年"冯友兰学术讨论会"后便很快就产生影响,并在 1996 年召开的"北京道家文化国际研讨会"上引发了热烈论争,从而造成更大的影响。张斌峰的《试论道家哲学在冯友兰新理学中的地位与作用——兼论作为新道家的冯友兰》(载《道家文化研究》第 20 辑,第 316～341 页),杨翰卿的《冯友兰融道于儒的人生哲学》(载《哲学研究》1997 年第 8 期,第 46 页),张永义的《道家思想对冯友兰"新理学"的影响》(载《中国哲学史》1999 年第 4 期,第 92～98 页),安继民的《以道家为根柢的儒道互补——冯友兰新理学的哲学归属》(载《中州学刊》2003 年第 3 期,第 148～152 页)等一系列论文都围绕着冯友兰新理学中的道家特色展开了探讨,并对陈晓平的冯友兰"新道家"说提供了进一步的论证。可以说,陈晓平的冯友兰"新道家"说的提出对冯友兰道家思想的研究起了极大的促进作用。从更大范围来说,"新道家"的提出也促进了近代道家思想的相关研究。如蒋永青的《冯友兰先生的〈老子〉意义论》(载《中国文化研究》2000 年春之卷,第 48～52 页),张斌峰的《从"由名入道"到"融道入儒"——略评冯友兰先生的名家观》(载《殷都学刊》1998 年第 4 期,第 101～106 页),朱哲《楚人精神　浪漫哲学——冯友兰道家思想研究疏释》(载《云南社会科学》1997 年第 2 期,第 56～63 页)等论文将冯友兰道家思想研究从围绕其"新道家"的归属论证扩展到对冯氏道家思想的各个层面相关,显然值得称道的发展方向。作为哲学家的冯友兰对道家思想资源的运用自然能够吸引学者们的关注,而作为哲学史家的冯友兰对哲学史上道家思想的处理应当也能够吸引学者们的关注,更何况冯氏在不同时期对道家思想的处理方式存在着差异。

道家思想在近代的发展虽然不如儒学、佛学的转型和西学的传播等那样鲜明突出,但是道家思想对主体精神自由的强烈诉求事实上正成为中国传统思想在近代多灾多难的旧中国决然实现转型的精神支柱所在,不过另一方面正是道家思想本身那种浑厚的自然无为的特性使得它在更多的情形下被儒学、佛学和西学等显学的光芒所遮蔽。随着对近代著名人物思想中道家特色的个案研究不断完成，也随着学界对于中国近代哲学发展的相关研究的不断深入，道家思想在近代的发展必然会被纳入学者们的研究视野，进而重新审定道家思想在中国近代哲学的发展与转型中所产生的作用、所呈现的特点和对后世的影响。

后　记

这本册子是在我的博士学位论文基础上修改而成的。不管我对自己曾经有过怎样的期望,本书在各个方面都可能存在着难以回避的稚嫩和缺陷。不过,就漫长的人生而言,这是我的思想旅途中的一次小结;就现阶段的我而言,这意味着从历史学到哲学的转换、从古代秦汉到近代民初的跨越基本上完成。虽然无法预见自己的未来,我仍然很高兴自己在思想旅途中迈出了对自己而言尤为重要的一步,这意味着朝向理想的目标在经历过几次动摇之后再次回归于初衷。

2004 年我非常幸运地考入武汉大学哲学学院,师从徐水生教授攻读中国哲学的博士学位。与攻读硕士学位时相比,我的研究方向延续了我一贯的兴趣,仍然是道家哲学思想,不过却是从历史学转到了哲学,并在徐水生教授的指导下从古代转向近代,然而其中彼此之间差异之大远超于我的想象,这为我的求学和研究造成了诸多的疑惑和困难。可以说,这一次的转向对我是一次极大的挑战。诚然如此,这对我之理解严复却提供了非常有益的机遇。世人对严复的印象主要在两点:其一,得到毛泽东肯定的向西方学习的"先驱者",其中最为重要的是他对进化论的传播;其二,提出翻译之"信、达、雅"标准。除此外,在严复的中学传统中,人们多注意到他的儒学尊孔诉求。东西方两种不同的思想传统之间的转换和碰撞给严复所带来的诸多疑惑和困难,可能远出于人们的想象。进入严复越深,就越能感受到他那种对理想的内心炙热追求及现实中的尴尬无奈。道家思想之于严复,学者们虽多有注意,却一直未能予以充分重视;严复之于道家,有"平生喜读庄子"之慨,故而把握其与道家思想之间的情感、学术及思想关系，则有助于全面和整体地理解严复及其思想。而这本册子的意图正在于兹。

感谢恩师徐水生教授的悉心指导！从初次冒昧写信给他及至今日，我都很幸运自己遇到了一位良师。在当今如此浮躁的社会里，徐老师淡泊名利，严谨治学，严己宽人，一直让我景仰不已。在武大的几年学习中，正是他的谆谆教诲促使我迅速完成从历史思维向哲学思维的转变和提高。在论文的写作过程中，是他的耐心点拨和细心指导使得我在学问的迷途和误区中豁然开朗。如果说论文中尚有诸多不足的话，那也是因为我没能完全达到他的期望。除了学业之外，徐老师对我的学习生活也非常关心，点点滴滴，无须细说。在武大期间，还有幸接触和聆听了郭齐勇教授、萧汉明教授、李维武教授、吴根友教授、田文军教授、胡治洪教授以及邓晓芒教授、朱志方教授、徐明教授等的言传身教，让我受益良多。而孙劲松、孙邦金、邓勇、周恩荣、张立达等诸多同学好友对我的学习和生活亦有许多非常有益的影响。感谢武汉大学哲学学院许许多多的老师，他们为我的学习和生活提供了诸多帮助。感谢武汉大学对我的培养！

纪念恩师华中师范大学的丁毅华教授！他对我的关心指导从华师一直延伸到了武大以后，2007 年我从武大毕业时还曾往他处畅谈理想，不料事隔不久他突然因病逝世。痛惜！感谢华中师范大学的赵国华教授，多年来请教打扰甚多，他都是热情相待；他每次的悉心指点，都让我获益良多。

感谢我的父亲和母亲！虽然我并没有走上他们所期望的道路，但是对于我的人生选择，他们仍然给予了没有任何犹豫的全力支持，这让作为人子的我备感惭愧。感谢我的妻子！读博期间，她成为了家庭收入的绝对来源，对于我的各项支出都没有任何怨言，并对于我的学习和生活给予了全力的支持和照顾。

这本册子之所以能够迅速出版，要衷心感谢武汉科技学院。武汉科技学院虽然是一所以工科为主的院校，尚钢书记长期关心学校人文社科的发展，并最先提出设想；张建钢校长对此予以大力支持和鼓励，并拨出专款予以全额资助；学校科技处、学科办为促成此书的出版，积极运作，多方组织安排，给予了极大的支持。人文社科学院院长杨洪林教授积极策划"博士文库"，从初期构想，到组织文库，到争取资助，全程跟进，精心安排，不辞劳苦，不为个人名利、全力支持青年学者的成长，为了保证"博士文库"的顺利出版，他甚至暂时放下了自己手头的诸多研究，这一切都让人非常感动。除此之外，学校及人文社科学院的其他领导和同事，也都为此付出了大量的心血。事实上，自 2007 年入校工作以来，不论是个人生活，还是学术研究，我都得到了学校各方面的大力支持和鼓励。对于这所有的一切，我要向他们致以衷心感谢，同时，我当以更大的热情投入到教科研中去取得更多的成绩，来回报武汉科技学院的支持。

孙文礼
2009 年 2 月